Clemens/Icks/Menke
Euro und Mittelstand

GABLER EDITION WISSENSCHAFT

Schriften zur Mittelstandsforschung Nr. 78 NF

IfM BONN

Herausgegeben vom Institut für Mittelstandsforschung Bonn, vertreten durch den Vorstand

Prof. Dr. Dr. h.c. Herbert Hax,
o. Professor der Betriebswirtschaftslehre,
Lehrstuhl für Finanzierungslehre, Universität Köln
Prof. Dr. Dr. Dieter Bös,
o. Professor der Volkswirtschaftslehre,
Finanzwissenschaftliche Abteilung, Universität Bonn

Das Institut für Mittelstandsforschung Bonn, eine privatrechtliche Stiftung der Bundesrepublik Deutschland und des Landes Nordrhein-Westfalen an den Universitäten Köln und Bonn, veröffentlicht seine Forschungsergebnisse in der Reihe Schriften zur Mittelstandsforschung NF. Mit Herausgabe des Bandes Nr. 78 NF erscheint diese Reihe in der GABLER EDITION WISSENSCHAFT im Deutschen Universitäts-Verlag. Die Publikationen Nr. 1 NF bis Nr. 77 NF sind weiterhin lieferbar und können über den Buchhandel oder direkt beim Institut für Mittelstandsforschung Bonn bezogen werden.

In der Schriftenreihe werden aktuelle Forschungsergebnisse des Instituts der Öffentlichkeit präsentiert. Ziel der Veröffentlichungen ist es, die Stellung und Bedeutung kleiner und mittlerer Unternehmen im Kontext zur wirtschaftlichen, gesellschaftlichen und wirtschaftspolitischen Entwicklung zu analysieren und allen Experten, die mit Fragen des Mittelstands befaßt sind, Informationen, Entscheidungshilfen und wissenschaftliche Basisanalysen zu liefern.

Reinhard Clemens/Annette Icks/
Andreas Menke

Euro und Mittelstand

Neue Dimensionen auf internationalen Märkten

DeutscherUniversitätsVerlag

Die Deutsche Bibliothek - CIP-Einheitsaufnahme

Clemens, Reinhard :
Euro und Mittelstand : neue Dimensionen auf internationalen Märkten
/ Reinhard Clemens/Annette Icks/Andreas Menke.
- Wiesbaden : Dt. Univ.-Verl. ; Wiesbaden : Gabler, 1998
(Gabler Edition Wissenschaft : Schriften zur Mittelstandsforschung ; N.F., Nr. 78

ISBN 978-3-8244-6788-4 ISBN 978-3-322-97779-3 (eBook)
DOI 10.1007/978-3-322-97779-3

Der Deutsche Universitäts-Verlag und der Gabler Verlag sind Unternehmen der Bertelsmann Fachinformation GmbH.

http://www.gabler-online.de

Höchste inhaltliche und technische Qualität unserer Produkte ist unser Ziel. Bei der Produktion und Auslieferung unserer Bücher wollen wir die Umwelt schonen: Dieses Buch ist auf säurefreiem und chlorfrei gebleichtem Papier gedruckt.

Lektorat: Ute Wrasmann

Vorwort

Anfang Mai diesen Jahres sind die definitiven Entscheidungen zum Eintritt in eine Europäische Währungsunion gefallen. Vom 1.1.1999 wird es eine Währungsunion mit zunächst elf Mitgliedsländern geben, die jedoch offen bleibt für den Beitritt weiterer Länder der Europäischen Union, auch derer, die in Zukunft noch Mitglieder der Union werden. Dies bedeutet eine einschneidende Änderung der Rahmenbedingungen für unternehmerische Tätigkeit. Für alle Unternehmen besteht unmittelbarer Anpassungsbedarf in nahezu allen betrieblichen Bereichen; darüber hinaus werden angesichts sich verändernder Marktstrukturen und Wettbewerbsbedingungen unternehmensstrategische Neuorientierungen erforderlich. Der zukünftige Unternehmenserfolg wird entscheidend davon abhängen, inwieweit diese Herausforderungen angenommen werden.

Die vorliegende Studie stellt eine Bestandsaufnahme dar, in der es im Kern um die Herausforderungen der EWU für die kleinen und mittleren Unternehmen geht. Weiter widmet sich die Untersuchung der Frage der Quantifizierung der mit der Euro-Einführung verbundenen Kosten und Nutzen für (mittelständische) Unternehmen.

An dieser Stelle sei allen gedankt, die uns durch Auskünfte, durch Gesprächs- und Diskussionsbereitschaft sowie durch Anregungen unterstützt haben. Besonderer Dank gilt Herrn Wingendorf vom Statistischen Landesamt NW, der die Sonderauswertung der Umsatzsteuerstatistik koordinierte, und dem Zentrum für Innovation und Technik (ZENIT) in Mülheim/Ruhr. Ohne ihre bereitwillige Mithilfe wäre die vorliegende Untersuchung nicht möglich gewesen.

Herbert Hax

Inhalt

Verzeichnis der Abbildungen XI
Verzeichnis der Tabellen XIII

A. Einleitung 1

B. Der Weg zur Währungsunion 3
1. Die Idee einer einheitlichen Währung in Europa 3
   1.1 Ziel der europäischen Währungsunion 5
   1.2 Das vertragliche Rahmenwerk: Der Maastrichter Vertrag 5
      1.2.1 Die Konvergenzkriterien 6
      1.2.2 Der Stabilitäts- und Wachstumspakt 9

2. Die Gründung einer Europäischen Zentralbank 11
   2.1 Geldpolitische Strategie 12
   2.2 Geldpolitische Instrumente 13
   2.3 Grenzüberschreitendes Zahlungsverkehrssystem (TARGET) 15

3. Das Umstellungsverfahren 16
   3.1 Der zeitliche Rahmen der Umstellung 16
   3.2 Umrechnungs- und Rundungsregeln im Euro-Währungsraum 16
   3.3 Fixierung der Wechselkurse 17

4. Das Verhältnis von EWU und Nicht-EWU-Staaten 17

C. Einzel- und gesamtwirtschaftliche Bedeutung der Währung 21
1. Währung und Währungssystem 21

2. Flexible oder feste Wechselkurse 22

3. Starke Währungen - schwache Währungen 24

4. Stabilität - conditio sine qua non einer funktionsfähigen Währungsunion? 26

D. Der Euro: Chancen- und Risikopotential einer gemeinsamen Währung 31
1. Das Chancenpotential einer gemeinsamen Währung 31
1.1 Verringerung der Transaktionskosten 31
1.2 Erhöhte Preistransparenz und Wettbewerbsintensität 34
1.3 Einheitlich niedriges Zinsniveau 34
1.4 Geringere Haltung von Währungsreserven 35
1.5 Entstehung eines großen Euro-Kapitalmarktes 36
1.6 Ende der DM-Überbewertung 38
1.7 Vertiefung der europäischen Integration 40
1.8 Fazit: Verbesserte Wachstumschancen 41

2. Das Risikopotential einer gemeinsamen Währung 41
2.1 Schwächen der Konvergenzkriterien 42
2.2 Verlust des Wechselkurses als Anpassungsinstrument 43
2.3 Geldpolitik ohne nationale Differenzierung 44
2.4 Verlust des Stabilitätsankers DM 44
2.5 Gefahr eines free-rider-Verhaltens 45
2.6 Gefährdung des Außenwertes des Euro 45
2.7 Gefahr der Verstärkung nationaler Divergenzen 45
2.8 Zunahme der Arbeitslosigkeit bei nationalen Ungleichgewichten 46
2.9 Ausweitung der innereuropäischen Transferzahlungen 47
2.10 Umstellungskosten 47
2.11 Fazit: Stabilitäts- und Schicksalsgemeinschaft 47

E. Die Euro-Umstellung im Mittelstand 49
I. Auswirkungen des Euro auf ausgewählte Funktionsbereiche im Unternehmen 50
1. Informations- und Kommunikationsbereich 50

2. Rechnungswesen 51
2.1 Buchführung, Bilanzierung und Steuerlast 52
2.2 Controlling 54

3. Vertrieb und Absatz 55

4. Vertragspraxis und Gesellschaftsrecht 57

5. Fazit 60

II. AKTUELLER STAND DER EURO-VORBEREITUNG MITTELSTÄNDISCHER UNTERNEHMEN 61

1. Überblick über Unternehmensbefragungen zur EWU 61

1.1 Kommt der Euro oder nicht? 62

1.2 Informationsstand 64

1.3 Informationsquellen 65

1.4 Vorbereitung und Betroffenheit 66

1.5 Umstellungszeitpunkt 69

1.6 Kosteneinschätzung der Unternehmen 70

1.7 Der Euro im Gesamturteil der Unternehmen 71

1.8 Europäischer Vergleich 73

1.9 Zusammenfassung 74

2. Wirkungsschwerpunkte 75

2.1 Das Pilotprojekt "Unterstützung der mittelständischen Firmenkunden bei der Umstellung auf den Euro" 76

2.1.1 Strukturmerkmale der befragten Unternehmen 77

2.1.2 Die Euro-Inventur 78

2.1.2.1 Die technische/operative Betroffenheit 78

2.1.2.2 Die strategische Betroffenheit 80

2.1.3 Fazit 84

F. Auswirkungen des Euro auf ausgewählte Branchen **87**

1. Softwareindustrie 87

2. Automatenindustrie 87

3. Druck- und Papierindustrie 88

4. Einzelhandel 88

5. Chemische Industrie 89

6. Automobil(zuliefer)industrie 89

7. Elektrotechnik 90

8. Maschinenbau 91

9. Bauindustrie 91

10. Zusammenfassung 91

G. Euro-Konsequenzen für die auslandsorientierte deutsche Wirtschaft 93

1. Methodische Vorbemerkungen 93
   - 1.1 Statistische Grundlagen und Probleme der Erfassung internationaler Kapitalverflechtung 94
   - 1.2 Statistische Grundlagen und Probleme der Erfassung der Außenhandelsverflechtung 97

2. Das Regionalmuster der deutschen Ausfuhren 99

3. Die Euro-Orientierung des deutschen Mittelstands 107

H. Der Euro - Nutzen und Kosten für die deutsche Wirtschaft 121

1. Nutzen der Euro-Einführung für die gewerbliche Wirtschaft 122

2. Kosten der Euro-Umstellung für die gewerbliche Wirtschaft 134

I. Zusammenfassung und Schlußbemerkung 149

Anhang 155

Literaturverzeichnis 159

Verzeichnis der Abbildungen

Abbildung 1: Anteile an den Weltwährungsreserven (Stand 30.6.1996) (in Prozent) 36

Abbildung 2: Der Weltanleihemarkt - Nominalwert umlaufender Anleihen zum Jahresanfang 1996 (in Prozent) 37

Abbildung 3: Entwicklung des nominalen Außenwertes der DM gegenüber den Währungen von 18 Industrieländern 38

Abbildung 4: Entwicklung des nominalen Außenwertes der DM gegenüber ausgewählten am EWS beteiligten Währungen 39

Abbildung 5: Einflußfaktoren der Wahl des Umstellungszeitpunktes 49

Abbildung 6: Zahlungsverkehr in der Übergangsphase 58

Abbildung 7: Wahrscheinlichkeit der EWU im Urteil der Unternehmen im Jahr 1997 (in Prozent) 63

Abbildung 8: Anteil der Unternehmen, die mit einen fristgerechten Start der EWU rechnen - nach Beschäftigtengrößenklassen (in Prozent) 64

Abbildung 9: Euro-Informationsquellen des Mittelstandes (in Prozent) 66

Abbildung 10: Anteil der sich in Vorbereitung befindenden Unternehmen - nach Beschäftigtengrößenklassen (in Prozent) 67

Abbildung 11: Geplanter Euro-Umstellungszeitpunkt (in Prozent) 69

Abbildung 12: Erwartete Auswirkungen aus Sicht der Unternehmen - nach Umsatzgrößenklassen (in Prozent) 72

Abbildung 13: Stand der Euro-Vorbereitungen im internationalen Vergleich (in Prozent) 73

Abbildung 14: Regionalverteilung des deutschen Intrahandels 1995 (in Prozent) 101

Abbildung 15:	Deutsche Ausfuhr in die Teilnehmerländer der EWU - nach Gütergruppen 1995	105
Abbildung 16:	EWU-Anteil an der Gesamtausfuhr - nach Branchen 1995 (in Prozent)	106
Abbildung 17:	Ausprägung des EWU-Vorteilspotentials für mittelständische Exporteure - nach Branchen (in Prozent)	118

Verzeichnis der Tabellen

Tabelle 1: Der Zeitplan der Euro-Einführung 4

Tabelle 2: Stand und Erfüllung der Konvergenzkriterien der EU-Staaten 1997 8

Tabelle 3: Übersicht über Euro-Befragungen mittelständischer Unternehmen 62

Tabelle 4: Informationsstand der west- (und ost-)deutschen Unternehmen (in Prozent) 65

Tabelle 5: Betroffene Unternehmensbereiche (in Prozent) 68

Tabelle 6: Mögliche strategische Reaktionen (in Prozent) 68

Tabelle 7: Zeitpunkt der Währungsumstellung der gut informierten Unternehmen- nach Beschäftigtengrößenklassen (in Prozent) 70

Tabelle 8: Die Ausfuhr Deutschlands 1995 (Teil 1 und Teil 2) 102

Tabelle 9: Exportunternehmen und Exportumsatz 1994 - nach Wirtschaftszweigen 107

Tabelle 10: Ausfuhrumsätze und Exportquoten nach Branchen des verarbeitenden Gewerbes 1994 109

Tabelle 11: EWU-Ausfuhrumsätze und -quoten des verarbeitenden Gewerbes - nach Branchen 1994 110

Tabelle 12: Exporttätigkeit des verarbeitenden Gewerbes - nach Umsatzgrößenklassen 1994 111

Tabelle 13: Anteile mittelständischer Unternehmen am Gesamt- und Ausfuhrumsatz - nach Branchen 1994 113

Tabelle 14: Anzahl Exporteure und durchschnittliche Ausfuhr - nach Branchen 1994 114

Tabelle 15: EWU-Ausfuhrumsätze - nach Branchen und Unternehmensgröße 1994 116

Tabelle 16: Devisenverwaltungskosten für Intra-EU (12)-Transaktionen 1995 123

Tabelle 17: Außenhandelsvolumen im Intrahandel 1995 126

Tabelle 18: Anteil der fakturierten Währungen beim Außenhandel 1994 (in Prozent) 127

Tabelle 19: Fakturierungsstrukturen und begünstigtes Außenhandelsvolumen 1995 128

Tabelle 20: Einsparpotential an Devisenmanagementkosten - nach Branchen 131

Tabelle 21: Einsparpotential nach Branchen und Unternehmensgrößen 132

Tabelle 22: Fakturierungsverhalten von Exporteuren in ausgewählten Ländern 133

Tabelle 23: Kostenstruktur der Euro-Umstellung (in Prozent der gesamten Umstellungskosten) 138

Tabelle 24: Euro-bedingte betriebliche Kosten (in DM) 141

Tabelle 25: Schätzung der Euro-bedingten Kosten in Prozent des Jahresumsatzes - nach Umsatzgrößenklassen 143

Tabelle 26: Kosten der Euro-Umstellung - nach Umsatzgrößenklassen 143

A. Einleitung

Auf der Grundlage des Vertrags von Maastricht haben sich die europäischen Staaten auf die Bildung einer europäischen Währungsunion verständigt. Derzeit ist die Wahrscheinlichkeit groß, daß dieses Projekt fristgerecht zum 1.1.1999 umgesetzt wird. Die nationalen Regierungen verzichten damit auf das Instrumentarium der Geld- und Währungspolitik zugunsten der einheitlichen Politik einer europäischen Zentralbank, die nationalen Währungen werden durch die Einheitswährung "Euro" ersetzt.

Angesichts der Bedeutung und der Implikationen dieses großen Vorhabens kann es nicht überraschen, daß grundsätzlich und über die zu erwartenden Vor- und Nachteile einer Währungsunion in den beteiligten Staaten intensiv diskutiert wurde und wird - eine Diskussion mit politischen, ökonomischen und emotionalen Facetten. Da sowohl für als auch gegen die (pünktliche) Währungsunion gute Argumente vorgebracht werden, läßt sich nachvollziehen, daß einige Bürger noch verunsichert sind und dem Euro skeptisch oder ablehnend gegenüberstehen. Die Unsicherheit zeigt sich insbesondere bei mittelständischen Unternehmen in dem zwiespältigen Verhalten, daß sie zwar mit dem termingerechten Start der Währungsunion rechnen, sich trotzdem aber nicht angemessen darauf vorbereiten.

In der vorliegenden Studie werden die wesentlichen Merkmale der Europäischen Währungsunion (EWU) dargestellt, wobei es im Kern um die Frage geht, worin die spezifischen Auswirkungen der EWU auf mittelständische Unternehmen im Vergleich zu Großunternehmen bestehen. Die Untersuchung gliedert sich in drei Abschnitte.

Zunächst werden in einem allgemein-theoretischen Teil die Konstruktionsmerkmale, Funktionsbedingungen und Entwicklung der EWU von der Idee über die verschiedenen Stufen bis zur Vollendung nachgezeichnet und die grundlegende einzel- und gesamtwirtschaftliche Bedeutung einer Währung sowie das Chancen- und Risikopotential einer gemeinsamen Währung analysiert. Hierbei handelt es sich um eine Auswertung und Zusammenfassung der Ergebnisse und Stellungnahmen in Literatur und tagesaktueller Berichterstattung.

Der zweite Teil, in dessen Mittelpunkt die Auswirkungen der Einführung einer einheitlichen europäischen Währung auf die (mittelständischen) Unternehmen stehen, gliedert sich in zwei Kapitel. Im ersten wird theoretisch abgeleitet, welche Konsequenzen sich aus der EWU für die einzelnen Unternehmensbereiche ergeben und welche operativen und strategischen Notwendigkeiten daraus für die Unternehmensführung entstehen. Inwieweit die Unternehmen ihre Betroffenheit realisiert und entsprechende Maßnahmen für Umstellung und strategische Neuorientierung geplant bzw. bereits durchgeführt haben, steht im Zentrum des zweiten Kapitels. Hier wird auf die empirischen Ergebnisse einer wissenschaftlichen Begleitung von ausgewählten Unternehmen bei der Euro-Vorbereitung zurückgegriffen, die dem Institut für Mittelstandsforschung Bonn von Zenit, Mülheim, zur Verfügung gestellt wurden.

Im letzten Teil der Untersuchung wird, basierend auf der starken Auslandsorientierung der deutschen Wirtschaft, der Versuch unternommen, den unmittelbar von der Währungsunion erwarteten Nutzen der Unternehmen zu quantifizieren. Ausgangspunkt der Analyse ist die Tatsache, daß die öffentliche Diskussion vielfach durch pauschale Aussagen nach dem Motto "der Mittelstand profitiert vom Euro" geprägt ist, ohne daß eine Aufteilung des Nutzenpotentials nachgewiesen wird. In unserer Betrachtung wird von den eingesparten Kosten des Devisenmanagements ausgegangen, wohlwissend daß es sich hierbei lediglich um eine Nutzenkomponente handelt. Bei der Betrachtung der Vor- und Nachteile der Währungsunion dürfen die Kosten natürlich nicht vernachlässigt werden. In einem zweiten Schritt wird deshalb anhand konkreter Unternehmensangaben aus der Praxis versucht, die den Unternehmen durch die Einheitswährung insgesamt entstehenden Umstellungskosten, differenziert nach Unternehmensgrößen, zu berechnen.

Es liegt auf der Hand, daß Kosten und Nutzen eines Projektes wie das einer EWU im Vorfeld nicht abschließend bestimmbar sind. Die vorliegende Ausarbeitung beschränkt sich somit auf das Ziel, Vor- und Nachteile abzuwägen und Quantifizierungen für bestimmte Teilbereiche, für die - zugegebenermaßen bescheidene - empirische Informationen zur Verfügung stehen, vorzunehmen, um einen Beitrag zur Fundierung der Diskussion zu leisten.

B. Der Weg zur Währungsunion

1. Die Idee einer einheitlichen Währung in Europa

Bereits mit den römischen Verträgen (1957/58) zwischen den Gründungsmitgliedern der EU Belgien, Deutschland, Frankreich, Italien, Luxemburg und Niederlande wurde festgeschrieben, daß die EWG den höchstmöglichen Integrationsgrad anstrebt: Ziel war, neben der Zollunion, die Schaffung eines gemeinsamen Marktes mit freier Faktorwanderung. Auch die Wirtschaftspolitik der Mitgliedsländer wurde von Beginn an als ein Anliegen "von gemeinsamem Interesse" betrachtet (GLASTETTER 1995, S. 13).

Die Idee einer europäischen Währungsunion ist allerdings nicht neu. Bereits Ende der 60er Jahre begann die Diskussion über eine europäische Wirtschafts- und Währungsunion. Auf der Gipfelkonferenz in Den Haag im Jahre 1969 wurde ein Etappenplan zur Wirtschafts- und Währungsunion ausgearbeitet. Unter der Leitung des damaligen luxemburgischen Ministerpräsidenten Pierre Werner entstand ein nach ihm benannter Plan zur stufenweisen Errichtung einer Wirtschafts- und Währungsunion, deren Vollendung innerhalb von zehn Jahren vollzogen sein sollte. Die wirtschaftlichen Turbulenzen der 70er Jahre verhinderten jedoch eine konsequente Verfolgung des Werner-Plans (ZEW 1997, S. 11).

1979 kam es zur Gründung des Europäischen Währungssystems (EWS). Das EWS basiert auf einem Wechselkursmechanismus mit festen, aber anpassungsfähigen Wechselkursen, deren Leitkurse in ECU ausgedrückt wurden. Die Zentralbanken intervenierten zur Kursstützung der einzelnen Währungen, wenn die vorgesehenen Bandbreiten von 2,25 % über- oder unterschritten wurden (GLASTETTER 1995, S.15). Aufgrund der währungspolitischen Spannungen wurden am 2. August 1993 die Bandbreiten im EWS von 2,25 % auf 15 % in beide Richtungen erweitert. Damit wurde das EWS formal zwar beibehalten, wegen der großen Schwankungsbreite inhaltlich jedoch praktisch außer Kraft gesetzt. Heute gleicht es demzufolge im Prinzip eher einem System begrenzt frei schwankender Wechselkurse.

Tabelle 1: Der Zeitplan der Euro-Einführung

Zeitpunkt	Maßnahmen und Zuständigkeit
Spätestens 30. Juni 1997	• Rechtsvorschriften für die Einführung des Euro als eigenständige Währung Vorschlag der Kommission wird dem europäischen Rat vorgelegt • Stabilitäts- und Wachstumspakt Vorschlag der Kommission wird dem europäischen Rat vorgelegt • Der neue Wechselkursmechanismus (EWS 2) Vorschlag des EWI wird dem Rat vorgelegt • Planung zukünftiger währungspolitischer Instrumente EWI • Design der Euro-Münzen Vorschlag der Kommission wird dem europäischen Rat vorgelegt
Zum frühestmöglichen Zeitpunkt 1998	• Entscheidung über den Kreis der Teilnehmerstaaten Europäischer Rat • Errichtung der EZB und Ernennung des EZB-Direktors Rat • Beginn der Herstellung von Euro-Banknoten und -Münzen Rat und Mitgliedstaaten • Verabschiedung der notwendigen sekundären Rechtsvorschriften Die Kommission schlägt vor, der Rat entscheidet
1. Januar 1999	• Unwiderrufliche Festsetzung der Umrechnungskurse und Inkrafttreten von Rechtsvorschriften insbesondere bzgl. des rechtlichen Status des Euro • Festlegung und Ausführung der einheitlichen Währungspolitik in Euro ESZB • Durchführung von Fremdwährungstransaktionen in Euro ESZB • Neuemissionen der öffentlichen Hand in Euro Mitgliedstaaten, Europäische Investitionsbank, Kommission
1. Januar 1999 bis spätestens 1. Januar 2002	• Umstellung des Banken- und Finanzsektors auf Euro • Gewährleistung einer reibungslosen Umstellung der Gesamtwirtschaft- Kommission und Mitgliedstaaten
Spätestens 1. Januar 2002	• Beginn des Umlaufs der Euro-Banknoten ESZB • Beginn des Umlaufs der Euro-Münzen Mitgliedstaaten • Abschluß der Umstellung der öffentlichen Verwaltung Mitgliedstaaten
Spätestens 1. Juli 2002	• Nationale Banknoten und Münzen verlieren ihre Gültigkeit als gesetzliches Zahlungsmittel Mitgliedstaaten, ESZB © IfM Bonn

Quelle: HEINZEMANN 1997, S. 278

Konkrete Bemühungen zur Realisierung einer Wirtschafts- und Währungsunion wurden ab 1990 erkennbar. Seit 1. Juli 1990 gilt die vollständige Liberalisierung des Kapitalverkehrs in den Ländern der Europäischen Gemeinschaft. Mit Beginn des Jahres 1993 hatte die europäische Gemeinschaft die realwirtschaftliche Integration mit ihren Eckpfeilern Liberalisierung des öffentlichen Beschaffungswesens, Beseitigung der Grenzkontrollen sowie Liberalisierung der Finanzdienstleistungen abgeschlossen (WELFENS 1994, S. 307); der EG-Binnenmarkt wurde vollendet und am 1. November des Jahres trat der in Maastricht unterzeichnete Vertrag über die Europäische Union in Kraft. Mit der Errichtung des Europäischen Währungsinstitutes (EWI) am 1. Januar 1994 in Frankfurt, einer Intensivierung der Verfahren zur Koordinierung der Wirtschaftspolitik auf europäischer Ebene sowie dem verstärkten Bemühen zur Erfüllung der Konvergenzkriterien, insbesondere mit dem Kampf gegen übermäßige Haushaltsdefizite, begann die zweite Phase der Währungsunion.

Bei dem Treffen der Regierungschefs in Madrid im Dezember 1995 wurden der neuen Währung der Name Euro verliehen und die technischen Szenarien für die Einführung des Euro sowie der Zeitplan für den voraussichtlichen Übergang zur Einheitswährung im Jahr 1999 vorgestellt, Ende 1996 der rechtliche, organisatorische und logistische Rahmen der Europäischen Zentralbank (EZB) und des Europäischen Systems der Zentralbanken (ESZB) festgelegt. Auch die Vorbereitungsarbeiten bezüglich der Rechtsvorschriften im Zusammenhang mit ESZB, EZB und Einführung der Einheitswährung durch Kommission, Rat und EWI wurden bis 1997 abgeschlossen. Anfang Mai 1998 hat der Rat der Staats- und Regierungschefs die an der Währungsunion teilnehmenden Staaten festgelegt.

1.1 Ziel der europäischen Währungsunion

Zentrales Ziel der Währungsunion ist es, den gemeinsamen Binnenmarkt zu ergänzen und zu fördern. Die Währungsunion soll zu mehr Wettbewerb, vermehrter Arbeitsteilung, effizienterer Produktion, geringeren Preisen sowie zu einer Stärkung von Wachstum, Beschäftigung und Wohlstand zugunsten von Wirtschaft und Verbrauchern beitragen. Neben dem ökonomischen Nutzen werden auch politische Vorteile erwartet. Die Währungsunion wird als Motor für die europäische Integration und als Instrument, diese unumkehrbar zu machen, gesehen.

1.2 Das vertragliche Rahmenwerk: Der Maastrichter Vertrag

Mit dem Vertrag über die Europäische Union (Vertrag von Maastricht), der am 7. Februar 1992 unterzeichnet wurde und nach Ratifizierung in allen Mitgliedstaaten am 1. November 1993 in Kraft getreten ist, haben die Mitgliedstaaten der Europäischen Gemeinschaft die Verwirklichung einer Europäischen Wirtschafts- und Währungsunion in einem dreistufigen Prozeß vereinbart. Kern des Vertrages sind die Bestimmungen über die Europäische Währungsunion (EWU). Sie wurden in den Vertrag zur Gründung der Europäischen Gemeinschaft (EG-Vertrag) integriert und gehören damit zu den Grundlagen des Europarechts, dem sog. primären Gemeinschaftsrecht.

Der EG-Vertrag in der Fassung des Vertrags von Maastricht regelt die Zuständigkeitsverteilung auf dem Gebiet der Währungspolitik und enthält institutionelle Vorgaben für die Errichtung einer Europäischen Zentralbank (EZB) und eines Europäischen Systems der Zentralbanken (ESZB). Zum EG-Vertrag gehört auch das Protokoll über die Satzung des Europäischen Systems der Zentralbanken und der Europäischen Zentralbank, welches Stellung, Aufgaben und Befugnisse der EZB und des ESZB näher präzisiert.

Mit dem Maastrichter Vertrag wurde ein Instrument geschaffen, das die in den einzelnen Mitgliedstaaten bisher eigenständig vorgenommene Geldpolitik durch eine gemeinsame Geldpolitik ersetzt. Voraussetzung für die Teilnahme an der Währungsunion ist die Erfüllung der im Vertrag festgelegten Konvergenzkriterien.

1.2.1 Die Konvergenzkriterien

Ein hoher Grad an dauerhafter Konvergenz soll die Voraussetzung für eine erfolgreiche Währungsunion und einen starken Euro bilden. Maßstab hierfür ist die Erfüllung der Konvergenzkriterien durch die Mitgliedstaaten. Es wurden vier Konvergenzkriterien festgelegt:

- Hoher Grad an Preisniveaustabilität
  Es soll eine Inflationsrate erzielt werden, die um nicht mehr als 1,5 %-Punkte über dem Ergebnis jener - höchstens drei - Mitgliedstaaten mit der niedrigsten Inflationsrate liegt.

- Auf Dauer stabile Finanzlage der öffentlichen Hand
  Ziel ist eine öffentliche Haushaltslage ohne übermäßiges Defizit. Als kritische Referenzwerte wurden festgelegt:

  ⇒ 3 % für das Verhältnis des Staatsdefizits zum Bruttoinlandsprodukt zu Marktpreisen (Neuverschuldung)

⇒ 60 % für das Verhältnis der öffentlichen Gesamtverschuldung zum Bruttoinlandsprodukt zu Marktpreisen

- Stabile Wechselkurse
  Gefordert wird die Einhaltung der normalen Bandbreiten des EWS-Wechselkursmechanismus, insbesondere keine Abwertung der Währung in den letzten zwei Jahren.

- Niedrige langfristige Zinsen
  Die langfristigen Nominalzinsen sollen um nicht mehr als 2 %-Punkte über dem entsprechenden Satz der - maximal drei - Mitgliedstaaten mit der niedrigsten Inflation liegen.

Auch wenn der Maastrichter Vertrag eine Gleichwertigkeit der Konvergenzkriterien vorsieht, hat sich in der öffentlichen Diskussion eine Hierarchie der Kriterien herausgebildet, wobei das Inflations- und Zinskriterium an erster Stelle stehen (HERZ 1996, S. 140). Die Defizitquote von 3 % des BIP hat erst mit dem vom Bundesministerium der Finanzen der Bundesrepublik Deutschland vorgeschlagenen Stabilitätspakt größere Bedeutung erfahren. Dagegen hat das Kriterium der Schuldenquote in der öffentlichen Diskussion einen relativ geringen Stellenwert. So gehörte z.B. Belgien von Anfang an zum Kreis der Teilnehmerstaaten, obwohl die belgische Schuldenquote mehr als doppelt so hoch war und ist wie der Referenzwert des Maastrichter Vertrags; überdies ist derzeit nicht erkennbar, daß die Schuldenquote "hinreichend rückläufig ist und sich rasch genug dem Referenzwert nähert" (Art. 104c Abs. 2 EG-Vertrag[1]). Gegenüber den Stabilitätskriterien Preisentwicklung und langfristiges Zinsniveau haben die beiden Verschuldungskriterien insofern auch geringere Bedeutung, als sie zwar ein Auslöser für Inflation sein können, eine hohe Gesamtverschuldung aber nicht zwangsläufig in hohe Preissteigerungsraten und damit Abwertungstendenzen münden muß. Vor diesem Hintergrund formuliert der Maastricht-Vertrag diese beiden Kriterien auch nur als Richtgröße (CHITTKA 1997, S. 6).

Das Europäische Währungsinstitut hat die Aufgabe, in regelmäßigen Abständen über den Stand der Konvergenz in den Mitgliedstaaten zu berichten. Wäh-

---

1 Vergleichbar ist etwa die Entscheidung des Ministerrates, die irischen Staatsfinanzen trotz einer Schuldenquote von 90 % als auf Dauer tragbar im Sinne des Maastrichter Vertrags einzuordnen, da sich das Verhältnis von öffentlicher Verschuldung und BIP hinreichend schnell verringere.

rend die monetären Beitrittskriterien von den meisten Ländern ohne größere Probleme erfüllt werden, ist das fiskalische Konvergenzkriterium der Gesamtverschuldung von den wenigsten Ländern erreicht (Tabelle 2).

Tabelle 2: Stand und Erfüllung der Konvergenzkriterien der EU-Staaten 1997

Richtwerte	Inflation (nicht höher als 2,7 %)	Neuverschuldung (nicht höher als 3 % des BIP)	Gesamtverschuldung (nicht höher als 60 % des BIP)	Langfrist. Zins (nicht höher als 7,8 %)
Belgien	1,4	2,1	122,2	5,7
Dänemark*	1,9	+0,7	65,1	6,2
Deutschland	1,4	2,7	61,3	5,6
Finnland	1,3	0,9	55,8	5,9
Frankreich	1,2	3,0	58,0	5,5
Griechenland**	5,2	4,0	108,7	9,8
Großbritannien*	1,8	1,9	53,4	7,0
Irland	1,2	+0,9	66,3	6,2
Italien	1,8	2,7	121,6	6,7
Luxemburg	1,4	+1,7	6,7	5,9
Niederlande	1,8	1,4	72,1	5,5
Österreich	1,1	2,5	66,1	5,6
Portugal	1,8	2,5	62,0	6,2
Schweden*	1,9	0,8	76,6	6,5
Spanien	1,8	2,6	68,8	6,3

* Nehmen zunächst nicht an der Währungsunion teil. ** Erfüllt die Kriterien nicht.

Quelle: EU-Kommission 1998

Bis auf Großbritannien und Schweden, die nicht im Wechselkursmechanismus des EWS sind, erfüllen alle Länder mit Ausnahme Griechenlands das Wechselkurskriterium. Auch das Zins- und Inflationskriterium wird von fast allen Ländern erfüllt. Die anderen beiden Konvergenzkriterien - insbesondere aber die Quote der Gesamtverschuldung im Verhältnis zum BIP - werden nur von Luxemburg, Frankreich, Finnland und Großbritannien eingehalten.

Während Deutschland, Frankreich, Großbritannien, Italien, Spanien, die Niederlande und Finnland für die Einhaltung der Konvergenzkriterien unter strikter Interpretation plädierten, hielten Belgien, Portugal, Griechenland, Österreich, Schweden und Luxemburg die Ausnutzung der Spielräume, welche die nicht immer klare Formulierung der Konvergenzkriterien erlaubt, für zulässig (MÜTSCH 1997, S. 16).

1.2.2 Der Stabilitäts- und Wachstumspakt

Der vom Bundesministerium für Finanzen der Bundesrepublik Deutschland vorgeschlagene Stabilitäts- und Wachstumspakt wurde Ende 1996 von den 15 EU-Staaten beschlossen und im Juni 1997 ratifiziert (DEUTSCHE BANK RESEARCH 1997, S. 4). Ziel des Stabilitäts- und Wachstumspaktes ist es, die Glaubwürdigkeit in die Solidität der Wirtschafts- und Währungsunion zu erhöhen. Zwar schließt der Maastricht-Vertrag eine direkte Finanzierung öffentlicher Defizite durch Notenbankkredite aus, eine Finanzierung der Haushaltsdefizite am Markt ist aber möglich und es ist fraglich, wie die Finanzmärkte auf eine unsolide Haushaltspolitik eines Landes reagieren. Der Pakt soll eine jährliche und mittelfristige Haushaltsorientierung der teilnehmenden Mitgliedstaaten an den Maastricht-Kriterien mittels pekuniärer Sanktionen bei Abweichung von den Kriterien gewährleisten.

Auf dem Gipfel in Amsterdam am 16. Juni 1997 meldete die mittlerweile neu gebildete französische Regierung Bedenken an. Sie kritisierte die Höhe der Sanktionszahlungen und forderte eine Festschreibung des Arbeitsmarktziels. Demnach sollen Defizite, die aufgrund von Beschäftigungsprogrammen entstehen bzw. nicht in ausreichendem Maße abgebaut werden, nicht den im Stabilitätspakt vorgesehenen Sanktionen unterliegen. Die europäischen Regierungschefs einigten sich jedoch darauf, den Stabilitäts- und Wachstumspakt in seiner ursprünglichen Fassung zu belassen und fügten dem Vertragswerk von Maastricht ein zusätzliches Beschäftigungskapitel an. Das Beschäftigungskapitel sieht grundsätzlich vor, daß sich die Mitgliedstaaten verpflichten, ihre Wirtschaftspolitik stärker zu koordinieren, um für mehr Beschäftigung zu sorgen. Darüber hinaus haben sie die Möglichkeit, Initiativen zur Beschäftigungsförderung zu ergreifen. Diese Anreize sind allerdings an bestimmte Voraussetzungen geknüpft. Sie dürfen die Dauer von fünf Jahren und einen bestimmten finanziellen Rahmen nicht überschreiten.

Der Stabilitäts- und Wachstumspakt sieht folgende Regelungen vor:

- Die Drei-Prozent-Grenze für die Neuverschuldung soll auch in wirtschaftlich ungünstigen Perioden eingehalten, in wirtschaftlichen "Normallagen" eine mittelfristige Obergrenze von 1 % des BIP nicht überschritten werden.

- Überschreitet ein Teilnehmerland die Defizitgrenze von 3 %, so sieht der Pakt als Sanktion vor, daß es eine unverzinsliche "Stabilitätseinlage" an die EU zu leisten hat. Der betreffende Staat muß einen festen Sockelbetrag von 0,2 % des nominalen Bruttoinlandsprodukts hinterlegen, zusätzlich für jeden Prozentpunkt Defizitüberschreitung einen weiteren Zehntelprozentpunkt, insgesamt maximal 0,5 % des BIP. Im zweiten Jahr wird der variable Teil wiederum fällig (DEUTSCHE BANK RESEARCH 1997, S. 4).

- Ist nach zwei Jahren die Defizitgrenze weiterhin überschritten, wird die Stabilitätseinlage in eine Geldbuße umgewandelt, falls erkennbar ist, daß Maßnahmen zur Haushaltskonsolidierung unterlassen wurden. Über die Spielregeln wacht ein "Europäischer Stabilitätsrat", der berechtigt ist, das sog. "Fehlverhalten" zur Anzeige zu bringen.

- Es gibt allerdings auch Ausnahmen von den Sanktionen: Auf eine Geldeinlage wird verzichtet, wenn die Überschreitung des Referenzwertes von 3 % mit einem hohen Rückgang des realen BIP in dem jeweiligen Land einhergeht. Sinkt das reale BIP um mehr als 2 %, so entfallen Sanktionen; liegt der Rückgang des BIP zwischen 0,75 % und 2 %, so kann das betreffende Land den EU-Ministerrat um ihre Aussetzung ersuchen.

Angesichts der Ausnahmeregelungen und der Entscheidungsmechanismen kann von automatisch in Kraft tretenden Sanktionen, wie sie ursprünglich von Deutschland vorgesehen waren, keine Rede mehr sein. "Alles in allem ist ein wirksamer Überwachungsmechanismus für übermäßige Defizite, der auch selbsttätig die Kontrollfunktion der Finanzmärkte geschärft hätte, nicht zustande gekommen" (SIEBERT/VAUBEL/BOFINGER et al. 1997, S. 9).

Es ist somit festzuhalten, daß keine besonders strikt greifenden Sanktionsmechanismen bei Nichteinhaltung der Konvergenzkriterien nach Beitritt in die Währungsunion installiert sind. Die Sanktionsmechanismen des Art. 104c EG-Vertrag für den Fall eines andauernden exzessiven Defizits greifen erst relativ spät. Nachdem eine erste Maßnahme, durch Veröffentlichung des überhöhten Defizits und Empfehlung zur Beendigung der exzessiven Verschuldung öffentlichen Druck zu erzeugen, ohne Wirkung bleibt, tritt die Sanktion der unverzinslichen Einlage und erst danach die Geldbuße in Kraft, d.h. der Prozeß kann sich über mehrere Jahre erstrecken.

2. Die Gründung einer Europäischen Zentralbank

Der Aufbau der Europäischen Zentralbank (EZB) und des Europäischen Systems der Zentralbanken (ESZB) beginnt nach der Auswahl der Teilnehmerstaaten an der Währungsunion. Ähnlich wie die Deutsche Bundesbank ist das ESZB föderativ aufgebaut: Es setzt sich aus der Europäischen Zentralbank und den nationalen Zentralbanken der Mitgliedstaaten der EU zusammen. Für den Aufbau und die Schaffung einer einheitlichen europäischen Geldpolitik bleibt nach dem Zeitplan etwa ein halbes bis dreiviertel Jahr. Aufgrund des kurzen Zeitraumes laufen schon seit 1996 Abstimmungsverfahren und Vorbereitungsarbeiten über die Geldpolitik der zukünftigen EZB. Primäre Aufgabe der EZB und des ESZB wird es sein, die einheitliche Geld- und Währungspolitik festzulegen und auszuführen.

Für die EZB und das ESZB gilt der Grundsatz der Unabhängigkeit. Länder, die an der Währungsunion teilnehmen, müssen die rechtlichen Voraussetzungen für die Unabhängigkeit ihrer nationalen Notenbank geschaffen haben, da ansonsten die Unabhängigkeit der EZB und des ESZB untergraben würde. Die Mitgliedstaaten haben gemäß Artikel 108 des EG-Vertrages sicherzustellen, daß spätestens zum Zeitpunkt der Errichtung des ESZB ihre innerstaatlichen Rechtsvorschriften mit dem Vertrag zur Satzung des ESZB und der EZB im Einklang stehen.[2]

Der Unabhängigkeit der Zentralbank kommt, wie durch empirische Ländervergleiche belegt, eine hohe Bedeutung für die Stabilität der Entwicklung eines Landes zu. Vor diesem Hintergrund ist die von Frankreich geforderte Einsetzung eines Stabilitätsrates als politischem Gremium mit der Möglichkeit der Einflußnahme auf die Politik der Zentralbank kritisch zu bewerten. Dies würde bedeuten, daß die Unabhängigkeit der EZB nicht unter allen Umständen gewährleistet ist.

Von den Bestimmungen des Artikel 107 des EG-Vertrags und Artikel 14.2 der Satzung des ESZB ausgehend hat das Europäische Währungsinstitut (EWI) eine Reihe von "Unabhängigkeitsmerkmalen" abgeleitet, welche die Zentral-

---

2 Großbritannien verfügte kurz nach dem Regierungsantritt Blairs die Unabhängigkeit der Zentralbank. Dies ist durchaus als ein Anzeichen zu werten, daß Großbritannien die Möglichkeit eines Beitritts in die Währungsunion innerhalb eines überschaubaren Zeitraums ins Auge faßt.

banken bei der Wahrnehmung von Aufgaben im Rahmen des ESZB erfüllen müssen.

Die EZB wird ihre geldpolitischen Operationen von Beginn an in Euro und mit Hilfe des transeuropäischen Zahlungsverkehrsnetzes TARGET abwickeln. Neben die Geldpolitik treten im wesentlichen noch die Aufgaben, Banknoten zu emittieren, Devisentransaktionen durchzuführen, die offiziellen Währungsreserven zu verwalten sowie das reibungslose Funktionieren des Zahlungsverkehrs zu unterstützen (EWI 1997a).

Als vorrangiges Ziel der einheitlichen Geld- und Währungspolitik ist die Erhaltung der Preisstabilität in der Satzung der EZB eindeutig festgelegt (Art. 105 Abs. 1 Satz 1 EG-Vertrag). Hinsichtlich der Vorgehensweise zur Erreichung dieses Ziels enthält die Satzung jedoch nur allgemeine Grundsätze. Aufgabe des EWI ist es daher, die näheren Modalitäten der einheitlichen Geld- und Währungspolitik auszuarbeiten.

2.1 Geldpolitische Strategie

Zum gegenwärtigen Zeitpunkt ist noch keine Entscheidung darüber gefallen, auf welche geldpolitischen Ansätze sich die EZB konzentrieren wird. In der Diskussion steht zum einen ein geldpolitisches Konzept, das sich über das Inflationsziel direkt auf die Preisstabilität konzentriert, wie es z.B. die Bank of England oder die Sveriges Riksbank praktizieren, zum anderen das von der Deutschen Bundsbank favorisierte Konzept, welches auf der Festlegung des Zwischenziels Geldmenge beruht.

Beide Konzepte haben Vor- und Nachteile. Bei der *Geldmengenstrategie* ist aufgrund des klaren Zusammenhangs zwischen Geldmengenentwicklung und Preisanstieg große Transparenz gewährleistet. Außerdem signalisierte die EZB, würde sie diesem Konzept folgen, Kontinuität im Sinne der stabilitätserprobten deutschen Geldpolitik und könnte von der mit diesem Ansatz verbundenen Reputation profitieren. Allerdings bestehen auch Befürchtungen, daß Instabilitäten in der Anfangsphase auftreten könnten (DEUTSCHE BUNDESBANK 1997, S. 5).

Der grundsätzliche Vorteil des Konzepts des *direkten Inflationsziels* besteht in seinem unmittelbaren Bezug zur Preisentwicklung und in der klaren Verbindung zwischen drohender Zielverfehlung und Instrumenteneinsatz. Als Vorteil gilt auch die geringere Empfindlichkeit gegen Störungen in der Geldnachfrage, als Nachteil, daß die notwendigen Prognosen immer mit Unsicherheiten behaftet sind und dem Ansatz generell viele Unwägbarkeiten innewohnen (DEUTSCHE BUNDESBANK 1997, S. 7 f.). Die Entscheidung, welcher Ansatz letztlich gewählt wird, wird kurz vor Beginn der dritten Stufe von der EZB unter Berücksichtigung der dann gegebenen Bedingungen gefällt.

Unabhängig davon, welche geldpolitische Strategie gewählt wird, identifizierte das EWI wichtige Elemente, die für jede Strategie unerläßlich sind (EWI 1997a, S. 10):

- Veröffentlichung der quantitativen Definition der Preisniveaustabilität und spezieller Zielvorgaben, an denen sich der Erfolg des ESZB bei der Verfolgung der Preisniveaustabilität messen läßt.
- Transparente Informationspolitik des ESZB, um der breiten Öffentlichkeit seine Strategie zu erläutern.
- Verfügbarkeit eines breiten Spektrums von (finanziellen und nichtfinanziellen) Indikatoren, mit deren Hilfe die Gefahren für die künftige Preisstabilität beurteilt werden können.
- Detaillierte Informationen über die monetären Aggregate und Ziele oder Korridore für deren Wachstum im Euro-Währungsraum.
- Verfahren, die Prognosen für Inflation und sonstige wirtschaftliche Variablen des Euro-Währungsraumes ermöglichen.

2.2 Geldpolitische Instrumente

Der Rat des EWI hat mehrere geldpolitische Instrumente definiert, die dem ESZB vorgeschlagen werden sollen. Auch wenn noch keine endgültige Entscheidung getroffen wurde, besteht Einigkeit darüber, daß vorrangig marktnahe Offenmarktgeschäfte, insbesondere in Form von Wertpapierpensionen, eingesetzt werden sollen. Ebenfalls ist geplant, zwei ständige Fazilitäten anzubieten und die Voraussetzungen zu schaffen, welche es der EZB ermöglichen, die Haltung von Mindestreserven zu verlangen (EWI 1997a, S. 16).

Bei der operativen Umsetzung gingen die Meinungen über dezentralisierte (Deutsche Bundesbank) oder zentralisierte (Bank of England) Geldpolitik auseinander. Das EWI hat sich für ein dezentrales Modell entschieden. Die nationalen Notenbanken intervenieren unter der Führung der EZB. Damit ist jedoch nicht ausgeschlossen, daß die EZB nicht auch gelegentlich direkt am Markt eingreifen wird.

Das ESZB soll vier Arten von Offenmarktgeschäften einsetzen: *Hauptrefinanzierungsoperationen*, d.h. liquiditätszuführende befristete Transaktionen in wöchentlichem Abstand und mit einer Laufzeit von zwei Wochen, *längerfristige Refinanzierungsgeschäfte*, d.h. liquiditätszuführende befristete Transaktionen in monatlichem Abstand und mit dreimonatiger Laufzeit, *Feinsteuerungsmaßnahmen* zur Beeinflussung der Marktliquidität oder der Zinssätze entsprechend den jeweiligen Umständen und besonderen Zielen sowie *strukturelle Operationen* zur Beeinflussung der strukturellen Liquiditätsposition des Bankensystems gegenüber dem ESZB (EWI 1997a, S. 16). Um eine einheitliche Ausrichtung der Geldpolitik und gleiche Wettbewerbsbedingungen für die Geschäftspartner im gesamten Euro-Währungsraum sicherzustellen, hat das EWI einheitliche Zulassungskriterien sowohl für die Geschäftspartner als auch für die Sicherheiten ausgearbeitet, die bei Geschäften mit dem ESZB zu verwenden sein werden.

Überdies werden ständige Fazilitäten (Spitzenrefinanzierungsfazilität, Einlagefazilität) dazu dienen, Übernachtliquidität bereitzustellen oder zu absorbieren. Diese Fazilitäten beschreiben die Ober- und Untergrenze der Geldmarktsätze für Tagesgeld und signalisieren den allgemeinen Kurs der Geldpolitik.

Die Frage, ob das Instrument der Mindestreserve zum Einsatz kommt, ist noch offen, dennoch trifft das EWI alle erforderlichen technischen Vorbereitungen für die Nutzung dieses Instruments. Sollte die EZB ein Mindestreservesystem beschließen, so wären alle Finanzinstitute, die im Euro-Währungsraum niedergelassen sind, einer gesetzlichen Mindestreservepflicht unterworfen (SCHELLER 1997). Das Mindestreservesystem kann dazu beitragen, die Geldmarktzinsen zu stabilisieren, eine strukturelle Liquiditätsknappheit am Geldmarkt herbeizuführen oder zu vergrößern und evtl. auch die Geldmengensteuerung zu erleichtern (EWI 1997b, S. 68).

Geringe Chancen werden der *Diskontpolitik* eingeräumt. Das Instrument gilt als wenig flexibel, aufwendig in der Handhabung und marktinkonform[3]. Als mögli-

---

3 In Deutschland wird bei weiter rückläufiger Tendenz nur noch rund ein Drittel des Zentralbankgeldes im Rahmen von Diskontgeschäften bereitgestellt. Außer in Deutschland stehen den Banken nur noch in Belgien und Griechenland dauerhafte Kreditfazilitäten unter dem Marktzinssatz zur Verfügung. Daneben gibt es nur in Italien, den Niederlanden und Österreich dauerhafte Kreditfazilitäten, wobei in diesen Ländern die Verzinsung

che Lösung könnte es einen Zinstender geben, der zum einen auf einer europaweiten Liste notenbankfähiger Sicherheiten basiert, die von der EZB noch zu erstellen wäre. Dazu können Bankschuldverschreibungen, Kreditforderungen oder Pfandbriefe gehören. Zum anderen könnte der Zinstender auf einer Liste nationaler Sicherheiten basieren, wie zum Beispiel Handelswechsel, Asset-Backed-Securities u.a., deren Aufstellung im Rahmen einheitlicher Grundregeln den nationalen Notenbanken überlassen bliebe (MÜTSCH 1997, S. 53f.).

Ungewiß ist ebenfalls die Frage nach der Gestaltung der nationalen Geldpolitiken während der Zeit, in der sich die Europäische Zentralbank im Aufbau befindet, die nationalen Zentralbanken aber weiterhin die Verantwortung für die Geldpolitik haben. Ob in dieser Phase nationale Regierungen durch Ab- oder Aufwertung ihrer Währung eine günstigere Einstiegsvoraussetzung in die gemeinsame Währungsunion erreichen können, hängt vom Zeitpunkt bzw. Modus der Währungsumrechnung ab.

2.3 Grenzüberschreitendes Zahlungsverkehrssystem (TARGET)

Eine leistungsfähige Infrastruktur in Form eines effizienten Interbank-Überweisungssystems für grenzüberschreitende Großbetragszahlungen zwischen der EZB, den nationalen Zentralbanken und den Geschäftsbanken ist notwendige Bedingung dafür, daß die EZB gleich vom ersten Tag der Währungsunion an eine wirksame Geldpolitik auf einem voll integrierten Geldmarkt betreiben kann. Transaktionen ohne Zeitverlust sind eine unabdingbare Voraussetzung für die technische Durchführbarkeit einer einheitlichen europaweiten Geldpolitik. Das System, das die Abkürzung TARGET (Trans-European Automated Real-Time Gross Settlement Express Transfer System bzw. Transeuropäisches Automatisiertes Echtzeit-Brutto-Express-Überweisungssystem) trägt, wird ab Beginn der dritten Stufe die verschiedenen nationalen Abrechnungssysteme in einem Verbund zusammenfassen.

Ziel ist es, Zahlungen - insbesondere Geldmarktzahlungen - im gesamten Euro-Währungsraum kostengünstig mit hohem Sicherheitsstandard und innerhalb sehr kurzer Verarbeitungszeit auszuführen. Mit Hilfe dieses Systems sollen grenzüberschreitende Zahlungen in Euro ebenso reibungslos abgewickelt werden können wie Inlandszahlungen. Die Benutzung des TARGET-Systems ist

---

nahe am Marktzins erfolgt (Vgl. EUROPÄISCHES WÄHRUNGSINSTITUT 1995, S. 123 ff.).

grundsätzlich freiwillig. Lediglich Zahlungen, die sich aus der Durchführung der Geld- und Währungspolitik ergeben, müssen über TARGET abgewickelt werden (DEUTSCHE BUNDESBANK 1996a, S. 20). Es wird jedoch erwartet, daß auch die noch nicht an der Währungsunion teilnehmenden Länder sich an dem System beteiligen.

3. Das Umstellungsverfahren

3.1 Der zeitliche Rahmen der Umstellung

Der Europäische Rat von Madrid hat sich für ein schrittweises Umstellungsverfahren entschieden. Die Umstellungsphase gliedert sich in zwei Abschnitte, die als Stufe 3a und Stufe 3b bezeichnet werden (DEUTSCHE BUNDESBANK 1997, S. 7):

- Die Stufe 3a (sog. Übergangszeit) dauert vom 1.1.1999, also von dem Tag, an dem die Umrechnungskurse unwiderruflich fixiert werden, bis zum 31.12.2001. Während dieser Zeit können nur unbare Finanztransaktionen in Euro vorgenommen werden.
- Die Stufe 3b beginnt am 1.1.2002. Sie ist auf höchstens sechs Monate beschränkt. Während dieser Zeit existieren die nationalen Währungen und der Euro parallel. Wie lange diese Parallelwährungsphase andauert, bleibt der Entscheidung der einzelnen Regierungen überlassen. Spätestens am 30.6.2002 soll der Umstellungsprozeß insgesamt abgeschlossen sein.

3.2 Umrechnungs- und Rundungsregeln im Euro-Währungsraum

Artikel 4 und Artikel 5 des EG-Vertrags regeln die Umrechnungsregeln im Euro-Währungsraum:

(1) Die Umrechnungskurse werden als ein Euro, ausgedrückt in den einzelnen nationalen Währungen der teilnehmenden Mitgliedstaaten, festgelegt. Sie werden mit sechs signifikanten Stellen belegt.

(2) Bei der Umrechnung der Kurse darf keine Rundung oder Kürzung um eine oder mehrere Stellen erfolgen.

(3) Die Umrechnungskurse werden für Umrechnungen sowohl der Euro-Einheit in nationale Währungseinheiten als auch umgekehrt verwendet. Von den Umrechnungskursen abgeleitete inverse Kurse werden nicht verwendet.

(4) Geldbeträge, die von einer nationalen Währungseinheit in eine andere umgerechnet werden, werden zunächst auf den auf Euro-Einheit lautenden Geldbetrag umgerechnet. Dieser darf nicht weniger als drei Dezimalstellen gerundet werden. Anschließend ist eine Umrechnung in die andere nationale Währung möglich.

Zu zahlende oder zu verbuchende Geldbeträge werden bei einer Rundung, die nach einer Umrechnung in Euro-Einheit gemäß Artikel 4 erfolgt, auf den nächstliegenden Cent auf- oder abgerundet. Geldbeträge, die in eine nationale Währung umgerechnet werden, werden auf die nächstliegende Untereinheit oder, gibt es keine Untereinheit, auf die nächstliegende Einheit oder entsprechend den nationalen Rechtsvorschriften oder Gepflogenheiten auf ein Vielfaches oder einen Bruchteil der Untereinheit oder Einheit der nationalen Währungseinheit auf- oder abgerundet. Führt diese Anwendung des Umrechnungskurses zu einem Resultat genau in der Mitte, so wird der Betrag aufgerundet (Artikel 5 EG-Vertrag).

3.3 Fixierung der Wechselkurse

Nach Artikel 109l Absatz 4 EG-Vertrag legt der Ministerrat unwiderruflich den Umtauschkurs zwischen den beteiligten Währungen und der Euro-Währung fest. Die Fixierung der Wechselkurse basiert auf einem einstimmigen Beschluß der an der Währungsunion teilnehmenden Länder auf Vorschlag der Kommission und nach Anhörung der EZB. Der Wert der Euro-Währung wird den gleichen Außenwert haben wie die Korbwährung ECU am Tag vor der dritten Stufe der Währungsunion. Mit der Festlegung der Teilnehmerstaaten im Mai 1998 wurde zugleich die Diskussion um die Fixierung der Wechselkurse zugunsten der EWS-Leitkurse entschieden.

4. Das Verhältnis von EWU und Nicht-EWU-Staaten

Die Klärung des monetären Verhältnisses der Teilnehmerstaaten an der EWU zu denjenigen, welche noch nicht dem Euro-Währungsraum angehören werden, sei es weil sie den Anforderungen der Konvergenzkriterien nicht gerecht werden oder freiwillig fernbleiben, gehört ebenfalls zu den Aufgaben des EWI.

Da die grundsätzlichen Entscheidungen über das Wechselkurssystem der Rat der Wirtschafts- und Finanzminister (ECOFIN) trifft, kann nur er förmliche Vereinbarungen mit Drittstaaten über die Einbindung des Euro in ein Wechselkurssystem treffen, muß sich aber mit der EZB abstimmen (BUNDESVERBAND ÖFFENTLICHER BANKEN 1997, S. 54).

Wichtiges Ziel ist es, Wechselkursungleichgewichte zu vermeiden. Aus diesem Grund haben die Staats- und Regierungschefs im Dezember 1996 in Dublin die Grundzüge eines neuen Wechselkursregimes verabschiedet. Dieses wird mit Beginn der Stufe 3 das Europäische Währungssystem (EWS) ersetzen. Gleichzeitig machte der Europäische Rat deutlich, daß Wechselkursstabilität stabilitätsorientierte Wirtschaftspolitiken voraussetze und daß wechselkurspolitische Zusammenarbeit kein Ersatz für Konvergenz der wirtschaftlichen Eckdaten darstellen kann. Die Teilnahme am Wechselkursmechanismus ist freiwillig, es wird aber erwartet, daß die "Pre-Ins" beitreten werden (DEUTSCHE BUNDESBANK 1996b, S. 6).

Die Diskussion über die Gestaltungsmöglichkeiten der Wechselkurse zwischen den "Ins" und "Pre-Ins" ist durch zwei unterschiedliche Varianten geprägt (JARCHOW 1996, S. 526): Zum einen die *Interventionsvariante*, die eine Wechselkursstabilität zwischen den Währungen der Nichtteilnehmerländer und dem Euro durch Devisenmarktinterventionen erreichen möchte, was durch Beistandsverpflichtungen der EZB gestützt würde; zum anderen die *Konvergenzvariante*, welche die Notwendigkeit rechtzeitiger Wechselkursanpassungen sowie die Konvergenz der wirtschaftlichen Entwicklung als Vorbedingung für eine Wechselkursstabilisierung betont und dementsprechend die Peripherieländer stärker in die Pflicht nimmt.

Auch wenn die Entscheidung über ein Wechselkurskonzept erst mit der Errichtung der EZB getroffen wird, ist zu vermuten, daß sich der neue Wechselkursmechanismus stark am alten EWS orientieren wird. Geplant ist ein System fester, aber anpaßbarer Leitkurse mit dem Prinzip automatischer Interventionen an den Interventionspunkten. Zwischen dem geplanten EWS II und dem jetzigen Wechselkurssystem bestehen aber auch grundlegende Unterschiede: So wird der neue Wechselkursmechanismus kein Paritätengitter haben, sondern auf Leitkursen beruhen, die für die einzelnen, nicht der EWU angehörenden Währungen gegenüber dem Euro festgelegt werden (DEUTSCHE BUNDESBANK 1996b, S. 6). Für diese Währungen wird eine Standardbandbreite um den jeweiligen Leitkurs bestimmt, die nach vorherrschender Meinung vermutlich der aktuellen Bandbreite von +/-15 % entspricht.

Diesem "Euro-zentrischen"-Ansatz, der auch "hub and spokes"-Ansatz genannt wird, liegt die Überlegung zugrunde, daß der neue Wechselkursmechanismus den "Pre-Ins" oder Outs als Referenzpunkt für ihre Bemühungen dienen soll, die erforderlichen Voraussetzungen für den späteren Beitritt zum einheitlichen Währungsgebiet zu erfüllen (SCHELLER 1997). Die wechselkurspolitische Zusammenarbeit mit der EZB kann im Falle von entsprechenden Konvergenzfortschritten weiter vertieft werden und die Festlegung von engeren Schwankungsbreiten beinhalten. Es wird ebenfalls vermutet, daß die ost- und mitteleuropäischen Länder den Euro als Ankerwährung benutzen werden, wodurch eine Heranführung dieser Länder an die EU erleichtert würde (BODIN 1997, S. 23).

Ein weiterer Unterschied bezieht sich auf die im EWS-System obligatorische Interventionspflicht. Das EWS II gestattet künftig sowohl der EZB als auch den am Wechselkursmechanismus beteiligten nationalen Zentralbanken, Interventionen und Interventionsfinanzierungen zu verweigern, wenn diese die stabilitätsorientierte Geldpolitik der EZB gefährden würden (DEUTSCHE BUNDESBANK 1996b, S. 8). Die EZB bzw. die nationalen Zentralbanken sind jedoch verpflichtet, die Absicht, ihre Interventionen einzustellen, frühzeitig anzuzeigen.

Mit der Einführung des Euro müssen die Teilnehmerstaaten schließlich ihre Beziehungen zu internationalen Gremien neu ordnen. Grundsätzlich behalten die EU-Länder ihr Recht, als Einzelstaaten in internationalen Gremien zu verhandeln und Vereinbarungen abzuschließen, wobei Gemeinschaftszuständigkeiten und -abkommen zu berücksichtigen sind. Dies betrifft z.B. das Verhältnis der EWU-Teilnehmerländer zum IWF (Anteilsquoten, Zahlungsbilanzhilfen) oder im Rahmen der G7. Hier bedarf es einer Zusammenführung der einzelstaatlichen Interessen und Zuständigkeiten mit dem Gesamtinteresse der Mitgliedsländer des Euro-Währungsraums (WISDORF 1997, S. 2).

C. Einzel- und gesamtwirtschaftliche Bedeutung der Währung

1. Währung und Währungssystem

Mit dem Begriff "Währung" wird im allgemeinen die Geldeinheit eines Landes oder einer Staatengemeinschaft bezeichnet, man spricht von der US-Währung, Pfund-Währung, DM-Währung oder Euro-Währung. Diese Geldeinheit dient auch zum Vergleich der Wertrelationen verschiedener Währungen (Währungsparitäten), zur Messung der Veränderungen dieser Wertrelationen (Aufwertung, Abwertung), für die Bestimmung von Stabilität und Kaufkraft einer Währung. In nationaler Betrachtung liegt die Bedeutung der Währung in der Gewährleistung der Grundfunktionen des Geldes, nämlich zugleich Rechnungseinheit, Tauschmittel und Wertaufbewahrungsmittel zu sein. Bei der Tauschmittelfunktion steht die Eignung (Teilbarkeit, Knappheit) und die Akzeptanz im Vordergrund, bei der Wertaufbewahrungsfunktion die Sicherung zukünftiger Zahlungsbereitschaft und die Kaufkrafterhaltung (auch: Vermögenssicherungsfunktion). Für beide Funktionen ist die Stabilität des Geldwertes eine unabdingbare Voraussetzung.

So wie die nationale Währungsordnung Grundlage der Währung eines Landes ist, regelt die internationale Währungsordnung die Währungsbeziehungen zwischen den Volkswirtschaften. Auch hier spielt die Stabilität der Währungsbeziehungen eine wesentliche Rolle, für das einzelne Land zählt insbesondere die Akzeptanz seiner Landeswährung und ihre internationale Reputation; sogenannte "harte Währungen" gelten als stabil und wertbeständig, "weiche Währungen" haben diese positiven Eigenschaften nicht und spielen im internationalen Wirtschaftsverkehr keine große Rolle.

Unabhängig von diesen allgemeinen Voraussetzungen bedarf es im Rahmen der internationalen Währungsordnung grundsätzlicher Entscheidungen; es geht "um die Konvertibilität, also die freie Austauschbarkeit von Währungen im grenzüberschreitenden Wirtschaftsverkehr, um die Abwägung zwischen festen und flexiblen Wechselkursen und um die institutionelle Ausgestaltung des Währungssystems" (POHL 1993, S. 104). Ist die volle Konvertibilität für offene Marktwirtschaften und eine marktwirtschaftliche Welthandelsordnung eine Selbstverständlichkeit, so wird die Frage der Wechselkursgestaltung, wie derzeit im Zusammenhang mit der Einführung einer einheitlichen europäischen Währung, immer wieder kontrovers diskutiert; die Wahl des Wechselkurssystems ist den einzelnen Ländern prinzipiell freigestellt.

Nun gehört die Frage des Währungs- bzw. Wechselkurssystems sicherlich zu den schwierigsten und folgenschwersten Entscheidungen für ein Land oder eine Gruppe von Ländern. "Das Währungssystem und die freiheitliche Ordnung in Staat, Gesellschaft und Wirtschaft sind untrennbar verbunden. Wir haben gelernt, daß monetäre Störungen eine Demokratie oder staatliche Instabilitäten hochentwickelte Geldwirtschaften ruinieren können" (WOLL 1979, S. 411). Und es sind im Kern auch diese Erfahrungen und mögliche weitreichende Konsequenzen, die die Beurteilung der Chancen und Risiken einer gemeinsamen europäischen Währung selbst für Ökonomen erschweren und die Diskussion um ihre Einführung so leidenschaftlich gestalten. Schließlich verlieren mit der Einführung der Einheitswährung "die europäischen Länder die Souveränität über ein zentrales Instrument der Nachfragesteuerung, mit dem die Beschäftigung, die Zinsen, der Wechselkurs und die Zahlungsbilanz beeinflußt werden können" (WILLMS 1990, S. 556).

Wo liegt nun im einzelnen die Problematik der Entscheidung für ein bestimmtes Währungssystem? Die Entwicklung der Währungssysteme nach dem zweiten Weltkrieg und das derzeitige (Welt-) Währungssystem in seiner Vielfalt machen bereits deutlich, daß zu verschiedenen Zeitpunkten und in den einzelnen Ländern unterschiedliche Vorstellungen die Entscheidung für ein bestimmtes Wechselkurssystem bestimmt haben. So wird beispielsweise für das Jahr 1991 angegeben, daß 45 Staaten ihre Währung an eine einzelne andere Währung und 41 an einen "Währungskorb" gebunden hatten, 14 Länder eine begrenzte Wechselkursflexibilität praktizierten und 53 mehr oder minder flexible Wechselkurse hatten (ISSING/GERHARDT 1992, S. 38). Offenbar werden die Argumente für Wechselkursflexibilität oder feste Wechselkurse von Land zu Land unterschiedlich gewichtet, wobei die Stärke oder Schwäche einer Währung, die mit dem ökonomischen Potential des jeweiligen Landes korrespondiert, die Entscheidung für ein bestimmtes Wechselkursregiment präjudiziert.

2. Flexible oder feste Wechselkurse

Grundsätzlich gilt, daß sich der Wechselkurs einer Währung, wie bei Produkten und Dienstleistungen, durch Angebot und Nachfrage am Devisenmarkt ergibt. In diesem Fall ist der Wechselkurs in Bezug zu anderen Währungen flexibel, "der Kurs mißt auf einen Zeitpunkt bezogen ein Verhältnis zwischen einem wirksamen Angebot von und einer wirksamen Nachfrage nach in fremden Währungen bestehenden Forderungen" (STADERMANN 1996, S. 67). Dagegen spricht man von festen Wechselkursen, wenn zwei oder mehr Länder vereinbaren, daß ihre Währungen in einem festen Wertverhältnis zueinander stehen sollen. Um diese feste Relation zu erhalten und stabile Wechselkurse zu sichern, sind die Zentralbanken zum Ausgleich am Devisenmarkt gezwungen.

Welches sind nun die Vor- und Nachteile flexibler bzw. fester Wechselkurse? Folgt man Pohl, so stehen drei Abwägungsprobleme im Vordergrund: die Handlungsautonomie der Zentralbank, die Integrationswirkungen und die Abschottungswirkungen der beiden Wechselkurssysteme (POHL 1993, S. 106 ff.). Ein System flexibler Wechselkurse beschert der Zentralbank (und der nationalen Wirtschaftspolitik) einen hohen Grad an Handlungsautonomie, da sie nicht zu Interventionen am Devisenmarkt verpflichtet ist und unabhängig bei der Steuerung der Geldmenge und der Kontrolle des nationalen Preisniveaus (SVR 1987, S. 130). Im Falle fester Wechselkurse hingegen ist die faktische Handlungsautonomie der Zentralbank stark begrenzt, da die Verpflichtung zur Intervention am Devisenmarkt die Zentralbankgeldmenge verändern und damit deren Steuerung in eine gewünschte Richtung verhindern kann. Eine effektive Geldpolitik ist dann nur noch gemeinsam durch die am Festkurssystem beteiligten Staaten bzw. Notenbanken möglich.

Hinsichtlich der Integrationswirkungen der Wechselkurssysteme ist festzuhalten, daß flexible Wechselkurse grundsätzlich weniger als feste in der Lage sind, die Integration zwischen den Volkswirtschaften voranzubringen, da Wechselkursschwankungen Risiken für den internationalen Güter-, Dienstleistungs- und Kapitalverkehr darstellen. Diese lassen sich zwar durch Kurssicherungsgeschäfte verringern - ein Kostenfaktor, der den internationalen Handel belastet, aber i.d.R. nicht nennenswert einschränkt. Bei festen Wechselkursen fallen derartige Belastungen typischerweise nicht an, wenngleich Kursänderungen (Realignments) auch nicht gänzlich auszuschließen sind. Die einheitliche Währung einer EWU kann als höchste Stufe der währungspolitischen Integration interpretiert werden. Sie setzt voraus, "daß die Mitglieder sich auf eine gemeinsame Politik in bezug auf Inflation, Arbeitslosigkeit und Wachstum einigen können und daß sie außerdem mit den Folgen jeder widrigen Wirtschaftsentwicklung und jeden Irrtums in der Wirtschaftspolitik leben wollen" (JOHNSON 1976, S. 305). Ob diese Voraussetzungen in allen potentiellen Teilnehmerländern der EWU gegeben sind, ist gegenwärtig noch offen.

Während in einem System flexibler Wechselkurse Störungen aus dem Ausland durch entsprechende Veränderungen der Wechselkurse prinzipiell aufgefangen bzw. kompensiert oder neutralisiert werden können, ist dies bei festen

Wechselkursen nicht der Fall. Bei flexiblen Kursen funktioniert die Abschottung (z.B. Vermeidung von Inflationsimport), im Gegensatz dazu sind bei festen Wechselkursen binnenwirtschaftliche Anpassungsprozesse erforderlich. Dies gilt für Störungen im Bereich der Gütermärkte, nicht aber unbedingt auch für Störungen auf den Finanzmärkten. Letztere können über den flexiblen Wechselkursmechanismus auf das Inland mit Konsequenzen für Wechselkurs, Beschäftigung und Preisniveau durchschlagen, was die inländische Zentralbank in einem System fester Wechselkurse verhindern müßte.

Vor- und Nachteile der beiden Wechselkurssysteme lassen sich nicht ohne weiteres gegeneinander aufwiegen. Auf Unabhängigkeit bedachte Länder werden flexible Wechselkurse vorziehen, für den anderen Fall steht das Modell fester Wechselkurse oder die Einheitswährung zur Verfügung. Hier gilt allerdings, "daß jede Form der Währungskooperation nur so gut ist wie der Wille der beteiligten Länder, sich eine gewisse wirtschaftliche Disziplin aufzuerlegen" (WILLMS 1987, S. 164). Ist eine solche (finanz-) wirtschaftliche Disziplin aber vorhanden und wird von einer auf Preisniveaustabilität orientierten Geldpolitik begleitet, stellt sich "Wechselkursstabilität als internationale Folge stabilitätsgerechter nationaler Politik quasi automatisch ein" (ISSING 1996, S. 319). Geht man davon aus, daß eine starke europäische Zentralbank die Geldwertstabilität sichert, dann dürfte die Fiskalpolitik "zum Schwachpunkt und zum eigentlichen Gefahrenpunkt auf dem Weg zur europäischen Währungsintegration werden" (WILLMS 1990, S. 556).

3. Starke Währungen - schwache Währungen

Für die Gewährleistung der oben genannten Funktionen von Geld und Währung spielt es eine große Rolle, ob man es mit einer starken, mitunter sind das Leitwährungen, oder einer schwachen (weichen) Währung zu tun hat. Ist der Außenwert einer Währung stark, wird dahinter häufig eine Volkswirtschaft gesehen, "die im internationalen Vergleich gute Leistungsdaten aufweist: geringe Inflation, innovative, konkurrenzfähige Produkte, gute Standortbedingungen" (POHL 1993, S. 71). Starke Währungen, insbesondere Leitwährungen, bieten i.d.R. eine größere Kursstabilität als schwache, was einerseits mit dem internationalen Vertrauen in diese Währungen zu tun hat, andererseits aber auch eher technisch bedingt ist durch die hohen Umsätze, die in diesen Währungen getätigt werden. "Man sagt, der Markt für die Leitwährung ist weit, während er für fast alle anderen Währungen eng und zuweilen sehr eng ist" (STADERMANN 1996, S. 36). Enge Märkte bergen das Risiko starker Preis-/Kursschwankungen, wohingegen starke (Leit-) Währungen (Skalen-) Vorteile sowohl im Tagesgeschäft (geringere Kursausschläge, geringere Transaktionskosten) als auch auf längere Sicht (Vermögenssicherung) bieten.

Aus der Tatsache, daß Währungen als mehr oder weniger kreditmarkttauglich bewertet und demzufolge unterschiedlich stark nachgefragt werden, resultieren schwache (weiche) und starke (harte) Währungen. Die Übernachfrage nach einer bestimmten Währung macht sie stark und kann dazu führen, daß sie zur Leitwährung wird. Im Zuge dieser Entwicklung steigt die Wahrscheinlichkeit einer realen Aufwertung der Leitwährung, so wie es bei der DM im europäischen Rahmen der Fall war (ISSING 1993, S. 395). Auch wenn dieser Prozeß grundsätzlich nicht negativ zu beurteilen ist, da er mit einer soliden Wirtschaftsentwicklung (hohe Einkommen und Beschäftigung, niedriges Inflationstempo und Zinsniveau) des betreffenden Landes und einem langfristig gewachsenen und kurzfristig nicht zu erschütternden Vertrauen in die Stärke der Volkswirtschaft und ihrer Institutionen einhergeht, dürfen die möglichen Nachteile nicht übersehen werden. Je gewichtiger die Position einer Leitwährung ist, um so größer ist die Gefahr, daß sie ihrer Rolle angesichts der volkswirtschaftlichen Leistungsfähigkeit des betreffenden Landes nicht gerecht werden kann (ein Beispiel hierfür ist die Leitwährungsproblematik des Dollars im Bretton-Woods-System, die mit zu dessen Scheitern beigetragen hat). Insofern gilt, daß eine gemeinsame europäische Währung prinzipiell bessere Voraussetzungen für eine Leitwährungsrolle im internationalen Rahmen besitzt als die DM.

Sieht man aber einmal vom Überforderungsaspekt ab, so bleibt das Problem, daß mit der Leitwährungsfunktion oder allgemein der "über"nachgefragten Währung ein tendenzieller Aufwertungsdruck verbunden ist, wodurch die Exporte verteuert und die Importe verbilligt werden. Eine stark exportorientierte Wirtschaft wie die deutsche büßt damit einen Teil ihrer internationalen Wettbewerbsfähigkeit ein, während Länder mit schwächeren Währungen Preisvorteile im grenzüberschreitenden Wettbewerb haben oder sich solche durch Abwertungen verschaffen können.

Für die Unternehmen gilt demzufolge ein niedriger Außenwert der Währung als attraktiv, was im Hinblick auf die EWU bei einem verglichen mit der DM weniger starken Euro kurzfristige Vorteile für die deutsche Exportwirtschaft bedeuten würde. Auch die überwiegend binnenmarktorientierten Produzenten, eine stark vom Mittelstand geprägte Gruppe, hätten entsprechende Vorteile aufgrund eines nachlassenden Importdrucks. Dies ist jedoch eine einseitige, statische Betrachtung, denn Wechselkursrelationen sind auf Dauer nie fest und nur *ein* Faktor der internationalen Wettbewerbsfähigkeit; mittel- und langfristig zählen die auf der eigenen Leistungsfähigkeit basierenden Wettbewerbsparameter. Die Basis für eine konsequente Entwicklung dieser Parameter bilden aber eine starke und stabile Währung sowie verläßliche Währungsrelationen. "Ein an den Devisenmärkten schwach bewerteter Euro wird nämlich auch an den Kapitalmärkten nicht geschätzt. Die Anleger würden dann höhere Zinsen und Risikozuschläge verlangen. Entsprechend teuer wäre für die Unternehmen die Finanzierung - mit negativen Folgen für Wachstum und Beschäftigung" (TIETMEYER 1996, S. 10).

4. Stabilität - conditio sine qua non einer funktionsfähigen Währungsunion?

Die wirtschaftliche Entwicklung in den auf Währungs- und Geldwertstabilität bedachten Ländern spricht für die Hypothese, daß diese Länder auf Dauer günstigere Bedingungen für Wachstum und Beschäftigung aufweisen als Länder mit sogenannten weichen Währungen. In der Diskussion über die EWU besteht sowohl bei ihren Befürwortern als auch bei den Gegnern Übereinstimmung darüber, daß dauerhafte Stabilität die entscheidende Basis für ihre Funktionsfähigkeit ist. Hierzu schreibt der Sachverständigenrat bereits im Jahre 1978 im Hinblick auf das EWS: "Im Erfolgsfalle werden alle gewinnen, nicht zuletzt bei Wachstum und Beschäftigung. Und ohne Risiko ist auch die Chance möglicherweise nicht zu haben. Aber es handelt sich um ein Risiko besonderer Qualität. Der hohe Rang des Ziels der Geldwertstabilität gehörte zu den grundlegenden Bedingungen, unter denen die Wirtschaft der Bundesrepublik entstand und Erfolg hatte. Soll es bei diesem hohen Rang bleiben, so müßte das Europäische Währungssystem von vornherein auf einen Konsens der Partner gegründet sein, daß Politik zur Wahrung der Geldwertstabilität den Rang einer Spielregel hat. Der neue Anlauf zu mehr europäischer Integration mag vielfältige Formen erhöhter Solidarität unter den Partnern verlangen. Ausdrücklich sollte gelten, daß Solidarität auf Kosten des Geldwerts nicht verlangt werden darf" (SVR 1978, S. 160). Diese Bewertung gilt u.E. auch heute.

Wie groß sind nun die Chancen, daß die gemeinsame europäische Währung stabil wird und die erwartete dauerhafte Geldwertstabilität in der EU eintritt? Zunächst ist klar, daß die EWU unter diesen Voraussetzungen starten wird, sind doch die niedrige Inflationsrate und ein niedriges Zinsniveau der Mitgliedsländer wesentliche Bedingungen für die Teilnahme und Bedingungen, bei denen große Konvergenzfortschritte erzielt wurden. "Aber Konvergenz beim Start in die dritte Phase schließt nicht aus, daß im weiteren Verlauf doch wieder realwirtschaftliche Divergenzen zwischen den Teilnehmerstaaten auftreten. Auch wenn das Instrumentarium der Geldpolitik nicht geeignet ist, regionale Anpassungslasten in einem einheitlichen Währungsraum zu mildern, wird Druck auf die Notenbank ausgeübt werden, die monetären Zügel mit Rücksicht auf die hinterherhinkenden Regionen nicht zu straff zu ziehen" (SVR 1991, S. 213). Die Bedenken beziehen sich auf die Dauerhaftigkeit der Stabilitätsbemühungen der Regierungen, denn nicht in allen Ländern der EU ist die Stabilitätstradition so ausgeprägt wie beispielsweise in Deutschland. "Nur Länder mit vergleichbarer Stabilität sollten einen einheitlichen Währungsraum bilden" (STIHL 1996, S. 6).

Daß die meisten europäischen Staaten ein weniger ausgeprägtes Stabilitätsbewußtsein haben, läßt sich eindeutig an der Entwicklung des Außenwertes der DM gegenüber der ECU bzw. gegenüber den Währungen der EU-Länder nachweisen. Seit den 70er Jahren bis einschließlich des Jahres 1995 hat die DM gegenüber der ECU und stärker noch gegenüber den EU-Währungen aufgewertet, erst in den Jahren 1996/97 hat sich dieser Trend umgekehrt und der Verfall der EU-Währungen wurde gestoppt (vgl. Kapitel D, Abbildungen 3 und 4). Wichtiger als der Blick zurück ist aber die Frage, inwieweit der Stabilitätsforderung nach dem Start der EWU Rechnung getragen wird bzw. welche Störfaktoren eine Stabilitätsgemeinschaft gefährden können.

Zunächst besteht angesichts des absehbar systematisch schwachen Sanktionsmechanismus eine Gefahr, "wenn eine Minderheit der Länder versucht, als Trittbrettfahrer der Stabilitätspolitik der Gemeinschaft sich Vorteile zu verschaffen" (STADERMANN 1996, S. 194). Zur Zeit hat ein Staat, der eine unsolide Finanzpolitik betreibt und sich übermäßig verschuldet, die Konsequenzen steigender Zinsen und zur Schwäche neigender Währung selbst zu tragen, "in der Währungsunion sind diese Risiken vergemeinschaftet" (ISSING 1992, S. 160). "As a government can therefore fully internalize the positive effects of an expansionary fiscal policy (the winning of votes), but can partly pass on the negative effects (inflation, increase in interest rates) to the other member states, every government will have an incentive to pursue an expansionary fiscal policy detrimental to monetary policy" (FELDMANN 1997, S. 110). Bei einem "unsoliden" EWU-Mitglied führen höhere Zinsen und die Unmöglichkeit einer Abwertung zu einer höheren Attraktivität seiner Anleihen, wodurch der Zugriff auf die Ersparnisse der übrigen Mitglieder eröffnet wird. "Eine exzessive Verschuldung stimuliert die gesamtwirtschaftliche Nachfrage, wirkt preistreibend und gefährdet das Vertrauen in die Währung, selbst wenn die Zentralbank das Geld knapp hält" (ISSING 1992, S. 160). Hier besteht also ein Stabilitätsrisiko und es stellt sich die Frage, wie realistisch es ist und welche Möglichkeiten die "soliden" EWU-Mitglieder haben, wenn sie sich nicht schadlos halten wollen, indem "sie der Tendenz zur Inflationsgemeinschaft nachgeben" (STADERMANN 1996, S. 195).

Daß ein derartiges Trittbrettfahrer-Verhalten nicht auszuschließen ist, ergibt sich auch aus den unterschiedlichen ökonomischen Entwicklungsstandards, die die europäischen Staaten oder Regionen trotz Konvergenz aufweisen. Die Teilnehmerländer können überdies in unterschiedlichem Ausmaß von externen Schocks getroffen werden, was zur Folge hätte, daß beispielsweise eine an den Gesamt-, Durchschnitts- oder Mehrheitsinteressen ausgerichtete Politik der europäischen Zentralbank diesen Problemen nicht gerecht werden könnte. "Theoretische Überlegungen und praktische Erfahrungen sprechen dafür, daß die Verwirklichung des Europäischen Binnenmarktes in Verbindung mit der Wirtschafts- und Währungsunion zu einer vermehrten Spezialisierung in den Ländern der Gemeinschaft führen könnte. Damit nähme das Risiko zu, daß künftig Angebots- oder Nachfrageschocks die einzelnen Länder der Gemeinschaft noch stärker asymmetrisch treffen" (ISSING 1992, S. 158). Die Folgen wären schwierige Anpassungsprozesse für die Unternehmen, wobei weder von der Geld- noch von der Währungspolitik Unterstützung zu erwarten wäre. Scheiden auch, bedingt durch den zunehmenden Wettbewerb in der EWU, Preiserhöhungen zur Kompensation von Nachteilen aus, so konzentriert sich die Anpassung überwiegend, sieht man einmal von der Möglichkeit der Migration ab, auf die Kostenseite. Als Ansatzpunkte kommen im wesentlichen die Lohnkosten und die Steuerbelastungen in Frage.

Alles in allem bleibt festzuhalten, daß dauerhafte (Preis-) Stabilität in einer EWU notwendig, aber nicht selbstverständlich ist, auch wenn die Konvergenzfortschritte in diese Richtung weisen. "Eine Gewähr für Geldwertstabilität gibt es freilich nicht. Sie gibt es in keiner Währungsordnung. Das neue europäische Geld ist nur dann gut, wenn es von den Menschen für gutes Geld gehalten wird" (SVR 1993, S. 239). Es gibt gewichtige Argumente wie beispielsweise die Intensivierung des Wettbewerbs im neuen Währungsraum, die für geringere künftige Preiserhöhungsspielräume und für Stabilität sprechen. Auf der anderen Seite sind die Stabilitätsrisiken nicht zu übersehen. Diese resultieren aus der Hypothek der extrem hohen Arbeitslosigkeit in Europa, aus einer zu erwartenden allgemeinen Harmonisierung der Löhne auf das Niveau der "reicheren" Länder sowie aus der geschilderten Trittbrettfahrer-Problematik, die durch den schwachen Sanktionsmechanismus bei Verletzung der Stabilitätsregeln begünstigt wird.

D. Der Euro: Chancen- und Risikopotential einer gemeinsamen Währung

Obwohl vieles für einen termingerechten Start der EWU spricht und die technischen und organisatorischen Vorbereitungen bereits auf Hochtouren laufen, wird das Pro und Contra der Währungsunion immer noch diskutiert. Welches sind nun die Argumente der Befürworter und Kritiker des Euro?

1. Das Chancenpotential einer gemeinsamen Währung

Grundsätzlich soll die Einführung einer gemeinsamen Währung dazu führen, einen optimalen Währungsraum zu schaffen und das Wirtschaftswachstum der Mitgliedstaaten positiv zu beeinflussen. Die Argumente für eine europäische Währungsunion sind vielfach diskutiert, die wesentlichen werden hier zusammengefaßt:

- ➪ Verringerung der Transaktionskosten
- ➪ Erhöhte Preistransparenz und Wettbewerbsintensität
- ➪ Einheitliches niedriges Zinsniveau
- ➪ Geringere Haltung von Währungsreserven
- ➪ Vertiefung der europäischen Integration
- ➪ Entstehung eines großen Euro-Kapitalmarktes
- ➪ Ende der DM-Überbewertung
- ➪ Verbesserte Wachstumschancen

1.1 Verringerung der Transaktionskosten

Der meistgenannte Vorteil der europäischen Währungsunion liegt in der Verringerung wirtschaftlicher Transaktionskosten (z.B. FRICKE 1997, S. 11; BODIN 1997, S. 21; SARRAZIN 1997, S. 203; DEUTSCHE BANK RESEARCH 1996, S. 12; OCHEL 1997, S. 15; KOMMISSION DER EUROPÄISCHEN GEMEINSCHAFTEN 1990; WINTERBERG 1996 S. 38; DUMKE/JUCHEMS/SHERMAN 1997). Einsparmöglich einer gemeinsamen verschiedenen Bereichen.

Die Existenz unterschiedlicher nationaler Währungen ist ein Kostenfaktor für den grenzüberschreitenden Handel innerhalb der Europäischen Gemeinschaft. Erstens fallen Kosten für den Umtausch von Devisen an, die sich unter anderem aus den direkt berechneten Gebühren und aus der Differenz zwischen An- und Verkaufskursen im Devisen- und Sortenhandel ergeben. Dieser Kostenfaktor entfällt zwischen den Teilnehmern der Währungsunion vollständig.

Zweitens entstehen Kosten im grenzüberschreitenden Zahlungsverkehr. Auch wenn der EU-Binnenmarkt seit 1993 Realität ist, bleibt eine Überweisung zwischen zwei EU-Staaten mitunter ein kostspieliger Vorgang. Für einen grenzüberschreitenden Überweisungsbetrag in Höhe von etwa 100 ECU werden durchschnittlich 12 % Gebühren einbehalten (KOMMISSION DER EUROPÄISCHEN GEMEINSCHAFTEN 1990, S. 74). Die Kosten für grenzüberschreitende Zahlungen werden zwar nicht vollständig beseitigt, aber die Währungsunion wird einen kostensenkenden Prozeß auslösen. Durch die Errichtung leistungsfähiger Zahlungsverkehrssysteme (z.B. TARGET) könnten die Kosten für eine Überweisung innerhalb der Mitgliedstaaten auf ein Niveau absinken, das etwa dem einer nationalen Überweisung heute entspricht (DEUTSCHE BUNDESBANK 1997f, S. 8).

Durch den Wegfall der nationalen Währungen werden zudem Wechselkursrisiken vermieden, die bei flexiblen Wechselkursen darin bestehen, daß sich das Austauschverhältnis der Währungen zwischen Vertragsabschluß und Liefer- bzw. Zahlungstermin verändern kann. Ist diese Gefahr latent vorhanden, kann es einerseits zu einem geringeren grenzüberschreitenden Handelsvolumen kommen, als es aus außenwirtschaftstheoretischer Sicht optimal wäre, weil bestimmte Geschäfte nicht getätigt werden. Andererseits fallen, werden diese Geschäfte getätigt, Kurssicherungskosten an, die die Handelsströme tendenziell ebenfalls begrenzen.

Erhöhte Wechselkursrisiken schlagen sich auch in einem Zinsaufschlag für die interne Kalkulation von Investitionsvorhaben nieder. Erhöhte interne Zinsfüße verringern aber das Potential lukrativer Anlage- und Investitionsmöglichkeiten. Die einheitliche Währung würde somit die deutschen Ertrags- und Investitionspotentiale im europäischen Ausland begünstigen. Grundsätzlich gilt dabei, daß die Vorteile einer Ausschaltung des Wechselkursrisikos für die auslandsorientierte Wirtschaft mit der Größe des einheitlichen Währungsraumes zunehmen.

Es ist davon auszugehen, daß über die Rückführung der Transaktionskosten Wachstumsimpulse ausgelöst und Investitionsrisiken bzw. -hemmnisse abgebaut werden. Grobe Schätzungen der Bayerische Vereinsbank gehen davon aus, daß das deutsche BIP im Jahr 2000 erstmals um 0,2 % oder acht Mrd. DM höher ausfallen werde als dies ohne Währungsunion der Fall wäre (o.V. 1997f, S. 5). Zu ähnlichen Ergebnissen kommt der Internationale Währungsfonds (IWF)[4]. Eine endgültige Quantifizierung dieser Wachstumsimpulse ist allerdings nicht möglich, weil neben Kostenersparnissen Multiplikator- und Akzeleratorprozesse in Gang gesetzt werden können, deren volkswirtschaftliche Bedeutung nicht vorhersehbar ist.

Schätzungen der Europäischen Kommission zufolge spart der Fortfall der nationalen Währungen Transaktionskosten, die sich in den 80er Jahren auf 0,4 % des europäischen Bruttosozialprodukts belaufen hätten (KOMMISSION DER EUROPÄISCHEN GEMEINSCHAFTEN 1990, S. 69). Eine aktuellere Schätzung des Ifo-Instituts weist ein noch höheres Einsparpotential aus. Ifo errechnet Devisenmanagementkosten für Intra-EU-12-Transaktionen zwischen 1986 bis 1995 in Höhe von etwa 1 % des BIP pro Jahr und schätzt 0,8 % als realistischen Wert ein, da nicht alle Kosten durch die EWU vermieden werden (vgl. Kapitel H).

Die Höhe der Kurssicherungskosten eines Landes ist nun davon abhängig, in welcher Währung fakturiert wird. Für Deutschland bedeutet dies, daß das Einsparpotential wegen des hohen DM-Fakturierungsanteils[5] in der Tendenz niedriger ausfallen wird, da die D-Mark als starke und stabile Währung in großem Umfang international Verwendung findet und somit vergleichsweise geringere Kurssicherungskosten aufgewendet werden müssen.

---

4 Der IWF nutzte zur Schätzung der potentiellen Wachstumseffekte ein ökonometrisches Modell. Hierbei differenzierte er zwischen zwei Szenarien: Das erste Szenario geht von der Annahme aus, daß sowohl zusätzliche fiskalpolitische Konsolidierungsmaßnahmen als auch Arbeitsmarktreformen vorgenommen werden. Im zweiten Szenario unterbleiben diese Bemühungen. Kurzfristig, d.h. bis zum Jahr 2000, sind im ersten Fall zusätzliche Wachstumseffekte von etwa 0,2 % des BIP zu erwarten. Im zweiten Fall beliefen sich die Wachstumseffekte auf nur 0,1 %. Eine längerfristige Betrachtungsweise zeigt die Unterschiede deutlicher. Während im ersten Szenario im Jahr 2010 von einem fast dreiprozentigen zusätzlichen Wachstum des BIP ausgegangen wird, ergeben sich im zweiten Szenario negative Wachstumseffekte durch die EWU von 2,5 % des BIP (IWF 1997, S. 75 ff).

5 1997 wurden 75,5 % der deutschen Ausfuhr und 51,5 % der deutschen Einfuhr in DM fakturiert (DEUTSCHE BUNDESBANK 1998a).

Gelingt es dem Euro, sich als internationales Zahlungsmittel durchzusetzen und das Vertrauen der internationalen Handelspartner zu gewinnen, kann die europäische Währungsunion auch im internationalen Rahmen dazu beitragen, Kurssicherungskosten und Wechselkursrisiken zu verringern. So ist bei zunehmender Akzeptanz des Euro denkbar, daß Absatz- oder Lieferverträge mittelfristig nicht mehr nur in Dollar, sondern auch verstärkt in Euro abgeschlossen werden.

1.2 Erhöhte Preistransparenz und Wettbewerbsintensität

Eine einheitliche Währung führt zu einer größeren Markt- und Preistransparenz und damit zu einer höheren Wettbewerbsintensität. Dies hat prinzipiell positive Auswirkungen auf das Preisniveau. Dadurch ergeben sich Vorteile für die privaten Verbraucher und für die Beschaffungen der Unternehmen (MOMBAUR/ LANGEN 1997, S. 11f.; WINTERBERG 1996, S. 37). Unterschiedliche Preise in den Teilnehmerstaaten der Währungsunion können von den Anbietern nicht mehr mit dem Hinweis auf unsichere Wechselkurse begründet werden, so daß bei Handelsgütern ein Druck zur Preisangleichung entsteht.

Vollständig einheitliche Preise sind jedoch nicht zu erwarten. Zum einen bestehen unterschiedliche Mehrwertsteuersätze in den einzelnen EU-Staaten, die zu unterschiedlichen Bruttopreisen führen, zum anderen müssen Transportkosten berücksichtigt werden. Schließlich sind auch nicht alle Länder und Regionen durch die gleiche Wettbewerbsintensität gekennzeichnet. In einem Land mit intensivem Wettbewerb ist das Preisniveau tendenziell niedriger als in einem Land mit geringer Konkurrenz.

1.3 Einheitlich niedriges Zinsniveau

Grundsätzlich ist davon auszugehen, daß eine stabile europäische Währungsunion zu einem einheitlich niedrigen Zinsniveau führen wird (BODIN 1997, S. 22). Nach der Währungsumstellung werden sämtliche nationalen Renditen in einer Euro-Rendite aufgehen, Zinsdifferenzen werden jedenfalls nicht mehr währungsbedingt sein, sondern sich aus Unterschieden in der Bonität der Emittenten ergeben. Der einheitliche Euro-Kapitalmarktzins wird voraussichtlich niedriger liegen als das gewichtete mittlere Zinsniveau ohne einheitliche Währung. Dies ergibt sich aus der Zielvorgabe der dauerhaften Konvergenz sowie aus der Verpflichtung der zukünftigen Europäischen Zentralbank auf die Geldwertstabilität. Auch der stärkere Wettbewerb auf dem insgesamt größeren Kapitalmarkt kann weitere Anstöße zu niedrigeren Zinsen geben und ein

Crowding-Out durch die staatliche Defizitfinanzierung in der Tendenz verringern.

Für Deutschland könnten sich - verglichen mit der derzeitigen Situation - höhere Kapitalmarkt-Renditen mit tendenziell wachstumsdämpfenden Effekten ergeben[6]. Dies erklärt sich aus der Nivellierungstendenz des Euro-Kapitalmarktzinses, wodurch die heute noch bestehenden Zinsdifferenzen in den Kernländern teilweise ihren Ausgleich finden, sowie durch einen gewissen Risikoaufschlag für die neue Währung.

Diesem zunächst wachstumsdämpfenden Effekt in Deutschland würden jedoch positive Wachstumsimpulse durch niedrigere Zinsen in anderen EWU-Teilnehmerstaaten gegenüberstehen, so daß sich per Saldo die Wachstumswirkungen infolge der engen Verflechtung der EWU-Kernländer kompensieren oder gar überkompensieren könnten.

1.4 Geringere Haltung von Währungsreserven

Die Nachfrage der internationalen Unternehmen oder Anleger führte zu strukturellen Aufwärtstendenzen und einer systematischen Höherbewertung der DM gegenüber den meisten europäischen Währungen und hat die DM zur wichtigsten Reservewährung nach dem US-Dollar mit einem Anteil von einem Siebtel an den Weltdevisenreserven gemacht (DEUTSCHE BUNDESBANK 1997c, S. 29). Eine einheitliche europäische Währung mit einer stabilitätsorientierten Geldpolitik könnte das Reservewährungspotential der DM mittelfristig übernehmen und langfristig zu Lasten des US-Dollar ausbauen.

Bei den Euro-Staaten werden die DM-Reserven zu Anlagen in Euro, die in der Tendenz abgebaut oder in Drittlandeswährungen (z.B. US-Dollar) getauscht würden. Inwieweit sich eine Neuverteilung der globalen Währungsreserven ergibt, hängt wesentlich von der Einschätzung der EWU durch die asiatischen Staaten (vor allem China) ab, die ca. ein Drittel dieser Reserven halten, sowie von den Dispositionen der privaten Halter von DM-Beständen (LANDESZENTRALBANK BAYERN 1997, S. 6).

---

6 Das Mitglied des Sachverständigenrates Rolf Peffekoven geht davon aus, daß die EZB am Anfang um Glaubwürdigkeit bemüht sein wird. Insofern wird sie mit einer strafferen Geldpolitik beginnen als die Deutsche Bundesbank es heute betreibt und könnte damit in den ersten Jahren eine Stabilisierungsrezession auslösen (o.V. 1997t, S. 35).

Abbildung 1: Anteile an den Weltwährungsreserven (Stand 30.6.1996) (in Prozent)

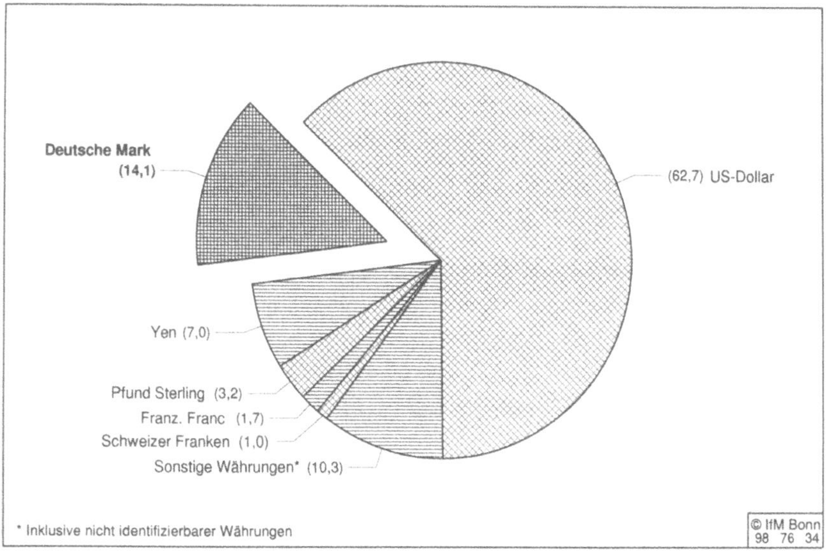

Quelle: DEUTSCHE BUNDESBANK 1997c

Nach Bildung der Währungsunion sinkt auf jeden Fall die Notwendigkeit, Währungsreserven in der Höhe wie vor der Währungsunion zu halten, da mit weniger "Währungsausländern" Außenhandel betrieben würde. Es wird bei einer EWU mit allen EU-Staaten mit einem potentiellen Überschuß an Devisenreserven von 130 Mrd. US-Dollar[7] gerechnet (DEUTSCHE BANK RESEARCH 1997, S. 8). Die teilnehmenden Länder würden also insgesamt weniger Währungsreserven halten, wodurch übergangsweise Finanzierungsmöglichkeiten für verstärkten Import von Konsum- oder Investitionsgütern aus Ländern außerhalb des Euro-Währungsraumes entstünden (WELFENS 1997, S. 6).

1.5 Entstehung eines großen Euro-Kapitalmarktes

Bislang spielen die einzelnen europäischen Kapitalmärkte auf dem internationalen Weltanleihenmarkt eine untergeordnete Rolle. Anfang 1996 entfielen vom Nominalwert aller umlaufenden Anleihen in Höhe von 20.483 Mrd. US-

7 Hinsichtlich der Größenordnung dieser Zahl besteht noch Unsicherheit. In der öffentlichen Diskussion finden sich auch Zahlen, die den Währungsreservenüberschuß auf 500 Mrd. DM beziffern (HUNDT 1997, S. 9).

Dollar 11 % auf Deutsche Mark und 23 % auf andere EU-Währungen. Unter der Annahme, daß alle EU-Staaten an der EWU teilnehmen, würde ein Euro-Kapitalmarkt geschaffen, der in etwa 80 % des US-amerikanischen Rentenmarktes entspricht.

Abbildung 2: Der Weltanleihemarkt - Nominalwert umlaufender Anleihen zum Jahresanfang 1996 (in Prozent)

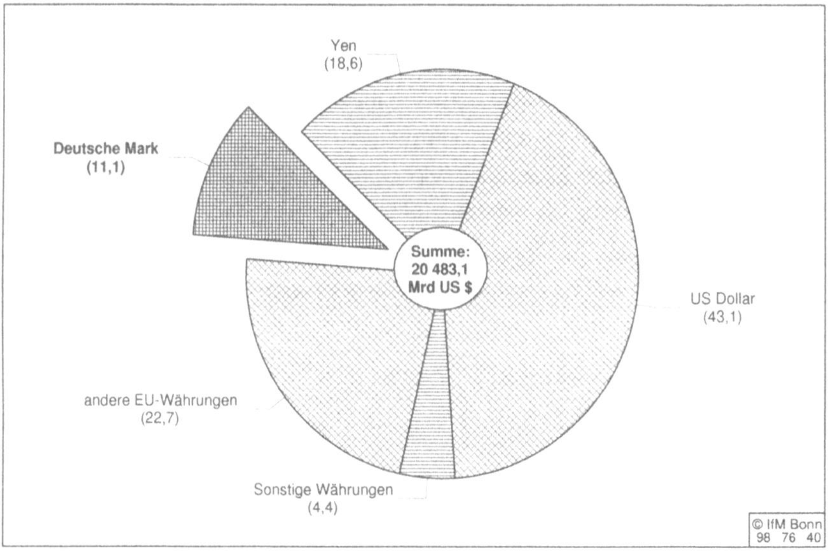

Quelle: BAYERISCHE VEREINSBANK

Von dem zunehmenden Wettbewerb aufgrund breiterer Anlagemöglichkeiten, größerer Liquidität der Produkte und Konditionenvielfalt werden sowohl Anleger als auch Kreditsuchende profitieren (BODIN 1997, S. 21; MOMBAUR/ LANGEN 1997, S. 12; WINTERBERG 1996, S. 35; MATTHES 1996, S. 583). Da bei Geldanlagen oder Kreditinanspruchnahmen innerhalb des Euro-Währungsraumes Wechselkurserwägungen keine Rolle mehr spielen, kommt es - wie oben dargelegt - zur Annäherung der Zinssätze. Dies hat Auswirkungen für den Güterhandel, in noch stärkerem Maße wird aber der Kapitalverkehr von dieser Entwicklung berührt werden.

Auch der Einfluß der EZB auf die Zinspolitik wird dank der vergrößerten Wirtschaftskraft und des Bedeutungsgewinns des neuen Währungsraumes höher sein als der der einzelnen Mitgliedstaaten der EU, selbst wenn sie ihr Vorgehen miteinander abstimmen. Durch die gemeinsame Währung kann sich auch die Position Europas im internationalen Rahmen und seine Verhandlungsposition in Organisationen wie IWF und Weltbank verbessern (o.V. 1997g, S. 26).

1.6 Ende der DM-Überbewertung

Mit der Einführung des Euro wird die DM-Überbewertung beendet (WINTERBERG 1996, S. 39; FRICKE 1997, S. 10; BODIN 1997, S. 21; RANDZIO-PLATH 1996, S. 23f.). Insbesondere ihre Stabilität hat die Nachfrage nach der DM und damit einen permanenten Aufwertungsdruck erzeugt, was sich für ein Land wie Deutschland mit traditionell hoher Exportquote als Hypothek erweisen kann. Die Aufwertungen der letzten Jahre haben neben anderen Ursachen zu den Problemen des Standorts Deutschland beigetragen: Die Wettbewerbsposition der deutschen Exportindustrie wurde tendenziell beeinträchtigt, Arbeitsplätze wurden gefährdet (BMWi 1997, S. 3).

Abbildung 3: Entwicklung des nominalen Außenwertes der DM gegenüber den Währungen von 18 Industrieländern

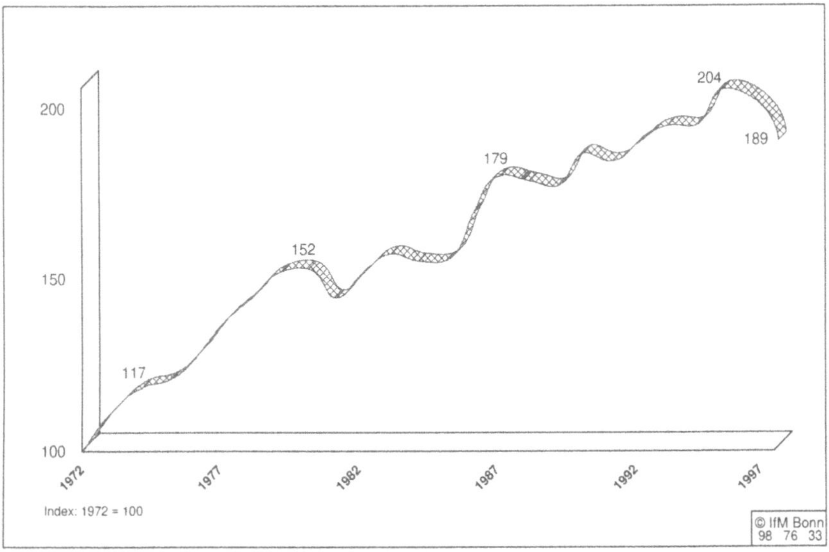

Quelle: DEUTSCHE BUNDESBANK 1998b

Eine Ursache der andauernd hohen Bewertung der DM liegt wie erwähnt auch in ihrer Reserve- und Fluchtwährungsrolle. Der Aufwertungsdruck infolge der internationalen Nachfrage nach einer Währung ist aber um so höher, je kleiner das sie tragende volkswirtschaftliche Potential ist. Wird die DM durch den Euro ersetzt, dann verbessert sich das Verhältnis durch die breitere realwirtschaftliche Basis der Euro-Währung. Damit steht zu hoffen, daß die globalen Kapitalbewegungen in geringerem Maße die Bewertung der Währung beeinflussen. Auch wenn der aufwertungsbedingte Anteil an den Standortproblemen Deutschlands nicht quantifizierbar ist, kann die Währungsunion einen Beitrag zur Problemlösung bieten, indem sie die Absatzchancen deutscher Unternehmen im Ausland verbessert.

Abbildung 4: Entwicklung des nominalen Außenwertes der DM gegenüber ausgewählten am EWS beteiligten Währungen

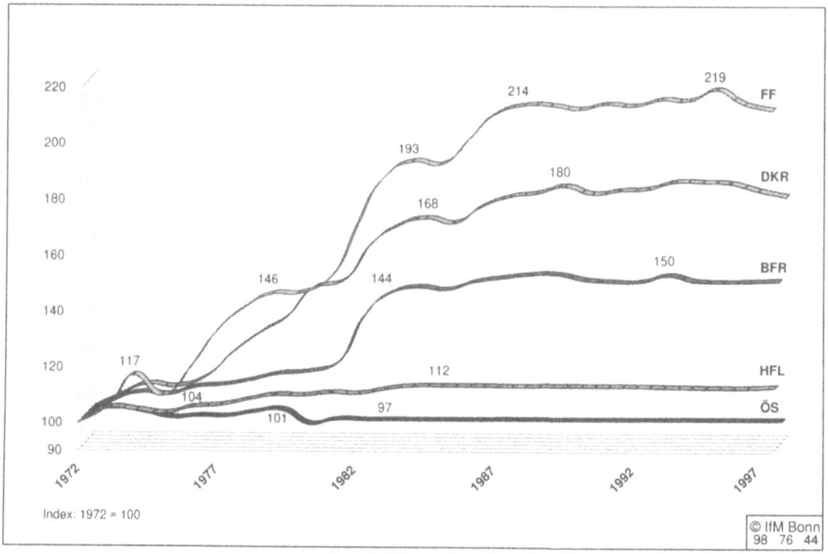

Quelle: DEUTSCHE BUNDESBANK 1998b

Dieser Befund ist allerdings dahingehend einzuschränken, daß die Mehrzahl der am EWS beteiligten Währungen wie Belgisch/Luxemburgischer Franc, Dänische Krone, Deutsche Mark, Französischer Franc und Holländischer Gulden seit 1987 im EWS nur noch im Block angepaßt wurden und der Österreichische Schilling seit Jahren ebenfalls fest an die Deutsche Mark gekoppelt ist (KÜPPER 1997, S. 527). Insofern ist das Argument der Überbewertung der DM als Exporthemmnis im Hinblick auf genannten europäischen Nachbarstaaten nicht zutreffend.

1.7 Vertiefung der europäischen Integration

Die Europäische Währungsunion wird nicht nur als logische Konsequenz des Gemeinsamen Binnenmarktes und Motor einer weiteren wirtschaftlichen Vereinigung gesehen, sondern ihr wird auch Schubkraft für die politische Integration zugetraut (SARRAZIN 1997, S. 180; MOMBAUR/LANGEN 1997, S. 13; WINTERBERG 1996, S. 34). Auch wenn die Verantwortlichkeit der Wirtschaftspolitik weiterhin bei den europäischen Mitgliedstaaten verbleibt (Art. 102a EG-Vertrag), so wird in Zukunft - stärker als bisher - eine Koordinierung der wirtschaftspolitischen Maßnahmen notwendig. Diese Anforderung ist auch im Artikel 103 Abs. 1 EG-Vertrag festgeschrieben, in dem es heißt, daß die Mitgliedstaaten ihre Wirtschaftspolitik "als eine Angelegenheit von gemeinsamem Interesse" zu betrachten haben. Es darf allerdings auch nicht übersehen werden, daß hier potentielle Konfliktfelder liegen, gehen doch die Auffassungen von Wirtschaftspolitik in den Staaten der EU durchaus auseinander.

Die in einer Währungsunion einheitlich geregelte Geldpolitik bedingt also eine Harmonisierung der anderen nationalen Politikbereiche. Durch die Errichtung der europäischen Zentralbank und des Systems europäischer Zentralbanken wird eine Mitbestimmung aller an der Währungsunion teilnehmenden Staaten ermöglicht: Die gemeinsame Geld- und Währungspolitik steht in der Verantwortung aller Mitglieder (sog. Entnationalisierung des Geldes[8]). Damit gehören Spannungen, die aus der dominierenden Rolle der Deutschen Bundesbank und aus latent vorhandenen Ängsten der europäischen Partnerländer vor politischen Sonderwegen Deutschlands resultieren, der Vergangenheit an.

Darüber hinaus sollte auch nicht die psychologische Komponente der Einführung einer einheitlichen Währung unberücksichtigt bleiben. Der Euro ist ein Medium, mit dem die Menschen tagtäglich in Berührung kommen. Als identitätsstiftendes Symbol könnte er dazu beitragen, in der europäischen Bevölkerung ein Bewußtsein für den einheitlichen Währungsraum zu schaffen und ein stärkeres Zusammengehörigkeitsgefühl zu entwickeln.

---

8 Zugleich dient der Euro der Entpolitisierung. Aufgrund der Unabhängigkeit der EZB wird das Geldwesen aus der Alltagspolitik herausgelöst, so daß das Ziel der Geldwertstabilität in besonderer Weise geschützt ist (TIETMEYER 1997, S. 24).

1.8 Fazit: Verbesserte Wachstumschancen

In der Summe bieten die Vorteile des Euro gute Voraussetzungen für ein höheres Wirtschaftswachstum in Europa und in Deutschland (WINTERBERG 1996, S. 36; BODIN 1997, S. 20). Die Intensivierung des Wettbewerbs und der Arbeitsteilung, der zunehmende Austausch von Gütern und Dienstleistungen, eine Abminderung des Währungsrisikos und - bei dauerhafter Erfüllung der Konvergenzkriterien - Preisstabilität sowie sinkende Zinsen vergrößern tendenziell das Wachstumspotential und schaffen einerseits Voraussetzungen für Investitionen und Arbeitsplätze, andererseits erfordert der Wettbewerb Investitionen für Produktivität und Innovation.

Das aus der Währungsunion erwartete Wachstumspotential wird kurzfristig das drängendste Problem der hohen Arbeitslosenzahlen in Europa vermutlich nicht beseitigen. Hoffnungen, durch einen schwachen Euro die Arbeitslosigkeit beseitigen zu können, sind ebenfalls nicht realistisch, da die "realen" Wirkungen einer expansiven Geldpolitik i.d.R. kurzfristig sind und damit vor allem der langfristigen Problematik der strukturellen Arbeitslosigkeit in Europa nicht Rechnung tragen können (ISSING 1997, S. 3). Insofern ist die Währungsunion trotz ihrer möglicherweise positiven Auswirkungen nicht als Allheilmittel anzusehen. Der Reformdruck auf anderen Gebieten wird in vollem Umfang erhalten bleiben.

2. Das Risikopotential einer gemeinsamen Währung

Dem Chancenpotential einer einheitlichen Währung stehen auch Risiken gegenüber. Insbesondere aus deutscher Sicht wird aufgrund der geschichtlichen Erfahrungen häufig die Sorge geäußert, daß mit dem Euro eine Vernachlässigung des Ziels der Preis- und Währungsstabilität einhergehen könnte. So werden der im Vertrag von Maastricht vorgegebene Zeitplan und die zu erfüllenden Voraussetzungen für den Beitritt als ungeeignet oder unzureichend angesehen, um eine stabile Währungsunion zu garantieren.

- ➪ Schwächen der Konvergenzkriterien
- ➪ Verlust des Wechselkurses als Anpassungsinstrument
- ➪ Geldpolitik ohne nationale Differenzierung
- ➪ Verlust des Stabilitätsankers DM
- ➪ Gefahr eines free-rider-Verhaltens
- ➪ Gefährdung des Außenwertes des Euro
- ➪ Gefahr der Verstärkung nationaler wirtschaftlicher Disparitäten
- ➪ Zunahme der Arbeitslosigkeit bei nationalen Ungleichgewichten
- ➪ Zunehmender Druck hinsichtlich finanzieller Ausgleichszahlungen
- ➪ Umstellungskosten

2.1 Schwächen der Konvergenzkriterien

Ein häufig vorgebrachtes Argument in der Diskussion um die Einführung des Euro bezieht sich auf die Schwächen der Konvergenzkriterien. Es wird kritisiert, daß die Maastrichter Kriterien nicht oder nur unzureichend zur Stabilität des Euro beitragen. Die Konvergenzkriterien gäben allenfalls einen Orientierungsrahmen vor, setzten aber keine echten Ausschlußkriterien fest (MÜTSCH 1997, S. 14ff.; WINTERBERG 1996, S. 44; OHR 1996, S. 25; BORELL 1996, S. 36). Im einzelnen wird bemängelt, daß

- die Konvergenzkriterien willkürlich festgelegt seien und einer wirtschaftswissenschaftlichen Grundlage entbehrten. So gibt es in der Tat keine ökonomische Begründung dafür, warum als kritische Höchstgrenze für die Staatsverschuldung gerade 60 % oder für das Neuverschuldungskriterium 3 % des BIP gelten sollen. Gleichwohl existieren aber auch keine allgemeingültigen Kennzahlen darüber, ab welcher Höhe zum Beispiel die Inflationsrate oder der Schuldenstand schädlich für eine Volkswirtschaft ist;

- die Konvergenzkriterien sich nur auf monetäre und nicht auf reale Größen beziehen. Trotz verstärkter Konvergenzbemühungen in den einzelnen Ländern bergen unterschiedliche reale volkswirtschaftliche Bedingungen jedoch die Gefahr von Konflikten in der Währungsunion. In diesem Zusammenhang wird auch kritisiert, daß z.B. die Höhe der Schuldenquote eines Landes vollkommen unterschiedliche Ursachen haben kann und somit im Einzelfall wenig über die Stabilitätskultur eines Landes aussagt. Die Konzentration auf monetäre Kriterien führt jedoch dazu, daß die EU-Staaten jede Möglichkeit der "Bilanzverschönerung" nutzen, um die Maastrichter Referenzwerte zu erreichen. Dadurch werden Probleme u.U. aber nur in die Zukunft verlagert;

- die Gefahr einer lediglich stichtagsbezogenen anstatt dauerhaften Erfüllung der Konvergenzkriterien nicht gebannt ist; schließlich behalten die Mitgliedstaaten ihre nationale fiskalische Souveränität. Für eine dauerhafte Stabilität soll zwar der Stabilitätspakt, der Kontroll- und Sanktionsmechanismen vorsieht, sorgen, allerdings sind in ihm auch weitgehende Ausnahmeregelungen vorgesehen, die die Wirksamkeit des Instruments in Frage stellen;

- angesichts der wirtschaftlichen Bedingungen in den europäischen Ländern eine hohe Wahrscheinlichkeit besteht, daß kaum ein Land die Konvergenzkriterien "punktgenau" erfüllen wird und dennoch die Währungsunion termingerecht beginnen soll. Das bedeutet, daß auch bei Nichterfüllung der Kriterien die Teilnahme an der Währungsunion möglich wäre. Rechtlichen Spielraum dafür gibt der Maastrichter Vertrag durch vage Formulierungen wie "hinreichend rückläufige Entwicklung" oder Erreichung eines "Wertes in Nähe des Referenzwertes", so daß die Entscheidung über die Teilnahme eines Landes an der Währungsunion letztlich eine politische sein wird.

2.2 Verlust des Wechselkurses als Anpassungsinstrument

Ein veränderbarer Wechselkurs bietet die Möglichkeit, Wettbewerbsverzerrungen oder wirtschaftliche Ungleichgewichte eines Landes gegenüber Konkurrenzländern durch Ab- bzw. Aufwertung auszugleichen. Mit der endgültigen Fixierung der Wechselkurse und der Einführung einer einheitlichen Währung verlieren die einzelnen EWU-Teilnehmerländer dieses Instrument zur Bewältigung nationaler ökonomischer Krisen (WINTERBERG 1996, S. 53; WELFENS 1997, S. 3; ZEW 1997, S. 39; OCHEL 1997, S. 13).

Stattdessen kommt der Preis- und Lohnflexibilität besonderes Gewicht zu, die in Europa allerdings nur schwach ausgeprägt sind. Zum einen ist die Mobilität der Arbeitskräfte in Europa gering: Wanderungen sind mit erheblichem Aufwand verbunden und bilden deshalb bei nur kurzfristigen realwirtschaftlichen Divergenzen keinen geeigneten Anpassungsmechanismus. Zum anderen ist auch die Lohnflexibilität in Europa relativ gering, so daß eine Anpassung auf diesem Weg gleichfalls ungewiß ist. In einem gemeinsamen Währungsraum müssen also Selbststabilisierungskräfte des Wirtschaftssystems zusammen mit der Fiskal-, Lohn- und Innovationspolitik zur Wiederherstellung des gesamtwirtschaftlichen Gleichgewichts ausreichen.

Ebenfalls entfällt in einer Währungsunion die Abwertung als Anpassungsinstrument für hochverschuldete Länder. Damit besteht die Gefahr, daß sich solche Länder für fiskalpolitische Maßnahmen immer weiter verschulden. Letztlich müßten die Teilnehmerstaaten der EWU - trotz der no-bailout-Klausel des Maastrichter Vertrags[9] - für die exzessive Schuldenausweitung eines Mitglieds einstehen, da aus politischen Gründen ein Staatskonkurs wohl auszuschließen ist.

2.3 Geldpolitik ohne nationale Differenzierung

Einheitliche Geldpolitik innerhalb des Euro-Währungsraumes schließt nationale geldpolitische Differenzierungen aus (OHR 1996, S. 26; ZEW 1997, S. 40; WINTERBERG 1996, S. 52). Die EZB kann in der Verfolgung ihrer geldpolitischen Ziele immer nur die durchschnittliche Wirtschaftsentwicklung berücksichtigen. Orientierte sich die Geldpolitik der EZB kontinuierlich am Land mit der schwächsten Konjunktur, bestünde die Gefahr einer zu großen Geldmengenausweitung und eines Inflationsanstiegs. Kritiker der Währungsunion befürchten zu hohe Anforderungen an die Geldpolitik und bezweifeln ihre Eignung als Integrationsmotor. Durch die Europäische Währungsunion werden letztlich eine Reihe derzeit stabiler nationaler Währungen durch eine neue Währung mit zunächst ungewissem Wert ersetzt.

2.4 Verlust des Stabilitätsankers DM

Eine europäische Währungsunion schaltet auf der Basis einer zentralistischen Währungspolitik Wettbewerb aus - einen Wettbewerb, der bisher eine Ausrichtung der Währungspolitik der meisten europäischen Länder an der des stabilsten Landes erzwungen hatte. Mit dem Verlust dieses Stabilitätsankers ist häufig die Sorge um einen instabilen europäischen Währungsraum und damit um die ökonomische Leistungsfähigkeit und die soziale und politische Stabilität Europas verbunden (ZEW 1997, S. 48). Daß der Euro die Rolle eines Stabilitätsankers von der DM übernehmen kann, ist noch ungewiß; daß er aber die Funktion einer Ankerwährung übernimmt, dürfte angesichts einer zu erwarten-

---

9 Die "no-bailout"-Klausel besagt, daß die Teilnehmerstaaten der Währungsunion nicht verpflichtet werden können, für die Schulden der Mitgliedstaaten aufzukommen.

den entsprechenden Ausrichtung der potentiellen Beitrittskandidaten zur EWU (Pre-Ins, Mittel- und Osteuropa) wahrscheinlich sein.

2.5 Gefahr eines free-rider-Verhaltens

Mit einer eigenen Währung sind die Länder für ihre Währung selbst verantwortlich. Wirtschaftet ein Land schlecht oder verfolgt es eine ungeeignete wirtschaftspolitische Strategie, gefährdet es die Stabilität seiner eigenen Währung. Dies ändert sich mit Beginn der Währungsunion. Der Euro wird zu einer Art Kollektivgut, für dessen Qualität alle Teilnehmer der Währungsunion gemeinsam verantwortlich sind. Die Folgen einer zu hohen Staatsverschuldung für die Stabilität des Euro werden nicht mehr der jeweiligen Regierung, sondern der gemeinsamen Notenbank angelastet (OHR 1996, S. 25; ZEW 1997, S. 43; WINTERBERG 1996, S. 52). Trotz Maastricht verbleibt den EWU-Teilnehmerstaaten genügend nationale Autonomie, um die stabilitätspolitische Effizienz der Währungsunion in Frage zu stellen (free-rider-Verhalten). Eine Zunahme der regionalen Verschuldung könnte gar, entgegen der o.g. Zinssenkungsmechanismen, das Zinssatzniveau der Gemeinschaft ansteigen lassen (Zinssatz-Spillover) (ASCHINGER 1997, S. 581).

2.6 Gefährdung des Außenwertes des Euro

Der Außenwert des Euro spiegelt das Vertrauen der Kapitalanleger in die Funktionsfähigkeit und Stabilität der Gemeinschaftswährung wider. Ein solches Vertrauen wird nicht als Vorschuß gegeben und ist auch nicht von einer auf eine andere Währung übertragbar. Das Vertrauen in einen stabilen Euro muß aufgebaut werden. Gelingt dies nicht, steht zu befürchten, daß sich Wechselkursspekulationen gegen den Euro richten werden (OHR 1996, S. 28f; BÖDECKER 1997, S. 13). Ein schwächerer Euro schafft zwar kurzfristig Vorteile für die Exportwirtschaft, dem stehen jedoch schwerwiegende Nachteile gegenüber; seine internationale Akzeptanz als Anlage- und Kreditwährung wäre gefährdet.

2.7 Gefahr der Verstärkung nationaler Divergenzen

Es besteht die Gefahr, daß die wirtschaftliche Entwicklung der "Ins" und der "Pre-Ins" mit Fortdauer der EWU auseinanderdriftet. Wenn die "Pre-Ins" aufgrund ihrer wirtschaftlichen Daten noch nicht in der Lage sind beizutreten, gleichzeitig aber von der Währungsunion starke Wachstumsimpulse erwartet werden, könnte eine divergente wirtschaftliche Entwicklung den Beitritt erschweren. Da über Währungsfragen nur die Teilnehmerstaaten der EWU entscheiden, wäre angesichts des ungleichen geldpolitischen Gewichtes der Mitgliedstaaten im Rat denkbar, daß im ungünstigsten Fall die Integration Europas ausbliebe und die EWU zum Sprengstoff der politischen Union würde. Diese Gefahr ergäbe sich auch, wenn die "Pre-Ins" Währungsabwertungen mit dem Ziel der Verbesserung ihrer Wettbewerbssituation vornähmen und die notwendigen Konvergenzbemühungen nicht weiter verfolgen würden.

2.8 Zunahme der Arbeitslosigkeit bei nationalen Ungleichgewichten

Nach Beginn der Währungsunion werden asynchrone nationale Konjunkturverläufe größere Probleme bereiten als vorher. Dies hängt mit den genannten Einschränkungen bei den potentiellen Anpassungsmechanismen (keine länderindividuelle Geldpolitik, geringe Arbeitskräftemobilität, geringe Lohnflexibilität) zusammen. Damit besteht die Gefahr, daß es zu stärkeren Schwankungen in der Beschäftigung und zu dauerhafterer struktureller Arbeitslosigkeit kommt als vor Beginn der Währungsunion (WINTERBERG 1996, S. 53; ZEW 1997, S. 41; WELFENS 1997, S. 4; OCHEL 1997, S. 13; BORELL 1996, S. 34). Vor dem Hintergrund der unzureichenden arbeitsmarktspezifischen Anpassungsflexibilitäten kann die EU nicht als optimaler Währungsraum bezeichnet werden.[10]

In diesem Zusammenhang stellt sich die Frage der mittelfristigen Entwicklung des Lohnniveaus in der EWU. Auch Löhne sind Preise und ihre Vergleichbarkeit wird steigen. Da eine Angleichung sowohl an den niedrigsten als auch an den höchsten Standard unwahrscheinlich ist, wird ein Mittelwert realisiert werden. Es ist nicht auszuschließen, daß dieser höher liegt als der rechnerische Durchschnitt des derzeitigen Lohnniveaus der EU-Länder. Das bedeutete, daß mit höheren Löhnen in der EWU auch die Arbeitslosigkeit tendenziell steigen würde. Für dieses Szenario spricht, daß die Gewerkschaften der "reicheren" Länder eine rasche Harmonisierung der Löhne in den "ärmeren" Ländern forcieren, um einen Druck auf die Löhne im eigenen Land zu verhindern. Auch die Unternehmen in den "reicheren" Ländern würden davon profitieren, da diese

---

10 Vor diesem Hintergrund schlagen Kritiker als Alternative zur EWU sog. Währungsclubs vor, in denen sich Länder mit gleichem wirtschaftlichen Entwicklungsstand zusammenschließen. "Durch eine solche Vorgehensweise könnten die Vorteile der Währungsintegration genutzt werden, ohne den entscheidenden Nachteil einer Währungsunion, den Verzicht auf ein marktkonformes Stabilisierungsinstrumentarium, in Kauf nehmen zu müssen" (RÜBEL 1997, S. 533)

Art der Harmonisierung ihre Konkurrenten aus diesen Ländern schwächen könnte (FELDMANN 1997, S. 113).

2.9 Ausweitung der innereuropäischen Transferzahlungen

Innerhalb föderaler Staaten übernehmen Finanzausgleichssysteme wichtige Stabilisierungsfunktionen. So wird die "DM-Währungsunion" zwischen den deutschen Bundesländern in ihrer Funktionsweise durch den Länderfinanzausgleich unterstützt. Es wird nun befürchtet, daß bei großen realwirtschaftlichen Divergenzen die wirtschaftsstärkeren EWU-Mitglieder den schwächeren Ländern Transferzahlungen zukommen lassen müssen; dadurch sei die Stabilität der Währungsunion gefährdet (BORELL 1996, S. 34; ZEW 1997, S. 42; IDW 1996, S. 23). Tatsächlich könnten derartige Transfers die ökonomische Stabilität der Währungsunion eher fördern, die diesbezüglichen Befürchtungen deuten aber darauf hin, daß die notwendige hohe Konsensbereitschaft dafür nicht unbedingt vorhanden ist.

2.10 Umstellungskosten

Die Einführung des Euro verursacht Kosten. Das gilt nicht nur für die Finanzverwaltung und Sozialversicherungsträger, sondern auch für die gewerbliche Wirtschaft. Über die Höhe der Euro-Umstellungskosten besteht noch weitgehend Unsicherheit. Eine ausführliche Berücksichtigung der Kostenproblematik befindet sich in Kapitel H.

2.11 Fazit: Stabilitäts- oder Schicksalsgemeinschaft?

Die Währungsunion verlangt in stärkerem Maße als bisher europäisches Denken und Handeln. Aufgrund der noch bestehenden nationalen wirtschaftlichen Disparitäten der beteiligten Länder wird der Solidaritätsgedanke unterschiedlichen Belastungen ausgesetzt sein. Insbesondere in der Anfangsphase der Währungsunion - in der sich der Euro als stabile und sichere Währung erweisen muß - kann es aufgrund einer straffen (europäischen) Geldpolitik zu Restriktionen kommen, die die Vorteile der gemeinsamen Währung erst mittelfristig zu Tage treten lassen. Der Erfolg des Euro wird letztlich auch davon abhängen, inwieweit es den nationalen Volkswirtschaften gelingt, den Verlust des Wechselkurses als währungspolitisches Anpassungsinstrument durch eine entsprechende Flexibilisierung anderer wirtschaftspolitischer Bereiche zu kompensieren.

E. Die Euro-Umstellung im Mittelstand

Auch wenn nationale Banknoten und Geldmünzen erst im Jahr 2002 abgeschafft werden, wird der Euro für viele Unternehmen bereits 1999 wirtschaftlich relevant. Wie erwähnt, sieht der "Euro-Fahrplan" in den ersten drei Jahren eine Doppelwährungsphase vor, in der der Euro neben der D-Mark als Buchgeld verwendet werden kann. Von Anfang 2002 bis Mitte 2002 ist der Euro zusätzlich auch als Bargeld neben der D-Mark vorgesehen. Der Euro wird also nicht auf einen Schlag eingeführt. Dadurch entstehen den Unternehmen in der Weise Gestaltungsspielräume, daß sie die Umstellung von ihren individuellen betrieblichen Gegebenheiten (z.B. Lieferanten- und Kundenstruktur) abhängig machen können.

Abbildung 5: Einflußfaktoren der Wahl des Umstellungszeitpunktes

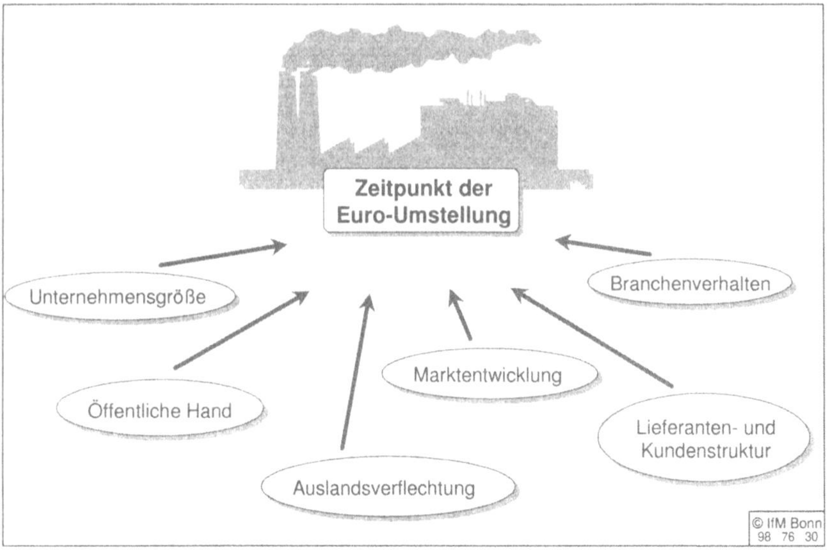

Einen einheitlichen optimalen Umstellungszeitpunkt für alle Unternehmen gibt es somit nicht. Vielmehr muß jedes Unternehmen für sich prüfen, welche Bereiche in welchem Ausmaß zu welchem Zeitpunkt von der Währungsumstellung betroffen sind. Je nach Unternehmenstätigkeit werden einige Bereiche mehr, andere weniger von den Umstellungsnotwendigkeiten tangiert. Die Änderung der Währungsordnung schlägt sich aber nicht nur in einem betrieblichen Anpassungsbedarf nieder; auch das unternehmerische Umfeld und gesamtwirtschaftliche Rahmenbedingungen werden sich verändern.

Bereits im Vorfeld der Euro-Einführung werden diese Auswirkungen spürbar: Um die Konvergenzkriterien des Maastricht-Vertrages zu erfüllen, reduziert die Bundesregierung das Staatsdefizit und damit die staatliche Nachfrage. Das "Sparen für den Euro" zeigt heute schon unmittelbare Auswirkungen, so daß sich letztendlich kein Unternehmen und kein Wirtschaftszweig diesem Strukturbruch entziehen kann (CICHY 1997, S. 5).

I. Auswirkungen des Euro auf ausgewählte Funktionsbereiche im Unternehmen

1. Informations- und Kommunikationsbereich

Von der Lagerhaltung, dem Materialfluß und dem Produktionsablauf bis hin zur Rechnungsstellung, der Finanz- und Lohnbuchhaltung und den Management-Informationssystemen sind heute nahezu alle Prozeßabläufe im Unternehmen computergesteuert. Vielfach werden schon gar keine Rechnungen mehr geschrieben, sondern es findet ein elektronischer Belegaustausch über EDIFACT (Electronic Data Interchange For Administration, Commerce and Transport) statt. In einer arbeitsteiligen modernen Volkswirtschaft sind Computersysteme von zentraler Bedeutung und stellen sprichwörtlich die "Spinne im Netz" dar.

Die EDV steht somit naturgemäß im Mittelpunkt der Umstellung und macht ein Großteil des gesamten Umstellungsprojektes aus. Wenn es in diesem Bereich bei der Umstellung zu Problemen kommen sollte, drohen Zahlungsstockungen, Fehlbuchungen oder gar die Funktionsunfähigkeit einzelner Unternehmensbereiche.

Unterschiedliche Umstellungstermine in der Doppelwährungsphase erfordern zusätzliche Software-Funktionalitäten. So muß ein frühzeitig auf den Euro umgestiegenes Unternehmen sein Meldewesen wieder auf DM umrechnen, wenn beispielsweise das Finanzamt noch keine Euro verarbeiten kann. Durch das verbindlich festgelegte Umrechnungsverfahren werden zwar größere Differenzen im Einzelfall vermieden, dennoch wird es zu Kleinstdifferenzen bei der Umrechnung kommen.[11] Im Zeitalter des Computers sollte der Umgang damit ei-

---

11 Bei separater Umrechnung einer Eingangsrechnung über zum Beispiel 115 DM inklusive 15 % Mehrwertsteuer (Umrechnungskurs 1,82345 DM je Euro) entsteht ein Rechnungsbetrag von 63,45 Euro, ein Steuerbetrag von 8,28 Euro und ein Nettobetrag von 55,18 Euro. Damit ist der Bruttobetrag nach Umrechnung durch Rundungsdifferenzen nicht mehr gleich Nettobetrag plus Steuer. Unter Umständen können diese Kleinstdifferenzen durch Summierung sogar eine erklärungsbedürftige Größenordnung erreichen.

gentlich kein Problem sein, aber gerade die moderne Technik entpuppt sich als Hürde auf dem Weg zum Euro. So reagieren automatische Abstimmungsprogramme der computergestützten Datenverarbeitung sehr empfindlich auf diese Differenzen, die ein menschlicher Sachbearbeiter angesichts der Größe der Gesamtaufgabe problemlos akzeptieren würde.

Das Problem wird noch dadurch verstärkt, daß meist nicht nur ein einzelnes Softwareprogramm betroffen ist. In den vergangenen Jahren ist in vielen Unternehmen eine immer komplexere Datenverarbeitungslandschaft entstanden, sind Großrechner und Workstations im Einsatz, stehen einfache PC-Programme neben komplexen Client-Server Anwendungen und Standardsoftware neben eigenerstellten Programmen. Das ganze Gebilde ist über Schnittstellen verknüpft zu einem unternehmensweiten Netzwerk, um jederzeit über aktuelle und konsistente Informationen zu verfügen. Hinzu kommt der elektronische Datenaustausch mit Banken und Geschäftspartnern, der zunehmend über Internet vollzogen wird.

Die technische Durchführung der Währungsumstellung in solch einem komplexen Umfeld verlangt qualifiziertes Expertenwissen. Gefragt sind einheitliche Lösungen, die alle eingesetzten Softwarekomponenten umfassen, um nötige Änderungen und Erweiterungen an bestehenden Programmen und Schnittstellen auf ein Minimum zu reduzieren. Dies gilt insbesondere angesichts der Tatsache, daß die Europäische Währungsunion zeitlich zusammenfällt mit dem Jahrtausendwechsel, der durch die erforderliche Umstellung vieler Programme von zwei- auf vierstellige Jahreszahlen bereits erhebliche Programmierkapazitäten bindet. Es ist offensichtlich, daß der Prozeß der Währungsumstellung im Bereich der Datenverarbeitung langfristig planvoll angegangen werden muß. Aber nicht nur der Zeitbedarf, sondern auch der Ressourcenbedarf ist nicht unerheblich. Viele Mittelständler kommen daher schnell an die Grenzen ihrer eigenen Kapazitäten, oftmals müssen somit externe Ressourcen besorgt und bereitgestellt werden.

2. Rechnungswesen

Neben dem EDV-Bereich ist der Umstellungsbedarf des betrieblichen Rechnungswesens für jedes Unternehmen von zentraler Bedeutung. Ähnlich wie die Datenverarbeitung hat das Rechnungswesen Schnittstellen zu allen Bereichen und Funktionen des Unternehmens. Es muß Daten gleichermaßen für Zwecke der Angebotskalkulation, der Finanz- und Liquiditätsplanung aber auch des Controllings liefern. Umstellungsbedarf im Unternehmen ergibt sich vor allem bei der Erstellung der Jahresabschlüsse, der Klärung von Bewertungsfragen, der Behandlung von Rundungsdifferenzen und Umstellungskosten. Vor allem kleine und mittlere Unternehmen trennen in der Regel nicht zwischen Handels- und Steuerbilanz. Der handelsrechtliche Jahresabschluß ist in diesen Fällen eine den steuerrechtlichen Vorschriften entsprechende Gewinnermittlung. Der mit den steuerrechtlichen Vorschriften einhergehende Umstellungsbedarf[12] wirkt sich damit unmittelbar auch auf den handelsrechtlichen Jahresabschluß aus.

2.1 Buchführung, Bilanzierung und Steuerlast

In dem ersten Zwischenbericht[13] der Bundesregierung über die Einführung des Euro in Gesetzgebung und öffentlicher Verwaltung lassen sich erste Anhaltspunkte erkennen, wie die Finanzverwaltung die Währungsumstellung plant.[14] Demnach sind die deutschen Steuerbehörden erst ab dem 1. Januar 2002 bereit, Steuererklärungen in Euro entgegenzunehmen. Steuererklärungen für Zeiträume bis zum 31. Dezember 2001 sind in DM zu erstellen, auch wenn sie nach diesem Stichtag eingereicht werden. Erst mit Jahresbeginn 2002 können und müssen die Besteuerungsgrundlagen in Euro dargestellt werden. Entsprechendes gilt für Zahlungen nach diesem Termin. Die deutschen Steuergesetze werden bis zum Jahresende 2001 auf die DM abstellen. Bescheide der Finanzämter, die sich auf Besteuerungsgrundlagen vor dem Umstellungsstichtag beziehen und deren Zustellung nach dem 31. Dezember 2001 erfolgt, werden zusätzlich in Euro dargestellt.

Für Unternehmen, die den Euro bereits vor dem 1. Januar 2002 verwenden, ergibt sich daher nach heutigem Kenntnisstand die Notwendigkeit einer "doppelten" Buchführung. Einerseits erstellen sie ihre Buchführung und Bilanzen in Euro,[15] andererseits sind sie verpflichtet, ihre Lohn- und Einkommen-

---

[12] Im Steuerrecht existiert eine Vielzahl von Schwellenwerten und Freibeträgen (z.B. Höchstgrenze für Geringwertige Wirtschaftsgüter (GWG) in Höhe von 800 DM), die umzurechnen sind.

[13] Der zweite Zwischenbericht zur Wirtschafts- und Währungsunion wird Anfang 1998 erwartet.

[14] Für die Sozialversicherungsträger gilt gleiches wie für die Finanzverwaltung. Bei der Ermittlung und Zahlung der Beiträge zur Renten-, Arbeitslosen-, Kranken-, Pflege- und Unfallversicherung sind bis Ende des Jahres 2001 DM-Beträge anzusetzen.

[15] Mit dem Euro-Einführungsgesetz wurde ein Wahlrecht für die Unternehmen geschaffen, in der Übergangszeit der Währungsumstellung ihre Jahresabschlüsse in Euro oder DM aufzustellen. Damit entspricht die Bundesregierung dem in Madrid verankerten EWI-Grundsatz "Keine Behinderung - kein Zwang".

steuer, Umsatz- und Gewerbesteuer sowie Sozialversicherungsbeiträge bis Ende 2001 weiterhin in DM zu berechnen und zu melden. Das bedeutet für die Unternehmen zusätzlichen Zeit- und Kostenaufwand, der bei einer flexibleren Handhabung seitens der Finanzverwaltung und Sozialversicherungsträger verringert werden könnte. Erste Bestrebungen der Finanzminister von Hessen und Thüringen praxisorientierte Lösungen anzubieten zeigen, daß die Problematik erkannt wurde (KUDISS 1997, S. 804). Gleichwohl haben die Landesfinanzbehörden in einer Abstimmung[16] im Januar 1998 entschieden, Steuererklärungen in Euro erst von 2002 an in ihrer Verwaltung zu akzeptieren.[17]

Neben den einst ungeklärten Fragen im Umgang mit der Finanzverwaltung bestand auch Klärungsbedarf hinsichtlich bilanzieller Fragen, die unmittelbare steuerliche Konsequenzen für die Unternehmen haben. Hat beispielsweise ein deutsches Unternehmen im Zeitpunkt der Währungsumstellung zum 1. Januar 1999 eine Forderung in einem anderen Euro-Teilnehmerstaat in dessen Währung, so ergibt sich ein Buchgewinn (-verlust), wenn der festzusetzende endgültige Umrechnungskurs dieser Währung zum Euro höher (geringer) ist als der ursprüngliche Ankaufkurs. Unstrittig ist, daß das Unternehmen aufgrund des im Handelsrecht verankerten Imparitätsprinzips im Verlustfall diesen im Entstehungszeitpunkt steuerrechtlich realisieren muß. Die steuerrechtliche Bewertung von Kursgewinnen ist hingegen noch klärungsbedürftig. Wegen des bereits angesprochenen Imparitätsprinzips sind Kursgewinne erst im Zeitpunkt ihres Zahlungseingangs zu realisieren. Kursgewinne aus Währungen der Euro-Teilnehmerländer gelten jedoch bei der Umrechnung zum 1. Januar 1999 als sicher, da zu diesem Zeitpunkt keine Unsicherheiten bezüglich künftiger Kursentwicklungen mehr bestehen. Insofern ergibt sich die Frage, wann diese Gewinne steuerrechtlich zu vereinnahmen sind (NEMETH 1997, S. 10).

Nach aktueller Rechtsauffassung stellt die Wechselkursfixierung zum 1. Januar 1999 den auslösenden Tatbestand für die Bildung stiller Reserven dar, die damit unabhängig von der unternehmensinternen Euro-Umstellung als realisiert gelten. Diese Wechselkursgewinne sind am 1. Januar 1999 im Rechen-

---

16 Den neun ablehnenden Finanzministern standen sechs Befürworter (Hessen, Bremen, Rheinland-Pfalz, Thüringen, Baden-Württemberg und das Saarland) und eine Enthaltung (Nordrhein-Westfalen) gegenüber (o.V. 1998b, S. 14)

17 Daß eine vorzeitige Euro-Umstellung der öffentlichen Verwaltung grundsätzlich möglich ist, zeigt sich allein daran, daß sieben EU-Staaten - Belgien, Finnland, Irland, Italien, Luxemburg, die Niederlande und Österreich - zum 1.1.1999 Steuererklärungen in Euro erlauben (TARTLER 1998, S. 8).

werk mit entsprechender Wirkung auf den folgenden Jahresabschluß zu erfassen. Es ist jedoch ein Wahlrecht vorgesehen, diesen gewinnerhöhenden Effekt durch die Bildung eines passivischen "Sonderposten aus der Währungsumstellung auf den Euro" zu neutralisieren. Erst mit Fälligkeit der Fremdwährungsforderung ist dieser Ausgleichsposten gewinnerhöhend aufzulösen.[18]

Neben der steuerrechtlichen Bewertungsfrage von Kursgewinnen aus Fremdwährungspositionen war der Umgang mit den aus der Euro-Umstellung resultierenden Vorbereitungsaufwendungen lange Zeit ungeklärt. Heute ist absehbar, daß eine vorzeitige Erfassung der Umstellungsaufwendungen (d.h. vor entsprechenden Ausgaben) durch die Bildung einer Aufwandsrückstellung im Jahresabschluß 1998 nicht vorgesehen ist und in jedem Fall steuerlich nicht anerkannt wird. Insofern ist grundsätzlich davon auszugehen, daß die Umstellungskosten im Jahr ihrer Entstehung als sofort abziehbarer Aufwand zu behandeln sind. In Anlehnung an § 269 HGB soll die wahlweise Aktivierung selbstgeschaffener immaterieller Vermögensgegenstände des Anlagevermögens (z.B. Entwicklung von Software) zugelassen werden. Diese Aufwendungen sind dann als Bilanzierungshilfe "Aufwendungen für die Währungsumstellung auf den Euro" über vier Jahre abzuschreiben (GIERSBERG 1997, S. 14).

2.2 Controlling

Heutzutage wird Controlling vielfach auch von kleinen und mittleren Unternehmen als ein Instrument der Unternehmensführung eingesetzt. Durch die Verknüpfung von Plangrößen mit dem vorhandenen Datenpool können Soll-Ist-Abweichungen kurzfristig erkannt und analysiert werden. Mit Hilfe der Abweichungsanalyse ist der Unternehmer in der Lage, rechtzeitig Gegenmaßnahmen einzuleiten. Insbesondere im Vertriebsbereich (z.B. abgesetzte Menge, Außenstände) haben entsprechende Informationen die Funktion eines "Frühwarnsystems".

Voraussetzung für den Einsatz eines aussagefähigen Controllingsystems ist, daß Kennzahlen definiert, laufend erhoben und ständig ausgewertet werden. Neben der Gegenüberstellung von Soll-Ist-Daten soll dieses Instrument auch einen Vergleich im Zeitablauf bzw. einen Vergleich mit Wettbewerbern ermöglichen, wozu häufig relative Kennzahlen verwendet werden (z.B. Pro-Kopf-

---

18 Das Bundesfinanzministerium hat den Entwurf einer Neuregelung des § 6d ESTG vorgelegt, der dieses handelsrechtliche Wahlrecht auch steuerlich - mit entsprechendem Steuerstundungseffekt - zuläßt (DSGV 1997, S. 19).

Umsatz/Mitarbeiter). Mit der Einführung des Euro ändert sich die gesamte wertmäßige Datenbasis. Insofern sind Zeitreihenanalysen auf DM-Basis nicht ohne weiteres fortzuschreiben und lösen einen Anpassungsbedarf im Controllingbereich aus. Das bedeutet, daß nicht nur aktuelle, sondern auch historische Daten in Euro ausgedrückt werden müssen, um Vergleichbarkeit zu gewährleisten.

Umstellungsbedarf besteht aber beispielsweise auch bei der laufenden Liquiditätsplanung, falls die Unternehmen eine Über-/Unterdeckung derzeit auf Grundlage absoluter DM-Beträge ermitteln. Zudem sind bei der diesbezüglichen Umstellung Schnittstellen zu anderen Unternehmensbereichen zu betrachten, da die erwarteten Zahlungsein- und -ausgänge häufig aus anderen Planungsinstrumenten (z.B. Umsatzplanung) abgeleitet werden (DSGV 1997, S. 14).

3. Vertrieb und Absatz

Durch die Einführung des Euro werden Preise für Dienstleistungen und Produkte in der EWU leichter vergleichbar. Dies gilt für touristische Dienstleistungen und Finanzdienstleistungen gleichermaßen wie für Gebrauchs- und Konsumgüter. Preisunterschiede identischer oder prinzipiell austauschbarer Produkte werden damit im Ländervergleich leichter erkannt. Folge davon ist, daß Kunden in den Ländern einkaufen, wo das Produkt zu den niedrigsten Preisen angeboten wird.[19]

Bei standardisierten Investitionsgütern ist dieser Sachverhalt bereits heute ein ganz normales Gebaren von Einkaufsabteilungen (Stichwort "Global Sourcing"). Diese für den Produktionsgüterbereich typische Beschaffungsweise wird verstärkt auch in den konsumnahen Bereichen Anwendung finden. Insbesondere globale Produkte (z.B. Autos, Computer, Schmuck, Mode oder auch Medikamente) mit hohem europäischem Standardisierungsgrad werden bei Existenz von Preisdifferenzen zu einer Verstärkung des Konsumtourismus führen. Diese Entwicklung wird durch die Etablierung europaweiter Verkaufsangebote vergleichender Preisagenturen zunehmen (BOHNE 1997, S. 41).

---

19 Z.B. kostete im Januar 1997 ein Reifen des Herstellers Continental für einen Mittelklasse-PKW durchschnittlich in Spanien 135 DM, in Italien 116 DM, in Belgien/Luxemburg 114 DM, in Frankreich 110 DM, in den Niederlanden 103 DM und in Deutschland 94 DM (PATERAK 1997, S. 25).

Die Preisbroker sind aber nur Vorboten einer Zunahme von Spotmärkten, die auch die Konsumgüterindustrie beschleunigt erfassen wird. Selbst dort, wo der Wert der Produkte niedrig ist, die Preisdifferenzen dagegen hoch sind, werden neue Handelsformen die Ausnutzung von Arbitragen professionalisieren und sich verstärkt graue Märkte bilden.[20] Die verstärkte Nutzung von neuen Kommunikationsmedien wie beispielsweise des Internets beschleunigt diese Entwicklung. Damit werden Grauimporte an Bedeutung zunehmen und etablierte Handelsformen noch stärker belasten als in der Vergangenheit, unterstellt, sie gehören zu den Verlierern. Die von Grauimporten bedrohten Händler werden ihrerseits "graue" Beschaffungsmärkte analysieren und ihre Einkaufsstrategie internationalisieren bzw. europäisieren. Die Bündelung internationaler Beschaffungsaktivitäten und der im Handel ohnehin bestehende hohe Konzentrationsgrad[21] verstärken tendenziell den Preisdruck für die Industrie. Im Endergebnis werden Preisanpassungen zwingend notwendig sein.

Aber nicht nur das veränderte Wettbewerbsumfeld erfordert Preisanpassungen. Mit der Umrechnung auf den Euro werden sich zwangsläufig Preisschwellen verschieben. Damit gehen gelernte Ankerpreise (z.B. 0,99 DM für 100 gr. Tafelschokolade) für den Verbraucher verloren. Dies gilt allerdings nicht nur für den Verbraucher, sondern auch für den Verkäufer, der mit dem Setzen des Euro-Verkaufspreises das Gefühl für den "richtigen" Preis verliert. Beträgt der Verkaufspreis beispielsweise 9,99 DM (8,69 DM netto) ergibt sich nach Umrechnung (1 Euro : 1,95 DM) ein Preis von 5,12 Euro. Bei diesem Beispiel ist ein Absenken des Preises auf 4,99 Euro ein wahrscheinliches Szenario. Würde das Produkt bei sonst gleichen Bedingungen verkauft werden, ergäbe sich eine rechnerische Umsatzeinbuße von 13 Cent je Verkaufseinheit (2,9 % des Nettoverkaufspreises).

Die Einführung des Euro ist damit weit mehr als eine rein rechnerische Umstellung. Mit der neuen Währung wird vielmehr eine integrierte Preispolitik erforderlich, bei der die zukünftigen Preise in einem neu zu definierenden europäischen Preiskorridor ("Europricing") liegen müssen. Die Notwendigkeit des angepaßten "Europricing" führt dazu, daß die übrigen absatzpolitischen Instrumente (Produkt-, Programm-, Kommunikations-, Distributions- und Kontrahie-

---

20 Vor allem in grenznahen Gebieten wird der Konsumtourismus noch zunehmen, wenn Warenkörbe im Nachbarland entsprechend günstiger sind.

21 Die zehn größten Handelshäuser in Deutschland repräsentieren 80 % des Gesamtumsatzes des Wirtschaftszweiges.

rungspolitik) an die veränderte (euro-einheitliche) Preispolitik angepaßt werden müssen. Das gesamte Marketing-Mix der Unternehmen wird somit von der Euro-Einführung berührt.[22] Gegenüber anderen Unternehmensbereichen, bei denen die Währungsumstellung vornehmlich operative Lösungen verlangt, werden insbesondere im Absatzbereich strategische Implikationen ausgelöst (MÜNZBERG 1997, S. 11).

4. Vertragspraxis und Gesellschaftsrecht

Derzeit herrscht große Unsicherheit darüber, wann und wie die Rechtsvorschriften auf den Euro umgestellt werden. Schätzungsweise 4.000 Gesetze und Verordnungen müssen allein in Deutschland angepaßt werden. Aber nicht nur Bund, Länder und Kommunen sind gefordert, auch Unternehmen müssen ihr Vertragsrecht den veränderten Bedingungen anpassen. Ein Kernbereich, auf den sich die Einführung des Euro auswirkt, ist der der Vertragskontinuität. Es gilt zu klären, ob längerfristige Verträge über das Jahr 2002 hinaus weiterhin Bestand haben oder ob die Währungsumstellung bei Verträgen, die eine in nationaler Währung ausgedrückte Geldleistung vorsehen, den Wegfall der Geschäftsgrundlage bedeutet.

Auf EU-Ebene ist die Rechtslage seit der Inkraftsetzung der Ratsverordnung Nr. 1103/97 am 20. Juni 1997 mittlerweile geklärt. Demnach wird die Umstellung auf den Euro grundsätzlich kein Recht zur einseitigen Vertragsänderung oder -beendigung geben, Verträge zwischen inländischen Vertragspartnern werden auch nach Abschaffung der nationalen Währungen Bestand haben.[23] Die Einführung des Euro führt lediglich dazu, daß die nationale Währung nach dem sogenannten Nominalwertprinzip durch den Euro ersetzt wird.

Die Situation stellt sich nicht entscheidend anders dar, wenn der nationale Vertragspartner in einem sonstigen Teilnehmerstaat der EWU ansässig ist. Zwar sollen alle Verträge in der Währung erfüllt werden, in der sie abgeschlossen wurden. Allerdings wird es bei der bargeldlosen Erfüllung eine Wahlmöglichkeit dahingehend geben, daß z.B. auch auf nationale Währung lautende

---

22 Eine Alternative, um den zu erwartenden Verlust im oben dargestellten Szenario zu umgehen, wäre beispielsweise die angebotene Menge der neudefinierten Preisschwelle anzupassen.

23 Dieser Kontinuitätsgrundsatz soll nur bei solchen auf nationale Währung oder ECU lautenden Verträgen zurücktreten, in denen ausdrücklich eine Änderungsklausel für den Fall des Übergangs vereinbart wurde. Weitere Ausnahmetatbestände vgl. SANDROCK 1997, S. 14 ff.

Verträge in der Übergangsphase in Euro erfüllt werden können, die Gutschrift beim Gläubiger dann aber in der jeweiligen Währung erfolgt (Abbildung 6), da dieser keinem Annahmezwang für Euro unterliegt. Durch die Umrechnung nach den unwiderruflich fixierten Umrechnungskursen wird keiner der Vertragsparteien ein geldwerter Vor- oder Nachteil entstehen.

Abbildung 6: Zahlungsverkehr in der Übergangsphase

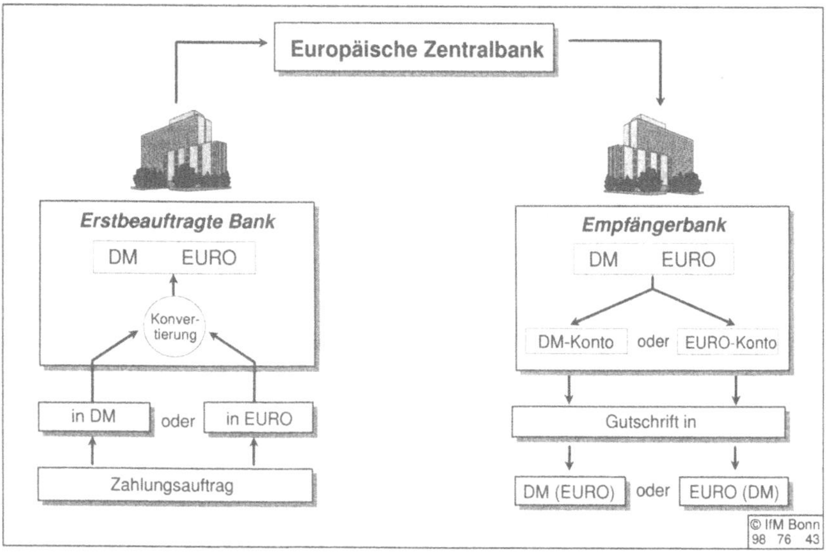

Die Vertragskontinuität ist damit für alle Verträge gewährleistet, die dem Zivilrecht eines EU-Staates unterstellt sind bzw. mit einem Partner aus einem EU-Staat geschlossen sind. Unsicher sind nur solche Verträge, die nicht dem Recht von EU-Staaten unterliegen. Aber auch hier zeichnet sich ab, daß Verträge mit wichtigen außereuropäischen Wirtschaftspartnern (z.B. USA[24], Japan) nach der Euro-Umstellung fortgelten. Unsicherheiten bleiben daher nur bei Verträgen, die osteuropäischem, lateinamerikanischem oder ostasiatischem Recht unterliegen.[25]

---

24 In einigen Bundesstaaten der USA (New York, Illinois, Kalifornien) bestimmt das nationale Schuldrecht ausdrücklich, daß aus der Einführung des Euro keinerlei Kündigungs- bzw. Änderrechte bestehender Verträge abgeleitet werden können (BDI 1997d, S. 5).

25 Dieser Befund ist jedoch insofern zu relativieren, als das internationale Recht den Grundsatz der "Lex Monetae" weitgehend anerkennt. Er besagt, daß bei internationalen Verträgen das Währungsstatut durch das Recht des Landes bestimmt ist, in dessen ge-

Auch wenn die große Mehrzahl der Unternehmen von dieser Problematik nicht betroffen ist, wird es gleichwohl auch solche Verträge geben, die davon berührt sind. Unternehmen sollten daher langfristig abgeschlossene Kontrakte einem "Vertragsreview" unterziehen. Den sich aus der Währungsumstellung für diese Verträge ergebenden Handlungsbedarf gilt es aufzuzeigen und im Wege von Nachverhandlungen zu beseitigen. Bei Neuabschlüssen von Kontrakten, die über den 1. Januar 1999 hinausgehen, sollten Unternehmen zur vertraglichen Absicherung der währungsrechtlichen Vertragskontinuität Anpassungsklauseln (sog. Euro-Klauseln[26]) in ihre Verträge aufnehmen. Mit dieser Festschreibung wird eine größere Rechtssicherheit unter den Vertragspartnern geschaffen.

Aber nicht nur die Denominierung der Verträge birgt Probleme für die Vertragskontinuität. So können in Verträgen vereinbarte Referenzzinssätze mit der Einführung der Währungsunion ersatzlos[27] entfallen oder in veränderter Form fortgeführt werden. Ebenfalls problematisch sind indexierte Verträge (z.B. Miete), da sich mit der Euro-Einführung neue Preisindizes ergeben können. Rechtssicherheit ist in diesen Fällen nur durch Vorsorge in Form entsprechend zu fassender Euro-Klauseln zu treffen.

Darüber hinaus gibt es auch Verträge, die aufgrund ihres Zweckes bei Erreichen der Währungsunion keinen Sinn mehr ergeben (z.B. über den 1. Januar 1999 hinausgehende Kurssicherungsgeschäfte auf Währungen von EWU-Teilnehmerstaaten). Je nachdem ob bei der Bemessung der Höhe des Swaps der Beginn der EWU nicht schon berücksichtigt worden ist, kann für das absichernde Unternehmen gegebenenfalls eine Rückzahlung der Prämie von der absichernden Bank in Betracht kommen.[28]

---

setzlicher Währung alle Schuld ausgedrückt ist. Aufgrund des hohen DM-Fakturierungsanteils ist somit prinzipiell auch mit Partnern in Drittstaaten von der unveränderten Vertragsfortgeltung auszugehen.

26 Vgl. die Beispiele in SANDROCK 1997, S. 20 ff.

27 So beziehen sich Verzugszinsen häufig auf den mit Beginn der Währungsunion entfallenden Diskontsatz (z.B. 4 % über Diskont). Weil das Instrumentarium der Europäischen Zentralbank noch nicht endgültig geklärt ist, wird in der Übergangszeit für die Rechtsvorschriften, die sich auf die Leitzinsen der Bundesbank beziehen, als Ersatz ein neuer Referenzzinssatz (sog. Basiszins) eingeführt. Dieser soll in viermonatigem Abstand an die dem Diskontsatz am ehesten entsprechende europäische Bezugsgröße angepaßt werden. Eine Anpassung erfolgt dann, wenn die Referenzgröße sich um mindestens 0,5 %-Punkte verändert (o.V. 1997s, S. 23).

28 Zu weiteren Problembereichen in bezug auf die Vertragskontinuität vgl. PLEWKA 1997, S. 7 ff.

Auch im Bereich des Gesellschaftsrechts wird die Euro-Einführung einige Veränderungen mit sich bringen. Grundsätzlich läßt die Währungsumstellung Satzungen von Aktiengesellschaften und GmbHs unberührt. Nach der Euro-Verordnung bleibt die in der Satzung der Gesellschaften vereinbarte Währung gültig, obwohl die nationale Währung bloßer Ausdruck des Euro ist. Die Ersetzung der D-Mark z.B. durch den Euro ändert nicht die Denominierung der Satzung. Dies ändert sich im Ergebnis auch nicht mit der endgültigen Abschaffung der D-Mark ab dem 1. Januar 2002. Das Grundkapital oder Stammkapital, das noch in DM ausgedrückt ist, ist in Euro zu den Umrechnungskursen nach Rundung zu verstehen; ein Anpassungsbedarf ergibt sich daraus nicht. Aus Praktikabilitätsgründen kann jedoch eine Herauf- oder Herabsetzung zum Erhalt glatter Mindestbeträge vorteilhaft erscheinen. Vor diesem Hintergrund gewinnt die bisher in Deutschland nicht zulässige nennwertlose Aktie an Bedeutung. Das Bundesjustizministerium hat noch für diese Legislaturperiode die Zulassung dieser Aktienart angekündigt.

5. Fazit

Wie diese Ausführungen zeigen, besteht für jedes Unternehmen in jedem Mitgliedstaat Anpassungsbedarf. Obwohl das Ausmaß der erforderlichen Umstellungsmaßnahmen sich nach dem konkreten Unternehmensumfeld bestimmt, sind einige grundsätzliche Anmerkungen möglich: Die Betroffenheit nimmt zu, je größer das Unternehmen und je intensiver es in die internationale Arbeitsteilung eingebunden ist. Dementsprechend sind kleine und mittlere Unternehmen im allgemeinen geringer betroffen.

Trotz der geringeren Betroffenheit mittelständischer Unternehmen stellt die Euro-Umstellung für sie eine vergleichsweise größere Herausforderung als für Großunternehmen dar. Selbständige kleine und mittlere Unternehmen verfügen typischerweise nicht über "Stäbe", sie sind daher relativ stärker zu entsprechenden Kosten auf externes Know-how angewiesen. Insbesondere bei der EDV-Umstellung muß vor dem Hintergrund, daß bei einem späten Umstellungszeitpunkt Engpässe zu erwarten sind, die Bereitstellung dieser Ressourcen langfristig geplant werden. Aufgrund ihrer starken Verhaftung im Tagesgeschäft haben viele Mittelständler Schwierigkeiten, den konkreten Umstellungsbedarf rechtzeitig in eine "Zeitschiene" umzusetzen. Konzernabhängige mittelständische Unternehmen, Ausgründungen von Großunternehmen und ähnliche Unternehmensformen können gegebenenfalls auf das Know-how und die Ressourcen der Mutterunternehmen zurückgreifen, was ihnen Umstellungskosten ersparen dürfte.

Aber nicht nur der Faktor Zeit kann sich als Hürde bei der Euro-Umstellung erweisen. Für viele unabhängige mittelständische Unternehmen stellt sich zudem die Frage der strategischen Neuorientierung. Die mit der einheitlichen Währung verbundene Zunahme der Wettbewerbsintensität führt dazu, daß die Wettbewerbsfähigkeit der Unternehmen nicht nur auf nationaler, sondern auch auf europäischer Ebene auf den Prüfstand gerät. Das impliziert die Notwendigkeit einer konsequenten Professionalisierung aller Unternehmensfunktionen und -bereiche. Dies umschließt u. a. auch die im Mittelstand teilweise noch vorhandenen Defizite hinsichtlich der Einführung moderner Managementinformationssysteme.

Schließlich verlangt die Zusammenführung der bereichsspezifischen Umstellungsbedarfe eine übergeordnete, funktionsübergreifende Koordination. Dies erfordert die Schaffung neuer Kompetenzen und Budgetverantwortlichkeiten. Gerade kleine und mittlere Unternehmen, die im Projektmanagement unerfahren sind, stellt dies vor besondere Probleme. Insbesondere für mittelständische Unternehmen, die eine gewisse Komplexität hinsichtlich der betrieblichen Funktionen aufweisen, wird der Euro eine anspruchsvolle Herausforderung darstellen.

Im Umkehrschluß heißt das, daß der Anpassungsbedarf bei den Unternehmen, die nicht über komplexe EDV-Landschaften verfügen, die nicht das Instrument des Controlling einsetzen, die nicht grenzüberschreitend verflochten sind und keine internationalen Verträge abgeschlossen haben, geringer ist. Die große Mehrheit der Kleinst- und Kleinunternehmen dürfte aufgrund ihrer lokalen bzw. allenfalls regionalen Geschäftsorientierung und vergleichsweise einfachen Strukturen diesem Profil entsprechen.

II. Aktueller Stand der Euro-Vorbereitung mittelständischer Unternehmen

1. Überblick über Unternehmensbefragungen zur EWU

Es stellt sich die Frage, inwieweit die mittelständischen Unternehmen diese Herausforderungen annehmen, d.h. inwieweit der Euro sie bereits vorausschauend zu konkreten Maßnahmen veranlaßt hat. Zu diesem Zweck wurden empirische Erhebungen ausgewertet, die sich in erster Linie auf die Reaktionen kleiner und mittlerer Unternehmen beziehen. Aus Gründen der besseren Vergleichbarkeit wurden ausschließlich Befragungen aus dem Jahr 1997 berücksichtigt.

Tabelle 3: Übersicht über Euro-Befragungen mittelständischer Unternehmen

Studie	Anzahl der befragten Unternehmen	Zeitpunkt der Befragung
DIHT	25.000 Mitgliedsunternehmen	Frühjahr 1997
DG-Bank	2.456 mittelständische Unternehmen	Frühjahr 1997
Handwerkskammer	4.000 Handwerksbetriebe	Frühjahr 1997
BJU	375 Mitgliedsunternehmen	Frühjahr 1997
ZEW	1.000 unternehmensnahe Dienstleister	Frühjahr 1997
Unternehmensberatungsgesellschaft	110 mittelständische Unternehmen	Sommer 1997
Impulse	500 mittelständische Unternehmen	Herbst 1997
BVR	3.000 Unternehmen des verarbeitenden Gewerbes	Herbst 1997
		© IfM Bonn

Quelle: eigene Zusammenstellung

1.1 Kommt der Euro oder nicht?

Die Umfragen beginnen fast ausnahmlos mit der Frage, ob die Unternehmen die Einführung des Euro für wahrscheinlich halten. Etwa zwei Jahre vor Beginn der Währungsunion ist nicht nur die Mehrzahl der vom DIHT befragten Unternehmen davon überzeugt, daß es zu einer fristgerechten Euro-Einführung kommt. Andere Umfragen kommen zu dem gleichen Ergebnis.

Gemäß einer von Impulse in Auftrag gegebenen Umfrage, welche 1997 unter 500 mittelständischen Unternehmen durchgeführt wurde, gehen 73 % der befragten Unternehmen davon aus, daß der Euro zum 1.1.1999 startet (KÜHLHORN/WIDRAT 1997, S. 28 ff.). Eine noch höhere Quote ergab eine Befragung unternehmensnaher Dienstleistungsfirmen, die laut ZEW-Umfrage alle einen pünktlichen Start der Währungsunion erwarten (O.V. 1997i, S. 7). Eine Mitgliederumfrage des Bundesverbandes Junger Unternehmen (BJU) führte zu dem Ergebnis, daß 60,3 % einen termingerechten Start der EWU für wahrscheinlich halten (O.V. 1997j, S. 5).

Abbildung 7: Wahrscheinlichkeit der EWU im Urteil der Unternehmen im Jahr 1997 (in Prozent)

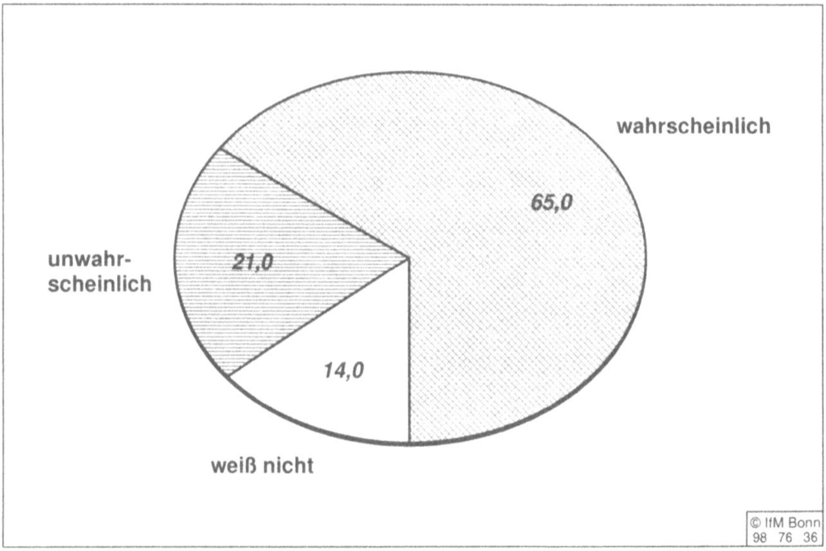

Quelle: DIHT 1997a

Zu anderen Resultaten kommt eine Befragung von Handwerksunternehmen. Zwar stimmen die Handwerksbetriebe mit den anderen befragten Unternehmen darin überein, daß der Euro kommt: Nur 8 % der Handwerksbetriebe glauben, daß der Euro überhaupt nicht eingeführt wird. Einen fristgerechten Start der EWU halten allerdings fast 70 % der Unternehmen auch noch zwei Jahre vor der geplanten Einführung des Euro für unwahrscheinlich (HWK DÜSSELDORF 1997, S. 1). Im Verlauf des Jahres hat sich nach Aussagen der Handwerkskammer die Einschätzung jedoch etwas verändert. Generell ist die Tendenz vorherrschend, daß kleinere Unternehmen grundsätzlich skeptischer als Großunternehmen hinsichtlich der Frage der Realisierung der Währungsunion sind (vgl. Abbildung 8).

Abbildung 8: Anteil der Unternehmen, die mit einen fristgerechten Start der EWU rechnen - nach Beschäftigtengrößenklassen (in Prozent)

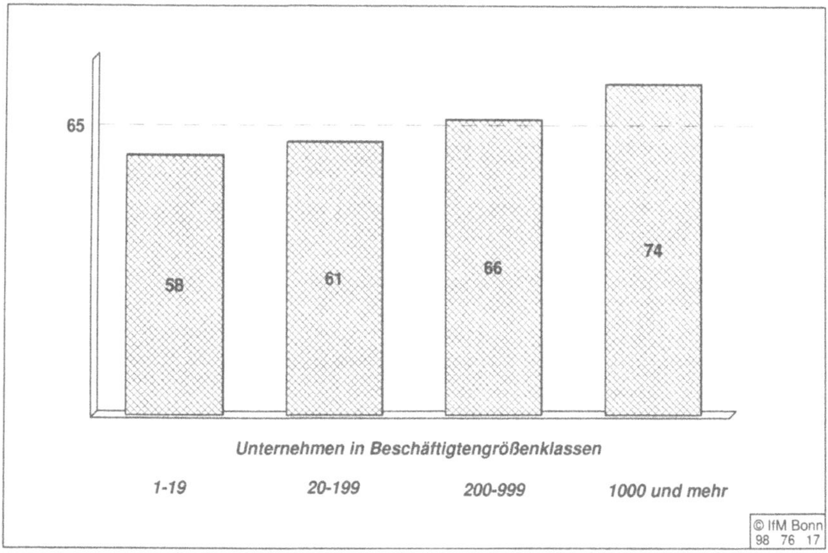

Quelle: DIHT 1997a, S. 5

1.2 Informationsstand

Die Kenntnisse der Unternehmen über die Währungsunion haben sich in den letzten zwei Jahren erheblich verbessert. Glaubten sich Anfang des Jahres 1996 noch 38 % der Unternehmen unzureichend informiert, so reduzierte sich nach einer Umfrage des DIHT deren Anteil auf 14 %. Andere Studien kommen zu ähnlichen Ergebnissen (KÜHLHORN/WIDRAT 1997, S. 28; BVR 1997, S. 3). Den geringsten Informationsstand weisen Handwerksunternehmen auf. Lediglich 20 % fühlen sich ausreichend informiert (HWK DÜSSELDORF 1997, S. 2). Dies ist nicht weiter verwunderlich, korrespondiert das Ergebnis doch mit der Skepsis hinsichtlich des Euro.

Eine Differenzierung nach Regionen zeigt, daß westdeutsche Unternehmen im Durchschnitt besser informiert sind als ostdeutsche Firmen. Während in Westdeutschland sich lediglich 14 % der befragten Unternehmen lückenhaft informiert glauben, ist der Anteil in Ostdeutschland doppelt so hoch. Ähnlich der Erwartungshaltung bezüglich eines pünktlichen Starts der Währungsunion ist der Kenntnisstand positiv mit der Unternehmensgröße bzw. der Umsatzhöhe (BVR 1997, S. 3) korreliert.

Tabelle 4: Informationsstand der west- (und ost-)deutschen Unternehmen (in Prozent)

Unternehmen mit ... Beschäftigten	lückenhaft	Grundzüge	detailliert
1 bis 49	19 (35)	70 (60)	11 (5)
50 bis 199	19 (29)	65 (61)	16 (10)
200 bis 499	13 (18)	67 (65)	20 (17)
500 bis 999	10 (6)	56 (70)	34 (24)
1.000 und mehr	5 (-)	43 (-)	52 (-)
Insgesamt	14 (28)	61 (62)	25(10)

Quelle: BVR 1997, S. 3 f.

1.3 Informationsquellen

Als wichtigste Informationsquelle dient den meisten der befragten Unternehmen die Presse.

Die Handwerksunternehmen haben zum Zeitpunkt der Unternehmensbefragung zwar noch keine Informationen eingeholt, erkennen jedoch, daß sie auf externen Sachverstand angewiesen sind. Lediglich 4 % gehen davon aus, daß sie keine Hilfe benötigen. Anders als die befragten Unternehmen aus der Stichprobe der DG-Bank erwarten die meisten Handwerksbetriebe Unterstützung von ihrem Steuerberater (78 %). Mehr als die Hälfte der befragten Unternehmen sucht Hilfe bei den Banken und Sparkassen (53 %), an dritter Stelle stehen die Betriebsberater der Handwerkskammern (44 %) (HWK DÜSSELDORF 1997, S. 6).

Abbildung 9: Euro-Informationsquellen des Mittelstandes (in Prozent)

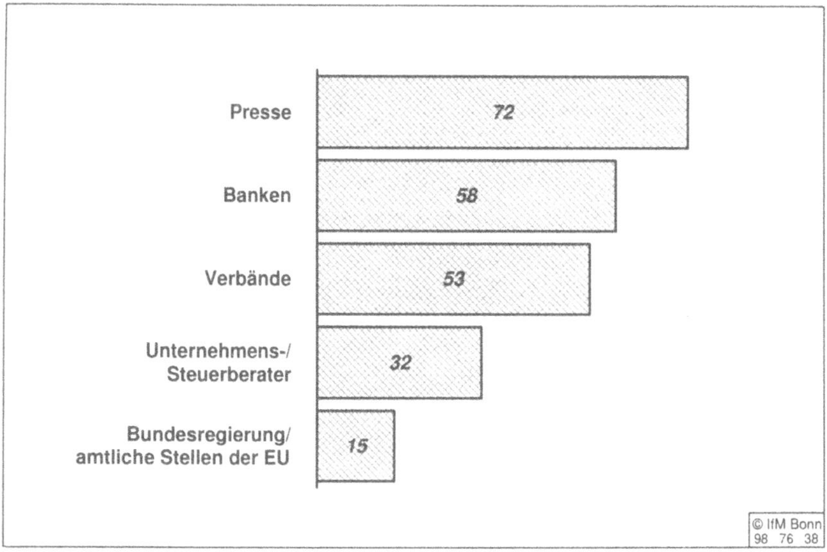

Quelle: DG Bank, S.11

1.4 Vorbereitung und Betroffenheit

Der verbesserte Informationsstand der Unternehmen hatte zu den Befragungszeitpunkten noch nicht zur Folge, daß die Firmen bereits Vorbereitungsmaßnahmen trafen. Die in die Untersuchung einbezogenen Studien kommen übereinstimmend zu dem Ergebnis, daß bisher nur eine Minderheit der Unternehmen konkrete Maßnahmen geplant bzw. durchgeführt hat (KÜHLHORN/WIDRAT 1997, S. 29; O.V. 1997i, S. 7; O.V. 1997j, S. 5; BVR 1997, S. 5). Schlußlicht ist wiederum das Handwerk. Hier hatte zum Befragungszeitpunkt kaum ein Unternehmen Vorbereitungen getroffen (HWK DÜSSELDORF 1997, S. 7).

Die Gründe für den geringen Vorbereitungsstand sind vielfältig. Der Hauptgrund ist, daß die Unternehmen auf die offizielle Bekanntgabe der Teilnehmer im Mai 1998 (55 %) warten. Für viele stehen dringendere Probleme und Aufgaben im Vordergrund (44 %). Etwa 17 % der Unternehmen fühlen sich von der Einführung der neuen Währung nicht betroffen (KÜHLHORN/WIDRAT

1997, S. 32). Zu ähnlichen Ergebnissen kommen auch die anderen Unternehmensumfragen.[29]

Die Mittelstandsumfrage der DG-Bank zeigt, daß mehr als die Hälfte der Unternehmen sich nur in geringem Maße betroffen sieht. Ein Fünftel der Unternehmen fühlt sich durch die Einführung des Euro stark, 13 % der Unternehmen hingegen überhaupt nicht betroffen (DG-BANK 1997, S. 11). Grundsätzlich gilt: Je größer die Unternehmen und damit umso höher die erwartete Euro-Betroffenheit (BVR 1997, S. 6), desto besser sind die Unternehmen bereits vorbereitet. Es besteht somit ein deutlicher Zusammenhang zwischen dem Grad der wahrgenommenen Betroffenheit und dem Vorbereitungsstand.

Abbildung 10: Anteil der sich in Vorbereitung befindenden Unternehmen - nach Beschäftigtengrößenklassen (in Prozent)

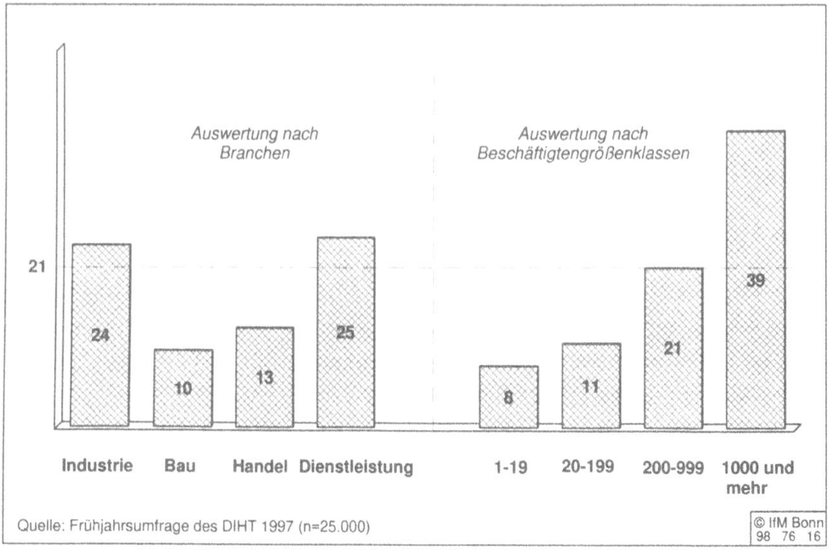

Quelle: DIHT 1997a, S. 11

In einigen Studien wurden die Unternehmen auch befragt, für welche Unternehmensbereiche sie Auswirkungen von der Einführung des Euro erwarten. Typischerweise erklärte die Mehrzahl der Unternehmen den Finanzierungs-

29 Eine Umfrage der Deutschen Bank unter ihren mittelständischen Kunden ergab, daß der Euro nur an zwölfter Stelle der wichtigsten unternehmensrelevanten Themen steht (O.V. 1997m, S. 1).

und EDV-Bereich als besonders betroffen (O.V. 1997l, S. 3). Allerdings erstaunt es doch, daß immerhin 20 % bzw. 28 % der Unternehmen keine Auswirkungen für diese Bereiche vermuten (DG BANK 1997, S. 12).

Andere Umfragen bestätigen die Tendenz, daß bei kleinen und mittleren Unternehmen immer noch die operativen Fragen im Vordergrund stehen. Prioritäre Bedeutung hat bei den Unternehmen die Umstellung der Buchführung und Kassen auf Euro, dicht gefolgt von der Anpassung der IT-Infrastruktur und Software. Erst mit deutlichem Abstand auf Rang fünf findet sich mit "Anpassung der Preisstrategie" das erste strategische Element (O.V. 1997l, S. 3).

Tabelle 5: Betroffene Unternehmensbereiche (in Prozent)

Unternehmensbereich	stark	gering	gar nicht
Finanz- und Rechnungswesen	42	35	20
EDV	38	32	28
Marketing/Vertrieb	30	42	27
Einkauf	21	44	23
Logistik	18	30	41
Produktion	15	25	45

Quelle: DG-Bank 1997, S. 11

Viele Unternehmen sind sich noch nicht sicher, ob eine Neukonzeption der Unternehmensstrategie erforderlich ist. Etwa ein Fünftel der befragten Unternehmen plant, die Firmenstrategie neu zu überdenken und Anpassungen vorzunehmen. 18 % der Unternehmen sehen ihre strategische Planung nur am Rande berührt und etwa knapp ein Drittel der Unternehmen ist der Meinung, es kann seine Strategie beibehalten (DG-BANK 1997, S. 13).

Tabelle 6: Mögliche strategische Reaktionen (in Prozent)

Reaktion	bis 10 Mill. DM Umsatz	über 50 Mill. DM Umsatz	alle Unternehmen
Neue Zulieferer	38	28	38
Neue Kooperationen	27	20	26
Konzentration auf EU	14	10	14
Neue Standorte	8	8	8
Produktionsverlagerung	4	5	4

Quelle: DG Bank 1997, S. 11

Betrachtet man die Antworten differenziert nach Umsatzgrößenklassen, ergibt sich ein auf den ersten Blick überraschendes Ergebnis: Mittelständische Unternehmen planen häufiger als Großunternehmen, ihre Unternehmensstrategie im Zuge der Währungsunion anzupassen. Ein Grund hierfür kann darin liegen, daß größere Unternehmen schon heute im Hinblick auf die Auswahl ihrer Kooperationspartner oder Geschäftsbeziehungen stärker europäisch ausgerichtet sind. Es ist zu vermuten, daß kleine und mittlere Unternehmen die Währungsunion zum Anlaß nehmen, ihre Strategie grundsätzlich neu zu überdenken.

1.5 Umstellungszeitpunkt

Viele Unternehmen (47 %) haben noch keine konkreten Vorstellungen über den Zeitpunkt, zu welchem sie die Euro-Umstellung vornehmen werden (DIHT 1997a, S. 16). Von denjenigen, die sich mit der Frage des Umstellungszeitpunktes bereits auseinandergesetzt haben (53 %), plant etwa die Hälfte erst zum spätmöglichsten Termin auf den Euro umzustellen.

Abbildung 11: Geplanter Euro-Umstellungszeitpunkt[30] (in Prozent)

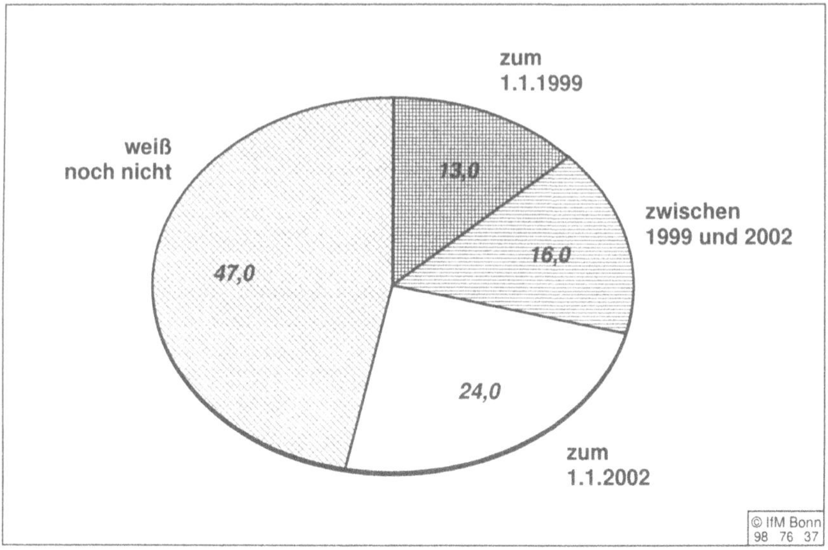

Quelle: DIHT 1997a

30 Die Frage nach dem Umstellungszeitpunkt bezieht sich ausschließlich auf den Bereich des Rechnungswesens als einen der hauptbetroffenen Bereiche.

Nach der Mittelstandsumfrage der DG-Bank bevorzugt die Hälfte der Unternehmen eine späte Umstellung, ein Viertel dagegen erwägt möglichst früh umzustellen (DG-BANK 1997, S. 16). Grundsätzlich gilt, daß die Anzahl der einen frühen Umstellungstermin befürwortenden Unternehmen mit dem Grad der Informiertheit steigt: Gut ein Drittel der Unternehmen, die sich ausreichend über den Euro informiert fühlen, zieht eine frühe Umstellung vor, gegenüber knapp einem Fünftel der Unternehmen, die nur über vage Informationen verfügen (DG-BANK 1997, S. 13).

Nicht nur der Informationsstand der Unternehmen scheint den Umstellungszeitpunkt zu beeinflußen, sondern auch die Unternehmensgröße, wie der Frühjahrsumfrage des DIHT zu entnehmen ist. Werden ausschließlich die Antworten der gut informierten Unternehmen berücksichtigt und nach Beschäftigtengrößenklassen differenziert, zeigt sich am Beispiel des Rechnungswesens, daß mit steigender Unternehmensgröße tendenziell eher ein früher Umstellungszeitpunkt angestrebt wird.

Tabelle 7: Zeitpunkt der Währungsumstellung der gut informierten Unternehmen - nach Beschäftigtengrößenklassen (in Prozent)

Unternehmen mit ... Beschäftigten	1.1.1999	zwischen 1999 und 2002	ab 1.1.2002
1-19	17	11	27
20-199	21	13	19
200-999	28	14	11
1000 und mehr	33	15	6
Insgesamt	24	13	16

Quelle: DIHT 1997a, S. 17

1.6 Kosteneinschätzung der Unternehmen

Die überwiegende Mehrheit der befragten Unternehmen (85 %) hat keine Vorstellung über die Größenordnug etwaiger Umstellungskosten; nur etwa 15 % haben eine ungefähre Vorstellung darüber (DG-BANK 1997, S. 12). In der ZEW-Umfrage wurden die Unternehmen um eine erste Kosteneinschätzung gebeten. Das Ergebnis war eine sehr weite Bandbreite der eurobedingten Kostenvorstellungen: Sie reicht von unter 0,5 % bis zu 3 % des Jahresumsatzes (O.V. 1997i, S. 7).

Als größter Kostenfaktor wird die EDV-Umstellung betrachtet (72 % der Befragten). An zweiter Stelle steht mit 40 % das Rechnungswesen (DG-BANK 1997, S. 13; BVR 1997, S. 11), danach folgt der Neudruck von Broschüren und Formularen (34%). Schließlich nannte ein Viertel der Unternehmen Kosten der doppelten Preisauszeichnung. Differenziert man nach einzelnen Wirtschaftszweigen, so verändert sich die Rangfolge der genannten Kostenarten. Erwartungsgemäß gewinnt die doppelte Preisauszeichnung vor allem beim Handel stärkeres Gewicht (41 %) (HDE 1996). Bei den unternehmensnahen Dienstleistern erwarten insbesondere kleinere Unternehmen mit weniger als 50 Beschäftigten sowie Exportfirmen einen hohen Umstellungsaufwand.

Zu einer ähnlichen Einschätzung gelangt der Hauptverband des Deutschen Einzelhandels, der hohe Kosten für alle Branchen erwartet. Insbesondere im Textil- und Nahrungsmittelbereich beurteilten mehr als zwei Drittel der Befragten den Kostenaspekt als sehr negativ. Dies gilt ebenfalls für 72 % der kleineren inhabergeführten Unternehmen (HDE 1996).

1.7 Der Euro im Gesamturteil der Unternehmen

Das Gesamturteil der Unternehmen[31] hinsichtlich der positiven und negativen Auswirkungen des Euro auf ihr Geschäftsumfeld ist im großen und ganzen ausgewogen (BVR 1997, S. 2). 48 % der Befragten erwarten, daß sich für sie der Aktivitätsradius im EU-Binnenmarkt vergrößern, aber auch die Konkurrenz von außen zunehmen wird, so daß sich diesbezüglich Vorteile und Nachteile ausgleichen. 32 % der Unternehmen befürchten Nachteile durch stärkere Auslandskonkurrenz, 15 % sehen in der Marktöffnung per saldo einen Vorteil.

---

31 Bei der Fragestellung wurden nur Unternehmen berücksichtigt, die sich vom Euro betroffen fühlen. Damit sollte gewährleistet werden, daß möglichst "kompetente" Antworten in die Auswertung eingingen (DG-Bank 1997, S. 14).

Abbildung 12: Erwartete Auswirkungen aus Sicht der Unternehmen - nach Umsatzgrößenklassen (in Prozent)

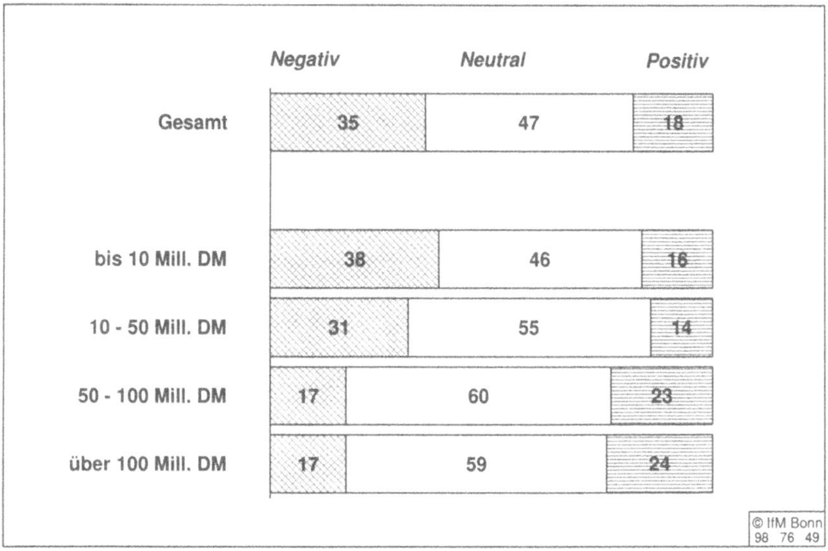

Quelle: DG-Bank 1997, S. 11

Differenziert nach der Unternehmensgröße ergeben sich eindeutige Zusammenhänge: Kleinere Unternehmen (Umsatz unter 50 Mill. DM) rechnen deutlich eher mit Nachteilen durch den gemeinsamen Währungsraum (43 %) als mit Vorteilen (14 %). Von den größeren Unternehmen (über 50 Mill. DM Jahresumsatz) erwartet gut ein Fünftel Vorteile von der EWU und etwa jedes siebte Unternehmen sieht eher Nachteile (DG-BANK 1997, S. 14).

Setzt man die Ergebnisse der Befragungen, die sich mit dem Informationsstand der Unternehmen auseinandersetzen, zu der aus den Antworten abgeleiteten positiven bzw. negativen Betroffenheit in Bezug, so ergibt sich ein deutlicher Zusammenhang: Je besser die Unternehmen informiert sind, desto eher erwarten sie Vorteile von der Währungsunion (DIHT 1997a, S. 4). Größere Unternehmen fühlen sich in der Regel stärker betroffen, sind aber auch umfassender informiert und besser vorbereitet.

Ein ähnlicher Befund ergibt sich, wenn man die Beurteilung der Auswirkungen des Euro mit der Intensität des Auslandsgeschäftes der Unternehmen korreliert. Unternehmen mit erheblichem Auslandsengagement erwarten eher Vorteile (25 %) als Nachteile (18 %) von der EWU. Bei eurozentrierten Unternehmen ist dieser Zusammenhang noch deutlicher: 34 % der Unternehmen rechnen mit positiven Auswirkungen, 15 % mit negativen. Bei Unternehmen ohne Auslandsaktivitäten kehrt sich das Bild um: Die Mehrzahl befürchtet überwiegend Nachteile (44 %) und nur 10 % erwarten eher Vorteile (DG BANK 1997, S. 14).

1.8 Europäischer Vergleich

Es stellt sich die Frage, ob der geringe Vorbereitungsstand der kleinen und mittleren Unternehmen ein deutsches Phänomen ist. Eine Teilantwort auf diese Frage gibt uns eine internationale Umfrage von IBM, die sog. Top- und Medium Companies[32] zu ihren Vorbereitungsaktivitäten befragt hat.

Abbildung 13: Stand der Euro-Vorbereitungen im internationalen Vergleich (in Prozent)

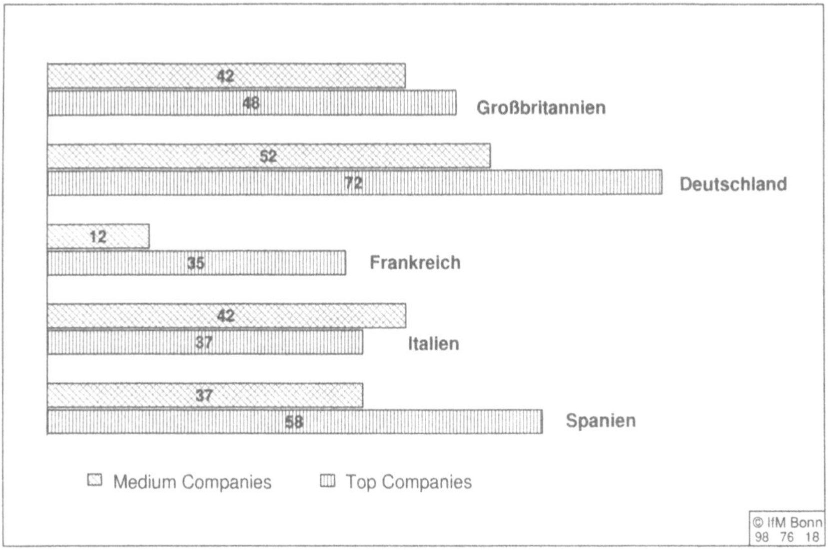

Quelle: IBM / Mori 1997

In Deutschland hatten 1997 fast 75 % aller Top Companies und mehr als die Hälfte aller Medium Companies bereits Vorbereitungsmaßnahmen getroffen. Deutschland nimmt damit eine führende Position ein, insbesondere im Ver-

---

32 Anzumerken ist hier, daß die sog. Medium-Companies nach der Definition des Instituts für Mittelstandsforschung Bonn auch als Großunternehmen zu klassifizieren wären.

gleich zu französischen Unternehmen.[33] Auch wenn diese Umfrage nur große Unternehmen erfaßt, so ist zu vermuten, daß KMU (z.B. Zulieferunternehmen) im Kielwasser der Großunternehmen bereits heute gezwungen sind, sich ebenfalls aktiv vorzubereiten.

Daß der scheinbar geringe Vorbereitungsstand kleiner und mittlerer Unternehmen kein deutsches Phänomen ist,[34] bestätigt auch eine von IBM unter 30.000 Managern europaweit durchgeführte Befragung, wonach nur 12 % der Mittelständler konkrete Umstellungsmaßnahmen getroffen haben (RECKINGER 1998, S. 8).

1.9 Zusammenfassung

Die Befragungsergebnisse zeigen, daß die überwiegende Mehrheit der Unternehmen mit einem pünktlichen Beginn der Währungsunion rechnet und der Informationsstand mit dem Näherrücken des Umstellungszeitpunkts steigt. Dem widerspricht jedoch in gewisser Weise der noch geringe Vorbereitungsstand der Unternehmen, der darüber hinaus um so geringer ist, je kleiner das Unternehmen. Eine wesentliche Erklärung dürfte darin bestehen, daß sich die Unternehmen in unterschiedlichem Ausmaß von der Währungsumstellung betroffen fühlen. Aufgrund ihrer geringen internationalen Geschäftstätigkeit fühlen sich die meisten mittelständischen Unternehmen zuächst einmal vom Thema EWU nur schwach berührt oder betroffen. Die möglichen Auswirkungen des Euro auf die Geschäftstätigkeit beurteilt die Mehrheit der kleinen und mittleren Unternehmen also nach Gefühl und kommt so zu dem Votum, daß die Währungsunion eher Nachteile als Vorteile für das Unternehmen bringe. Diese Einstellung ändert sich aber grundsätzlich, wenn der Informationsstand als Trennvariable berücksichtigt wird. Dann zeigen die analysierten Befragungen: Je besser die Unternehmen informiert sind, umso positiver schätzen sie die Auswirkungen des Euro für ihr Unternehmen ein.

Dieser Befund unterstreicht die eminente Bedeutung der begleitenden Information für ein positives Reagieren der mittelständischen Wirtschaft auf die

---

33 Dieser Befund bestätigt sich auch für niederländische Großunternehmen, von denen erst 12 % Euro-Vorbereitungen getroffen haben sollen; über ein Drittel hat noch gar keine Vorkehrungen getroffen, um die Einführung des Euro zu ermöglichen (o.V. 1998c, S. 2).

34 Für Österreich wird berichtet, daß im September 1997 85 - 90% der österreichischen Unternehmen sich erst am Rande mit dem Euro und den Konsequenzen für ihr Unternehmen beschäftigt haben (o.V. 1997k, S. 10).

heraufziehende Euro-Zeit. Insofern ist die Großoffensive zur Verbesserung des Informationsstandes der Wirtschaft, wie sie auf Bundesebene und auf der Ebene der Bundesländer, in Seminarreihen und Beratungseinrichtungen zur Zeit stattfindet, der richtige Weg. Einmal mehr ist Information der Auslöser notwendiger vorausschauender Maßnahmen der Unternehmen. Zur Zeit ist zu beobachten, daß das Informationsangebot neben grundsätzlichen Einführungen immer mehr spezielle, unternehmensnahe Aspekte betrifft. So bieten z.B. die Industrie- und Handelskammern Informationsveranstaltungen über spezifische unternehmensrelevante Fragen hinsichtlich EDV, Verträge, Lohnabrechnung, Steuern, Preiskalkulationen aber auch Unternehmensstrategien an. Entsprechende Veranstaltungen werden auch von den Handwerkskammern und Euro-Info-Center durchgeführt. Mit der endgültigen Entscheidung über die Euro-Teilnehmerländer im Mai diesen Jahres wird eine stärkere Informationsnachfrage erwartet. Die Veranstaltungen der Kammern und anderer Institutionen sollen diese Nachfrage decken. Allerdings hängen die Informationsbemühungen auch von den noch ausstehenden Beschlüssen und Unklarheiten ab. So ist die Frage des Umstellungszeitpunktes der öffentlichen Verwaltung immer noch nicht geklärt. Auch hinsichtlich der doppelten Preisauszeichnung in der Übergangsphase existieren bisher lediglich Empfehlungen. Insofern können die Informationsmultiplikatoren nicht immer umfassende Informationen liefern. Gefordert ist hier die Schaffung klarer rechtlicher Regelungen und Rahmenbedingungen.

2. Wirkungsschwerpunkte

Die Zusammenfassung der zahlreichen Einzelergebnisse mündet im Kern in der Frage, ob und gegebenenfalls welche besonderen Aspekte für kleine und mittlere Unternehmen durch den Euro und die Umstellung auf die neue Währung von Relevanz sind. Erkenntnisse hierüber lassen sich nur empirisch ermitteln. Die ursprüngliche Idee einer umfassenden eigenen schriftlichen Befragung wurde wegen der geringen Anzahl bereits mit konkreten Vorbereitungen befaßten KMU aufgegeben.[35]

Stattdessen sollten etwaige Problemschwerpunkte anhand von Fallstudien aufgezeigt werden. Zu diesem Zweck hat die IHK Münster auf Bitte des Insti-

---

35 Unter der Annahme, daß eine Verschickung von 1000 Fragebögen einen Rücklauf von etwa 10 % zur Folge hat, und unter Berücksichtigung des geringen Anteils der bereits vorbereiteten mittelständischen Unternehmen (10-15 %), wäre mit 10 - 15 auswertbaren Antworten zu rechnen gewesen.

tuts für Mittelstandsforschung Bonn Unternehmen ihres Arbeitskreises Außenwirtschaft angesprochen und für eine Zusammenarbeit geworben, leider mit dem enttäuschenden Ergebnis, daß lediglich zwei Unternehmen Interesse zeigten. Allerdings kam es auch mit diesen Unternehmen nicht zu einer wissenschaftlichen Zusammenarbeit. Ein Unternehmen sagte ab, weil es seine Euro-Aktivitäten aufgrund der im Sommer 1997 stattfindenden "Verschiebediskussion" zunächst aussetzte. Das andere Unternehmen lehnte eine Zusammenarbeit ab, weil es seine Umstellungsmaßnahmen mittlerweile als strategischen Wettbewerbsvorteil ausbauen wollte und befürchtete, diesen zu verlieren, wenn es seine Erfahrungen preisgäbe.

In einer Situation, in der die wenigen sich vorbereitenden kleinen und mittleren Unternehmen im Focus des Interesses von Verbänden, Banken, Unternehmensberatern und nicht zuletzt Forschungsinstitutionen stehen, die alle versuchen, sie als Informanten zu gewinnen, ist die zusätzliche Auskunftsbereitschaft dieser Unternehmen verständlicherweise gering.

Da aber auf eine möglichst detaillierte Analyse der konkreten Euro-Umstellungsarbeiten mittelständischer Unternehmen nicht verzichtet werden kann, wurde ein anderer Weg beschritten: Es bot sich die Möglichkeit einer Kooperation mit dem Zentrum für Innovation und Technik (ZENIT GmbH Mülheim a.d. Ruhr) an, welches seinerseits in Zusammenarbeit mit der Sparkasse Mülheim eine Euro-Bestandsaufnahme bei 10 mittelständischen Unternehmen durchgeführt hat. Diese Daten wurden dem Institut für Mittelstandsforschung Bonn Anfang November zur weiteren Auswertung zur Verfügung gestellt.[36]

2.1 Das Pilotprojekt "Unterstützung der mittelständischen Firmenkunden bei der Umstellung auf den Euro"

Nach einer internen Umfrage der Sparkasse Mülheim hatten im Januar 1997 nahezu 80 % ihrer mittelständischen Firmenkunden noch keine Vorbereitungsmaßnahmen hinsichtlich der Euro-Einführung getroffen. Um ihrer Kundschaft auch praktischen Rat geben zu können, startete sie im Februar 1997 ein Pilotprojekt zur "Unterstützung der mittelständischen Firmenkunden bei der Umstellung auf den Euro".

---

36 An dieser Stelle sei insbesondere Frau Silvia Besse, Frau Hannelore Kraft und Herrn Dr. Herbert Rath gedankt.

Ziel war es, in einem ersten Schritt durch eine detaillierte Bestandsaufnahme die Euro-Betroffenheit bei ausgewählten mittelständischen Firmenkunden aufzuzeigen. Darauf aufbauend sollte in einem zweiten Schritt für jedes Unternehmen ein individueller Maßnahmenkatalog zur Vorbereitung auf die Währungsunion erstellt werden. Das bei der Umsetzung der Maßnahmen gewonnene Wissen soll auf späteren Veranstaltungen nach dem Motto "Aus der Praxis für die Praxis" an interessierte Unternehmen weitergegeben werden.

Insgesamt wurden zehn Unternehmen verschiedener Branchen und Größen in diesem Projekt eingebunden, die von ihrer Unternehmensorganisation und -struktur eine gewisse Komplexität aufwiesen und einen entsprechend vielfältigen Anpassungsbedarf erwarten ließen. Die Auswahl richtete sich auch danach, inwieweit der jeweilige mittelständische Unternehmer in der Lage und bereit war, seine Erfahrungen in später stattfindenden "Workshops" weiterzugeben. Im Juni 1997 führten die Vertreter von ZENIT und die Firmenkundenbetreuer der Sparkasse Mülheim bei den "Pilotfirmen" eine "Euro-Inventur" durch. Auf dieser Grundlage wurden auf das Unternehmen zugeschnittene Checklisten erarbeitet, die den Befragungsteilnehmern zur Verfügung gestellt wurden. ZENIT begleitete darüber hinaus drei Pilotfirmen bei der Umsetzung des individuellen Maßnahmenkatalogs.

2.1.1 Strukturmerkmale der befragten Unternehmen

Aus Datenschutzgründen sind uns die an dem Pilotprojekt teilnehmenden Firmen nicht namentlich bekannt. Den Verfassern wurden lediglich einige wenige kennzeichnende Unternehmensmerkmale mitgeteilt. Erstes Strukturmerkmal der Befragungsgrundgesamtheit ist, daß sie das breite Spektrum mittelständischer Unternehmensgrößenklassen[37] abdeckt. Durchschnittlich beschäftigt eine Pilotfirma etwa 100 Mitarbeiter und erwirtschaftet einen Umsatz von 50 Mill. DM, wobei die Bandbreite der Beschäftigten von 20 Mitarbeitern eines Softwareanbieters (4 Mill. DM Umsatz) bis zu 300 Mitarbeitern eines Dienstleistungsunternehmens reicht (110 Mill. DM Umsatz).

Je zur Hälfte handelt es sich bei den befragten Unternehmen um Personen- oder Kapitalgesellschaften. Dabei sind folgende Rechtsformen zu differenzieren: vier GmbH&Co KGs, vier GmbHs, eine KG und eine AG. Darüber hinaus

---

37 Nach der Definition des Instituts für Mittelstandsforschung Bonn werden Unternehmen als mittelständisch klassifiziert, wenn sie weniger als 500 Beschäftigte aufweisen. Vgl. BMWi (Hrsg.) (1997): Unternehmensgrößenstatistik 1997/98 - Daten und Fakten, S. 15

decken die Befragungsteilnehmer drei traditionelle Wirtschaftszweige ab: Vier Unternehmen entstammen der Industrie (Kunststoffverarbeitung, Elektro, Ernährung und Textil), drei Befragungsteilnehmer sind als Handelsunternehmen zu klassifizieren und weitere drei gehören dem Dienstleistungssektor an (Software, Planung, Beratung).

Bis auf zwei Dienstleistungsunternehmen sind alle befragten Unternehmen mit dem Ausland wirtschaftlich verflochten. Die Beschaffungsmärkte in West- und Osteuropa stehen dabei erwartungsgemäß im Vordergrund. Lediglich zwei Industrieunternehmen importieren zudem aus Übersee (Brasilien, USA). Im Durchschnitt beträgt die Importquote 10 %. Ausnahme stellt ein Industrieunternehmen dar, welches 80 % seiner Vorprodukte auf den internationalen Märkten bezieht.

Sieben der acht im Ausland aktiven Unternehmen beschaffen nicht nur international, sondern sind auch auf der Ausfuhrseite in die internationale Arbeitsteilung eingebunden. Ebenso wie beim Import liegt der Schwerpunkt des Exports in Europa. Gleichwohl exportieren die meisten Unternehmen auch ins außereuropäische Ausland. Dabei nehmen die Märkte in Übersee auf der Ausfuhrseite einen höheren Stellenwert als beim Import ein. Ferner sind die Exportquoten generell höher als die Importquoten. In der Regel liegen sie in einem Bereich zwischen 20 %-40 %, ein Handelshaus erzielt sogar 80 % seines Umsatzes im Ausland.

2.1.2 Die Euro-Inventur

2.1.2.1 Die technische/operative Betroffenheit

- **Rechnungswesen/EDV**

Die EDV gehört sicherlich zu den zentralen Bereichen der Währungsumstellung. Die Umrechnung mit fünf Stellen, ebenso wie die Mehrwährungsfähigkeit der EDV-Systeme in der Doppelwährungsphase, erfordern zusätzliche Softwarefunktionalitäten. Zum Zeitpunkt der Euro-Audits verwendete nur ein kleiner Kreis der Befragungsteilnehmer Euro-kompatible Software. Lediglich in drei Fällen war die Software doppelwährungsfähig, in vier Fällen konnte sie fünf Stellen verarbeiten.

Die eigentliche Schwierigkeit bei der Währungsumstellung liegt jedoch nicht in der unzureichenden Euro-Fähigkeit der zur Zeit benutzten Software, sondern darin, daß in der großen Mehrzahl die befragten Unternehmen komplexe Datenverarbeitungslandschaften aufweisen. Die Pilotfirmen arbeiten sowohl mit Standard- (in zehn Fällen) als auch mit Individualsoftware (in acht Fällen), die über Schnittstellen zu einem unternehmensweiten EDV-Netzwerk verknüpft sind. Damit beschränken sich die mit der Euro-Umstellung einhergehenden Anpassungen nicht nur auf einen Austausch der Standardsoftware, vielmehr sind auch die Individualsoftwareanwendungen zu erweitern und Schnittstellen anzupassen.

Alle Unternehmen verfügen zwar über externe Wartungsverträge für ihre Standardsoftware - in neun Fällen sehen diese Verträge sogar einen automatischen Release/Update-Wechsel vor. Gleichwohl bleibt ein großer Handlungsbedarf hinsichtlich der Individualsoftware und der Schnittstellenanpassungen bestehen. Sechs der zehn Pilotunternehmen nehmen diese Problematik insbesondere vor dem Hintergrund der Jahrtausendwende zum Anlaß, ihr EDV-System zu erneuern und entsprechende Neuinvestitionen in ihre EDV-Ausstattung vorzunehmen.

- **Buchhaltung/Controlling**

Mit einer Ausnahme setzen alle Pilotfirmen das Instrument des Controllings ein, wobei in der Regel mit Kennziffern und/oder historischen Daten gearbeitet wird. Ferner führen alle befragten Firmen die laufende Buchführung im eigenen Unternehmen intern durch. Die Abschlußarbeiten dagegen werden zumeist (in acht Fällen) externen Experten übergeben. Daraus ergibt sich die Notwendigkeit, den Umstellungszeitpunkt rechtzeitig mit dem Steuerberater/Wirtschaftsprüfer abzustimmen, zumal oftmals der testierte Jahresabschluß die Grundlage für die Budgetverteilung im Rahmen des Controllings darstellt. Das heißt, mit dem Steuerberater ist nicht nur der Umstellungszeitpunkt abzustimmen, vielmehr muß auch geklärt werden, wie Kennziffern zu behandeln sind und zu welchem Kurs historische Daten umgerechnet werden sollen. Diese Problematik wurde von den Pilotfirmen zum Befragungszeitpunkt jedoch noch nicht in Angriff genommen.

- **Zahlungsverkehr**

Die in der letzten Umstellungsphase zu erwartenden Schwierigkeiten hinsichtlich zweier Bargeldkreisläufe werden von den meisten der in das Pilotprojekt einbezogenen Unternehmen nicht als Problem gesehen. Nur ein Handels- und ein Industrieunternehmen geben an, Bargeldverkehr in größerem Umfang zu tätigen. In der Regel wird aber auch bei ihnen der Zahlungsverkehr bargeldlos abgewickelt.

Unter den bargeldlosen Zahlungsarten nimmt die Überweisung die Spitzenstellung ein, die Zahlungsart des Wechsels wird von sechs Pilotfirmen eingesetzt. Im Gegensatz zu den anderen bargeldlosen Zahlungsformen dient der Wechsel jedoch nicht nur als reines Zahlungsmittel, vielmehr stellt er das Finanzierungsinstrument im kurzfristigen Bereich dar. Der mit der Euro-Einführung einhergehende Wegfall der Rediskontmöglichkeit der deutschen Banken bei der Bundesbank wirkt sich daher unmittelbar auf das Finanzierungsverhalten dieser Unternehmen aus. Zwar scheint sichergestellt zu sein, daß es ein dem Wechsel vergleichbares Finanzierungsinstrument geben soll, gleichwohl verlangt das von den Unternehmen eine Neuorientierung.

Mit Ausnahme eines Handelsunternehmens erhalten alle Unternehmen regelmäßig Zahlungen sowohl aus dem EU-Ausland als auch dem Nicht-EU-Ausland. Vier dieser neun Pilotfirmen fakturieren nur in DM und erhalten dementsprechend auch ausschließlich DM-Zahlungseingänge. Die übrigen fünf Firmen arbeiten neben der DM auch mit anderen Währungen. Dementsprechend unterhalten vier dieser fünf mit unterschiedlichen Währungen arbeitenden Unternehmen Währungskonten bei ihren Banken. Zudem nehmen zwei dieser Pilotfirmen Devisentermingeschäfte (Futures) zur Wechselkurssicherung vor: Beide sichern Nicht-EU-Währungen ab, ein Industrieunternehmen schützt sich auch vor Währungsverlusten innerhalb der EU. Die letztgenannte Firma scheint überhaupt sehr vorsichtig zu agieren, da es das einzige aller zehn Unternehmen ist, welches Instrumente zur Absicherung von Zinsänderungsrisiken einsetzt.

2.1.2.2 Die strategische Betroffenheit

- **Preise/Marketing**

Die Einführung des Euro bedeutet in jedem Fall eine Umrechnung der DM in Euro, darüber hinaus werden aber aller Voraussicht nach und aus verschiedenen Gründen Preisanpassungen notwendig werden. Zum einen resultieren aus den Umrechnungskursen "krumme" Preise, zum anderen werden die bisherigen Schwellenpreise keine Gültigkeit mehr haben. Dies mag auf den ersten Blick die von ZENIT befragten Unternehmen nur in geringem Umfang betreffen, da lediglich zwei Unternehmen ihre Produkte mit Preisen auszeichnen bzw. mit Schwellenpreisen arbeiten. Allerdings ist bei der Mehrzahl der Unternehmen ein direkter Preisvergleich ihrer Produkte möglich, und immerhin sechs Unternehmen arbeiten mit Preislisten, so daß sich auch hier unter Umständen eine Vergleichbarkeit ergeben wird.[38] Dennoch geht nur ein Industrieunternehmen davon aus, daß die Notwendigkeit besteht, das Preisniveau seiner angebotenen Produkte und Dienstleistungen generell zu verändern (senken).

Die geringe Zahl der Unternehmen, die das Erfordernis einer Preisanpassung erkennen, kann nicht dadurch begründet werden, daß sie in ihrer Preissetzung nicht frei sind. Fast alle hier untersuchten Unternehmen sind in der Gestaltung ihrer Preise frei; lediglich zwei Dienstleistungsunternehmen unterliegen einer Honorarordnung bzw. einer Herstellerbindung. Zwei Industrieunternehmen und ein Handelsunternehmen planen, ihre Preisgestaltung als Marketinginstrument einzusetzen.

Preise sind nur ein absatzpolitisches Instrument unter mehreren, um Märkte zu erschließen bzw. zu erhalten. Aber auch hinsichtlich alternativer Instrumente äußern sich die befragten Unternehmen eher zurückhaltend. Nur ein Dienstleistungs- und ein Industrieunternehmen planen ihre bisherige Absatzstrategie zu überdenken und ihr Marketing-Mix neu zu konzipieren. Damit korrespondiert das Ergebnis, daß kaum ein Unternehmen davon ausgeht, daß sich sein Absatzgebiet durch die Einführung des Euro verändert. Dies bedeutet aber, daß die Unternehmen die einheitliche Währung nicht als Chance für strategische Maßnahmen und die Verbesserung von Wettbewerbsfähigkeit und Wettbewerbsposition begreifen. Gleichzeitig ist ihnen auch nicht das Risiko bewußt, daß andere Anbieter in ihren Markt eindringen und ihre Position schwächen könnten. Schließlich planen auch nur zwei Dienstleister und ein Industrieunternehmen die Veränderung ihrer Produktpalette. Insgesamt lassen die Antworten der befragten Unternehmen vermuten, daß die meisten Unternehmen die Einführung des Euro (noch) nicht als Möglichkeit oder Notwendigkeit für unternehmensstrategische Überlegungen betrachten.

Auf der Beschaffungsseite hingegen hat bereits ein Umdenken stattgefunden. Die Mehrzahl der Unternehmen beabsichtigt, ihre Bestellungen so früh wie möglich in Euro vorzunehmen. Dies legt die Vermutung nahe, daß die Unter-

---

38 Preislisten garantieren nicht zwangsläufig eine Vergleichbarkeit der Produktpreise. So erstellt z.B. ein befragtes Unternehmen zwar für jedes Absatzland Preislisten, dennoch ist ein Preisvergleich nur begrenzt möglich, da die Produkte in landesspezifischen Varianten angeboten werden.

nehmen in jedem Fall eine reibungslose Lieferung der benötigten Produkte gewährleisten möchten.

- **Personal**

Mit Beginn des Pilotprojektes haben bis auf ein Großhandelsunternehmen alle teilnehmenden Unternehmen einen Euro-Beauftragten ernannt, der sich - neben seiner üblichen Tätigkeit - mit der Umstellung auf den Euro, der Koordination etc. beschäftigen soll. In den meisten Fällen handelt es sich um einen Mitarbeiter aus dem EDV-Bereich. Dies deutet darauf hin, daß die Unternehmen sich durchaus der Dringlichkeit des Vorhabens und des Umfangs der Umstellungsaufgaben bewußt sind, gleichwohl entsteht der Eindruck, daß die meisten Unternehmen die Währungsumstellung als rein technisches Problem betrachten. Allerdings sind die Möglichkeiten des Euro-Beauftragten eingeschränkt. Er verfügt weder über ein eigenes Budget noch hat er eigens für die Euro-Umstellung geschaffene Kompetenzen.

Von den Euro-Verantwortlichen gingen im Verlauf der Befragung noch keine wesentlichen Impulse auf das Unternehmen aus. Eine interne Kommunikation fand in der Regel nicht statt. Lediglich in einem Dienstleistungsunternehmen waren bereits die Mitarbeiter von der Euro-Umstellung informiert. Es stellt sich auch die Frage, inwieweit der Euro-Beauftragte über umfassende Kenntnisse verfügt. Nur ein Euro-Verantwortlicher hatte bereits eine Informationsveranstaltung zur Währungsumstellung besucht. In keinem Unternehmen existierte ein Zeitplan, der die zu ergreifenden Maßnahmen auflistet und in einen zeitlichen Zusammenhang bringt. Entsprechend muß auch davon ausgegangen werden, daß zu diesem Zeitpunkt auch noch keine Checklisten für die interne Umstellung aufgestellt wurden.

Ähnlich wie die geringe bzw. fehlende unternehmensinterne Kommunikation über den Euro gestaltet sich auch die unternehmensexterne mit Lieferanten und Kunden. Nur ein Unternehmen plante, seine Kunden und Lieferanten über die Euro-Umstellung zu informieren. Hierbei handelt es sich um ein Software-Unternehmen, welches sich zwangsläufig mit der Euro-Umstellung beschäftigen muß, da es entsprechende Produkte und Dienstleistungen anbietet. Keines der befragten Unternehmen hatte zum Befragungszeitpunkt Informationen von seinen Lieferanten und Kunden eingeholt; auch informierte sich nur ein Unternehmen bei seinem Steuerberater bzw. Wirtschaftsprüfer. Hier kann zwar argumentiert werden, daß es die Aufgabe der Berater sein sollte, die Unternehmen umfassend zu informieren - darauf verlassen sollte sich der Unternehmer nicht.

Diese Ergebnisse deuten darauf hin, daß die Unternehmen den Umstellungsbedarf zwar erkennen, die weitreichenden Konsequenzen zum Befragungszeitpunkt allerdings noch nicht wahrgenommen haben. Die Euro-Umstellung verlangt mehr als die Benennung eines verantwortlichen Mitarbeiters. Es ist davon auszugehen, daß nahezu alle Abteilungen eines Unternehmens in mehr oder weniger starkem Umfang von der neuen Währung betroffen sein werden. Wenn dies zutrifft, stellt sich die Frage, ob eine frühzeitige Umstellung nicht als Instrument zur Imageverbesserung eingesetzt werden sollte. Es sind aber nur zwei Unternehmen, die eine besondere Erwähnung der Umstellung in ihrer Werbung planen.

- **Verträge/Versicherungen**

Nicht nur der Gesetzgeber ist gehalten, möglichst schnell Rechtssicherheit hinsichtlich der Euro-Einführung zu schaffen, auch die Unternehmen sollten sich frühzeitig mit den zu erwartenden rechtlichen Konsequenzen vertraut machen. Bei Versicherungen und Verträgen mit deutschen oder europäischen Partnern ist eine einfache Umrechnung der DM-Beträge in Euro ausreichend. Die Vertragskontinuität wird mit der Währungsumstellung nicht verletzt. Insofern erklärt sich möglicherweise, warum sich bisher lediglich ein Unternehmen mit seiner Versicherung in Verbindung gesetzt hat, um mögliche Änderungen zu besprechen, auch wenn fast alle der befragten Unternehmen über Versicherungen mit langen Laufzeiten verfügen.

Zu überprüfen sind insbesondere Vertragsbeziehungen mit Geschäftspartnern in osteuropäischen, lateinamerikanischen oder asiatischen Ländern. Die Unternehmen müssen klären, ob längerfristige Verträge über das Jahr 2002 hinaus Bestand haben oder ob die Währungsumstellung bei Verträgen, die eine in DM ausgedrückte Geldleistung vorsehen, den Wegfall der Geschäftsgrundlage bedeutet. Um die Fortgeltung der Verträge zu sichern, wäre also die Vereinbarung von Kontinuitätsklauseln ratsam. Zum Befragungszeitpunkt hatte jedoch keines der Unternehmen geklärt, ob die Umstellung auf den Euro Auswirkungen auf bestehende Verträge hat, inwieweit die Einführung des Euro ein einseitiges Aufkündigungsrecht für bestehende Verträge auslöst, wann gegebenenfalls bestehende Verträge angepaßt werden sollen oder ob Partner aus Drittstaaten Vereinbarungen in Euro akzeptieren. Obwohl die Hälfte der befragten Unternehmen weltweite Geschäftsbeziehungen hat, wendet keines Euro-

Schutzklauseln an. Auch hier ist denkbar, daß die Unternehmen keine Kenntnisse über Euro-Schutzklauseln bzw. deren Einsatz haben. Eine Erklärung könnte auch darin liegen, daß alle Unternehmen bei Auslandsaufträgen deutsches Recht vereinbart haben und insofern für die Unternehmen auf den ersten Blick kein zwingender Grund zur Vertragsänderung gegeben ist.

Beim Übergang zum Euro ist nicht nur die Vertragskontinuität, sondern auch die Indexierung von Verträgen zu überprüfen. Indexierte Verträge können insofern zu Problemen führen, als sich mit der Umrechnung von DM zu Euro möglicherweise neue Preisindizes ergeben. Auch besteht die Möglichkeit, daß die in den Verträgen jeweils vereinbarten Referenzzinssätze mit der Einführung der Währungsunion ersatzlos entfallen oder in veränderter Form fortgeführt werden. Von den befragten Unternehmen haben die meisten indexierte Verträge abgeschlossen. Acht Unternehmen haben Verträge mit einer Preisindex-Kopplung, sieben mit einer Zinssatzkopplung. Eine Überprüfung hinsichtlich Änderungserfordernissen wurde von den Unternehmen noch nicht vorgenommen.

2.1.3 Fazit

Die Detailanalyse läßt ebenso wie die dargestellten zahlreichen Unternehmensbefragungen den Schluß zu, daß das Thema Euro für die überwiegende Anzahl der Pilotfirmen zum Beginn der Befragung noch keine Priorität besaß. Ein Indiz dafür ist, daß die in die Untersuchung einbezogenen Unternehmen in der Regel erst mit Beginn des Pilotprojekts einen Euro-Verantwortlichen benannten. Diese Vermutung wird auch dadurch bestätigt, daß zum Befragungszeitpunkt der Euro-Verantwortliche weder mit übergreifenden Kompetenzen noch mit Budgetverantwortlichkeiten ausgestattet war.

In den meisten Fällen wurde die Aufgabe der Euro-Umstellung dem EDV-Leiter übertragen. Damit wird deutlich, daß die befragten Mittelständler die Währungsumstellung vornehmlich als ein operatives, technisches Problem begreifen. Darüber hinaus stellt die Euro-Umstellung bei den meisten Befragungsteilnehmern eine Aufgabe dar, die zusätzlich zum Tagesgeschäft zu bewältigen ist. Die mit dem Euro einhergehenden Strategieanpassungen blieben bisher unberücksichtigt.

Die abteilungsbezogene Zuordnung der Euro-Umstellung birgt zudem das Problem, daß dem Euro-Verantwortlichen Detailanforderungen anderer Abteilungen möglicherweise nicht bekannt sind. Funktionsübergreifende Projektteams, wie sie beispielsweise in Großunternehmen mit dem Ziel der Überwindung dieser Problematik gebildet werden, waren bei den Pilotfirmen (noch) nicht vorzufinden.

Alles in allem bleibt festzuhalten, daß für mittelständische Unternehmen die Gefahr besteht, in eine "Zeitfalle" zu geraten. Am Beispiel der EDV wird dieses Risiko besonders deutlich: Um den zu erwartenden Engpässen zu entgehen, muß der Unternehmer bereits heute in Kontakt zu den Softwareanbietern stehen/treten. Erforderlich für eine Auftragsvergabe ist eine detaillierte Kenntnis der zukünftigen Anforderungen, die die Software erfüllen muß. Für eine unternehmensindividuelle Definition dieser Anforderungen ist es notwendig, daß der Mittelständler sich heute mit dem zukünftigen Wettbewerbsumfeld auseinandersetzt.

Aufgrund der Dominanz des Tagesgeschäftes ist vielen mittelständischen Unternehmern die Dringlichkeit nicht bewußt, diese zukunftsgerichtete Entscheidung bereits jetzt treffen zu müssen. Es steht daher zu befürchten, daß diese kleinen und mittleren Unternehmen, die nicht rechtzeitig auf den ins Rollen geratenen "Euro-Zug" aufspringen, ihn später nur unter großen Anstrengungen und zu höheren Kosten wieder einholen können.

F. Auswirkungen des Euro auf ausgewählte Branchen

Während die geplante Einführung des Euro die Querschnittsfunktionen aller Unternehmen (wie z.B. EDV, Finanzmanagement, Marketing usw.) in gleicher Weise tangieren wird, dürften darüber hinaus einzelne Wirtschaftszweige aufgrund ihres spezifischen Branchenprofils (abhängig z.B. vom Produkt oder der Markt- und Wettbewerbsstruktur) mit unterschiedlicher Intensität betroffen sein. Im folgenden wird die Betroffenheit einiger ausgewählter Branchen skizzenhaft dargelegt, wobei die "Euro-auslandsinduzierte" Betroffenheit ausführlich in einem separaten Kapitel diskutiert wird.

1. Softwareindustrie

Wegen der erforderlichen Umstellung bestehender EDV-Anwendungen auf die neuen Anforderungen im Bereich Zahlungsverkehr und Rechnungswesen gehören die Anbieter von EDV-Lösungen zu den Gewinnern der Währungsunion:[39] ihnen winkt ausnahmslos ein lukratives Zusatzgeschäft. Dies gilt gleichermaßen für Standard- als auch für Individualsoftwarehersteller. Ferner dürften die notwendigen EDV-Anpassungen die Nachfrage nach Softwareberatung, -betreuung, -schulung und -begleitung den diesbezüglichen Dienstleistungsmarkt ebenfalls positiv stimulieren.

2. Automatenindustrie

Mit Einführung der neuen Währung müssen u.a. Waren-, Geld-, Fahrkarten-, Briefmarken-, Park-, Musik- und Unterhaltungsautomaten an die neuen Euro-Münzen angepaßt werden. Allein in Deutschland sind zur Zeit etwa 3,2 Millionen münzbetriebene Automaten in Betrieb. Die münzbetriebene Automatenwirtschaft Deutschlands, die in Europa über eine herausragende Stellung verfügt, ist daher in erheblichem Umfang von der Währungsumstellung betroffen.[40]

Im Gegensatz zu den münzbetriebenen Automaten ist der Umstellungsaufwand für die mit Chip- oder Magnetkarten arbeitenden Automaten vergleichsweise gering. Insofern wird durch die Einführung des Euros der ohnehin beste-

---

39 Dies läßt sich beispielsweise auch an der Kursentwicklung des Softwareunternehmens "SAP" ablesen.

40 Mangels ausreichenden Personals spricht sich die Automatenwirtschaft bei der Umstellung eindeutig gegen die "über Nacht-Lösung" (sog. Big-Bang) aus (AUER 1997, S. 9).

hende Trend zugunsten kartenbetriebener Automaten weiter verstärkt. Für die deutsche Automatenwirtschaft[41] heißt das: Will sie ihre in Europa herausragende Stellung beibehalten, muß sie diesen Trend aufnehmen und sich noch stärker in der bargeldlosen Automatenwirtschaft engagieren.

3. Druck- und Papierindustrie

Von der Währungsumstellung profitieren wird auch das Druck- und Papiergewerbe. Einerseits löst die währungsbedingte Umstellung eine zusätzliche Nachfrage nach Verträgen, Preislisten, Formularen, Verkaufsprospekten und Katalogen aus. Andererseits führt der durch die Währungsunion induzierte hohe Informationsbedarf in Wirtschaft, Politik und vor allem der Öffentlichkeit auch zu einer Zusatznachfrage nach Aufklärungs- und Werbematerialien etc.

Neben dieser zeitlich begrenzten Zusatznachfrage dürften von der Einführung des Euros für die Druck- und Papierindustrie aber auch weitere Nachfrageimpulse ausgehen. Denn mit dem im Rahmen der Währungsunion erwarteten höherem Wirtschaftswachstum steigen erfahrungsgemäß auch Werbeausgaben an. Dieser Effekt wird dadurch verstärkt, daß durch die einheitliche Währung die Preistransparenz steigt und damit landesspezifische Preisdifferenzierungen innerhalb der EWU nicht mehr möglich sind. Die Unternehmen müssen sich daher andere Differenzierungspotentiale, beispielsweise im Wege der Printmedien, erschließen.

4. Einzelhandel

Vor allem die Kernaufgaben des Einzelhandels - Auszeichnen, Kassieren, Abrechnen - werden durch die Euro-Umstellung berührt. Der Einzelhandel gehört daher zu den Hauptbetroffenen der Umstellung. Der Übergang zum Euro hat für ihn insbesondere in der Doppelwährungsphase vielfältige Konsequenzen. Nicht nur die doppelte Preisauszeichnung stellt ein Problem dar, vielmehr macht die zeitweilige Verwendung zweier Währungen es erforderlich, zwei Bargeldkreisläufe mit entsprechenden Kassenbüchern und -funktionen sowie Preislisten separat zu betreiben. Zudem muß die Programmierung der Scannerkassen genauso wie die Kalibrierung der Geldsortier- und -zählmaschinen angepaßt werden. Insgesamt schätzen die Einzelhandelsunternehmen und ihre Verbandsorganisationen die Kosten der technischen Umstellung bei einer

---

41 Allein die Arbeitsgemeinschaft Automatenwirtschaft repräsentiert 6.000 Unternehmen, die etwa 2,3 Mill. Automaten bewirtschaften (LÜCKMANN 1997, S. 42).

halbjährlichen Doppelwährungsphase auf rd. 30 Mrd. DM, bei einer "Big-Bang"-Lösung würde der Aufwand immerhin noch 10 Mrd. DM betragen.

Neben dieser außerordentlichen "technischen Betroffenheit" wird sich die Wettbewerbssituation für den Handel auch qualitativ verändern. Dabei wird nicht nur die Wettbewerbsintensität generell zunehmen, vielmehr ist davon auszugehen, daß in diesem Bereich Konkurrenten in neuer Gestalt auftreten werden: So ist zu vermuten, daß sich z.B. erstmals ein europäischer Versandhandel etablieren wird, der sich direkt an den Endverbraucher richtet.

5. Chemische Industrie

Unternehmen der Chemischen Industrie sind vergleichsweise wenig von der Einführung des Euros betroffen. Ursache dafür ist das große weltweite Investitionsengagement. Dieser Wirtschaftszweig gehört zu den größten Auslandsinvestoren Deutschlands und viele wichtige Fertigungsstätten liegen sowohl in den USA als auch in den EU-Ländern. Die Verfügbarkeit über Produktionskapazitäten vor Ort war in der Vergangenheit ein Ventil gegen den Aufwertungsdruck auf die DM und hat einen gewissen Schutz vor währungsbedingten Wettbewerbsnachteilen geliefert.

Darüber hinaus werden die Standarderzeugnisse der Chemischen Industrie (z.B. organische Grundstoffe) international wie "Commodities" gehandelt. Im Gegensatz zu den Spezialerzeugnissen der Pharmaindustrie weisen sie kaum Preisspielräume auf, so daß die durch die Einführung des Euros zunehmende Preistransparenz die Chemie diesbezüglich nicht betrifft. Ähnlich ist es auf der Beschaffungsseite: Die Preise des wichtigsten Chemierohstoffs Rohöl werden in US-Dollar fakturiert. Von größerer Bedeutung wird daher für die Chemische Industrie sein, inwieweit der Euro den US-Dollar als weltweit führende Handelswährung zurückdrängen kann.

6. Automobil(zuliefer)industrie

Obgleich der Straßenfahrzeugbau in ähnlicher Weise international agiert wie die Chemische Industrie, ist er - und damit auch sein Zulieferwesen - von der Einführung des Euro wesentlich stärker betroffen. Für die Automobilindustrie ist die durch die gemeinsame Währung steigende Preistransparenz auf den europäischen Märkten von erheblicher Relevanz. Bisher waren die unterschiedlichen nationalen Währungen für den Straßenfahrzeugbau eher von Vorteil, denn sie ermöglichten eine länderspezifische Preisdifferenzierung. In Zukunft wird die gestiegene Preistransparenz zu einer Wettbewerbsintensivierung auf den Automobilmärkten führen. In diesem Umfeld werden die Automobilhersteller einerseits ihren Druck auf die Einkaufspreise noch verstärken, andererseits die internationale Differenzierung ihrer Einkaufsquellen fortsetzen, namentlich vor allem in die Billiglohnländer Mittel- und Osteuropas.

Diese Entwicklung trifft die sehr heterogene Automobilzulieferbranche, die Unternehmen der Gießereiindustrie, der Eisen-, Blech- und Metallverarbeitung, der Ziehereien und Kaltwalzwerke, der Gummi- und Kunststoffverarbeitung und der Textilindustrie umfaßt, grundsätzlich in zweierlei Weise. Gemeint ist die Differenzierung der Automobilzulieferer in Systemanbieter einerseits und "reine Zulieferer" zweiten und dritten Ranges andererseits. Die Systemanbieter, die sich dadurch auszeichnen, daß sie ganze Komponenten liefern und damit größere Wertschöpfungsanteile übernehmen, sind in vielen Fällen aufgrund ihrer strategischen Position, weltweiten Präsenz sowie hoher technologischer Kompetenz nicht ohne weiteres austauschbar und somit wesentlich geringer gegenüber Änderungen im Preisumfeld anfällig. Anders ist es bei den nachgeordneten Zulieferern. Hier ist der Preis der entscheidende Wettbewerbsfaktor. Insofern wird die Einführung des Euro die Wettbewerbsposition dieses Kreises von Zulieferern stark beeinflussen.

7. Elektrotechnik

Die Produktpalette der Elektrotechnik ist sehr heterogen. Sie läßt sich grob unterteilen in elektrotechnische Investitions- und Konsumgüter sowie Vorleistungen (Bauelemente). Von der Währungsunion dürften die einzelnen Produktbereiche sehr unterschiedlich betroffen sein. Am stärksten beeinflußt die Einführung des Euro die Gebrauchsgütersparte mit preissensiblen Standardgütern (z.B. Haushaltsgeräte, Unterhaltungselektronik). Hier sind die Handelsbeziehungen zu den Abnehmern wesentlich labiler und kurzfristiger ausgerichtet als bei den Investitionsgütern.

Im Vergleich dazu dürfte die EWU die Investitionsgüter mit hohem Spezialisierungsgrad - wie die Meß-, Steuer-, Regelungs- und Nachrichtentechnik - ungleich weniger tangieren. Der weltweite Trend der Deregulierung und Liberalisierung der Märkte sowie die Öffnung des staatlichen Auftragswesens auch für ausländische Anbieter hat im Investitionsgüterbereich zu einer hohen Markttransparenz geführt. Dementsprechend sind landesspezifische Preisdifferenzierungsspielräume in dieser Sparte schon jetzt sehr gering.

8. Maschinenbau

Die internationalen Erfolge des deutschen Maschinenbaus sind mit der besonderen Produktpalette (rd. 70% entfallen auf technisch anspruchsvolle und für spezielle Kundenwünsche "maßgeschneiderte" Spezialmaschinen) sowie den nichtpreislichen Wettbewerbsfaktoren (Produktqualität, Service, Termintreue) zu begründen. Diese Wettbewerbsvorteile werden noch an Gewicht gewinnen, wenn währungsbedingte Preisnachteile deutscher Maschinenbauerzeugnisse gegenüber ihren schärfsten europäischen Konkurrenten (z.B. aus Italien) eingeebnet werden (siehe Kapitel E.II.). Insofern ist von einer positiven Wirkung der Währungsumstellung für den Maschinenbau auszugehen.

9. Bauindustrie

Die Bauwirtschaft wird wesentlich durch die Entwicklung der Realeinkommen und Änderungen steuerlicher Rahmenbedingungen (z.B. Abschreibungsmodalitäten) beeinflußt. Darüber hinaus spielt für den öffentlichen Bau die Finanzlage der Gebietskörperschaften eine wichtige Rolle, für den Wirtschaftsbau dagegen ist vor allem die Entwicklung der Ausrüstungsinvestitionen von starker Bedeutung.

Die Baubranche könnte insofern von der Einführung des Euros profitieren, daß Anleger, die eine "Weichwährungsunion" erwarten, im Vorfeld der EWU ihr Vermögen in Sachwerte investieren. Das in diesem Szenario ansteigende Zinsniveau hätte in Zukunft aber zur Folge, daß insbesondere der zinssensible Wohnungsbau nachließe. Ein weiterer indirekter Effekt könnte für die Baubranche darin bestehen, daß die "Internationalisierung" des öffentlichen Auftragswesens weiter zunimmt, mithin sich die Wettbewerbsintensität erhöht.

10. Zusammenfassung

Die Auswirkungen der Währungsunion auf die deutsche Wirtschaft werden - wie dargestellt - je nach Branche unterschiedlich ausfallen. Während beispielsweise den Softwareherstellern dank des notwendigen Umstellungsbedarfs ihrer Kunden ein uneingeschränkt günstiges Zusatzgeschäft winkt, zählen der Einzelhandel, der Bankensektor und die Automatenindustrie zu den - zumindest kurzfristig - Hauptbetroffenen der Währungsumstellung. Es wäre jedoch verfehlt, diese Branchen als Verlierer der EWU zu bezeichnen. Den Kosten und Risiken stehen langfristig auch Chancen gegenüber, die sich aus EWU-bedingten Wachstumsimpulsen im Binnenmarkt ergeben.

Auf mittlere und lange Sicht werden vornehmlich Branchen mit ausgeprägtem Auslandsgeschäft (vgl. Kapitel G) von der Währungsunion profitieren. Durch die gemeinsame Währung werden die in der Vergangenheit währungsbedingten Wettbewerbsnachteile eingeebnet. Aber auch die eher inlandsorientierten Wirtschaftszweige wie z.B. die Kunststoffindustrie, werden von der Einführung des Euro betroffen sein. Viele Unternehmen aus den USA, die bisher durch die Währungsvielfalt von einem Markteintritt abgeschreckt wurden, sehen in einem Europa mit einheitlicher Währung einen sehr lukrativen Markt und erwägen, sich hier zu engagieren (o.V. 1997r, S. 1). Im Endeffekt wird der Wettbewerb zunehmen, auch für die Unternehmen, die bisher nur über geringe Handelsverflechtungen mit dem Ausland verfügen.

Grundsätzlich erhöht der Euro die Markttransparenz. Die auf den Märkten Europas bestehenden Preisunterschiede werden, sofern sie hoch genug sind, Arbitrageure anlocken. Eine Preisdifferenzierung wird daher in den Teilnehmerländern der EWU nur noch in engen Grenzen möglich sein. Im Gegensatz zu den Investitionsgütern sind von dieser Entwicklung vor allem Konsumgüter betroffen, bei denen zum Teil erhebliche nationale Preisunterschiede existieren.

Die zunehmende Preistransparenz hat insbesondere auch für die mittelständische Zulieferwirtschaft Deutschlands weitreichende Konsequenzen. Global agierende Großkonzerne werden ihre Einkaufspolitik neu überdenken, zumal innerhalb der EWU keine Währungsrisiken mehr bestehen. In Folge dieser Überprüfung kann sich das "Ranking" der Lieferanten durchaus ändern. Inwieweit die daraus resultierenden Konsequenzen für mittelständische Unternehmen per Saldo eher positiv oder negativ sind, kann nicht pauschal, sondern nur im Einzelfall beurteilt werden, wie das oben genannte Beispiel der Automobilzulieferer (Systemanbieter vs. Zulieferer zweiten Ranges) zeigt.

G. Euro-Konsequenzen für die auslandsorientierte deutsche Wirtschaft

Die direkten Auswirkungen der neuen Einheitswährung auf den einzelnen Wirtschaftszweig hängen nicht nur vom "Branchenprofil" ab. Ein weiteres ausschlaggebendes Wirkungselement ist mit dem Internationalisierungsgrad der jeweiligen Branche verbunden, wobei die Intensität des Betroffenseins prinzipiell umso höher ist, je stärker die internationale Verflechtung der Unternehmen ist.

In der Literatur findet man häufig das Argument, daß mit einem zunehmenden Internationalisierungsgrad eine Steigerung des Vorteilspotentials[42] einhergeht. Dabei werden zur Beurteilung der Auswirkungen der Währungsunion die einzelnen Wirtschaftszweige nach der Höhe ihres Auslandsanteils in nationale, internationale und globale Branchen (z.B. globale Branchen: Ex- und Importquote von über 50 % und starkem Auslandsinvestitionsengagement) unterteilt (DEMMER 1997, S. 10; VORNHOLZ 1997, S. 408).

Grundsätzlich ist dieser Argumentation zu folgen, sie greift u.E. allerdings zu kurz. Das Chancen- oder Risikopotential für einzelne Branchen wird nicht durch ihre allgemeine Auslandsorientierung per se bestimmt, sondern primär durch ihre Auslandsverflechtung mit den Teilnehmerländern der EWU. Entscheidend für das Ausmaß der Wirkungen der EWU ist demnach einerseits, welche Länder tatsächlich an der Währungsunion teilnehmen, und andererseits, in welchem Maße die einzelnen Branchen mit den Teilnehmerländern wirtschaftlich verflochten sind.

1. Methodische Vorbemerkungen

Zur quantitativen Messung des Ausmaßes der wirtschaftlichen Verbundenheit mit dem Ausland (Internationalisierungsgrad) bieten sich an den betrieblichen Merkmalen ausgerichtete Kriterien an. Insbesondere sind dies Bestandsgrößen wie das investierte Kapital, die Anzahl der internationalisierten Betriebe, der Auslandsniederlassungen, der bedienten Auslandsmärkte, der Kooperationspartner, der im Ausland Beschäftigten oder Bewegungsgrößen wie Investitio-

---

42 u.a. wegen geringerer Transaktionskosten beim grenzüberschreitenden Zahlungsverkehr; Kurssicherungskosten fallen im Euro-Währungsland nicht mehr an; die Wettbewerbsfähigkeit deutscher Exporte wird begünstigt, da der Aufwertungsdruck auf die DM durch die einheitliche Währung entfällt.

nen, F&E, Input, Output, Umsatz, Gewinn etc. (SCHMIDT 1989, Sp. 965). Um ein genaues Bild des Internationalisierungsstandes zu gewinnen, müßten die entsprechenden Daten der Unternehmen aggregiert werden. Diese sind aber nicht verfügbar, da sie den Zugang zu unternehmensinternen Daten voraussetzen. Abgesehen von Zeit-, Kosten- und Aggregationsproblemen (Berücksichtigung von Wechselkursschwankungen bei Wertgrößen) auf Seiten der Statistischen Ämter dürfte ein solches Unterfangen auch an der mangelnden Bereitschaft zur Offenlegung und den Geheimhaltungswünschen der Unternehmen scheitern, wenn auch offiziell die ohnehin bereits bestehende Überlastung der Unternehmen durch amtliche Meldeverpflichtungen als Grund genannt wird (RATH 1990, S. 81).

Deswegen muß auf verfügbares Datenmaterial zurückgegriffen und so versucht werden, eine Annäherung an die tatsächliche Situation zu erreichen. Die amtliche Statistik spiegelt im wesentlichen nur die Außenhandels- und Kapitalverflechtungen der deutschen Industrie wider. Weitergehende Internationalisierungsindikatoren wie z.B. Subcontracting, Koproduktion, Lizenzvergabe, Management- und technische Beratungsverträge sowie Franchising, die allesamt dem weiten Begriff des Technologietransfers zuzuordnen sind, müssen aufgrund des fehlenden oder ungenügenden statistischen Datenmaterials unberücksichtigt bleiben.[43]

1.1 Statistische Grundlagen und Probleme der Erfassung internationaler Kapitalverflechtung

Trotz zahlreicher statistischer Quellen ist die Erfassung der internationalen Kapitalverflechtung Deutschlands mit einer Reihe von Problemen behaftet. Grundsätzlich existieren aus deutscher Sicht drei den Kapitalverkehr mit dem Ausland dokumentierende Zahlenwerke:[44]

- Zahlungsbilanzstatistik:
  Die monatlich erscheinende Zahlungsbilanzstatistik der deutschen Bundesbank erfaßt alle Finanztransfers (Neuanlagen und Liquidationen) ab 5.000 DM mit dem Ausland. Eine weiterführende branchenbezogene Inter-

43 Der Dienstleistungsverkehr mit dem Ausland wird zwar in der Zahlungsbilanz ausgewiesen, allerdings wird eine Aufgliederung der im Ausland bezogenen bzw. erbrachten Dienstleistungen nach Ländergruppen und Ländern nur für den Teilbereich des Reiseverkehrs vorgenommen.

44 Zu den Grundlagen der drei Statistiken im einzelnen vgl. BMWI 1992.

pretation ist nicht möglich, da diesbezüglich keine Informationen gegeben werden.

- Transferstatistik
  In der Tansferstatistik des BMWi werden ausschließlich Nettotransfers in regionaler und sektoraler Differenzierung ausgewiesen. Sie gibt keinerlei Auskünfte über die Art und Struktur der Investments. Zudem erfaßt sie keine Investitionen in Güterform und gibt somit nur ausschnittweise einen Einblick in die internationale Kapitalverflechtung Deutschlands.

- Bestandsstatistik
  Die einmal im Jahr erscheinende Bestandsstatistik der Bundesbank bietet das umfassendste Datenmaterial an. Sie gibt das Vermögen im jeweiligen Gastland wieder und liefert eine tiefergehende Unterteilung der sektoralen Daten nach Regionen. Zudem beinhaltet sie Informationen zur Sektorzugehörigkeit des Investors und des ausländischen Investitionsobjekts.

Die Bestandsstatistik ist damit für ökonomische Interpretationen am besten geeignet, weil sie Zusatzinformationen zur Art des Auslandsengagements bietet.[45] Allerdings besteht eine Einschränkung in der Aussagekraft dieser Statistik; es werden nur jene Kapitalbeteiligungen erfaßt, die an Unternehmen mit einer Bilanzsumme von mehr als 1 Million DM bestehen und bei denen der Investor einen Kapitalanteil von mindestens 20 % hält.[46]

Unter unternehmensgrößenspezifischem Aspekt stellt die zweite Meldefreigrenze kein Problem dar. Wenn mittelständische Unternehmen im Ausland investieren, streben sie typischerweise eine Eigentumsform an, bei der ihre "Herr-im-Haus"-Mentalität gewahrt bleibt. Insofern wird zumindest eine Mehrheitsbeteiligung, in der Regel aber die Eigentumsform der 100 %-igen Tochtergesellschaft gewählt (KAUFMANN/MENKE 1997, S. 119).

Probleme bereitet die erstgenannte Meldefreigrenze. Sie führt dazu, daß die Bestandsstatistik einerseits kleinere Investments gar nicht erfaßt, andererseits vornehmlich produktionsorientierte (bilanzwirksame) Investitionen ausweist. Im Ergebnis bewirkt dieses Ausschlußkriterium, daß Direktinvestitionen mittel-

---

45 Zur grundsätzlichen Problematik der statistischen Erfassung von Direktinvestitionen vgl. SVR 1996, S. 64 ff.

46 Ferner unterliegt die Höhe des Bestandes Wechselkursschwankungen und bilanziellen Wertänderungen im Beteiligungsvermögen.

ständischer Investoren, die in der Vielzahl absatzorientiert sind und damit Handels- und/oder Dienstleistungsfunktionen wahrnehmen,[47] durch ihre vergleichsweise geringen Investitionssummen in der Bestandsstatistik nicht dokumentiert werden. Dies zeigt sich auch in einer Untersuchung des Instituts für Mittelstandsforschung Bonn für das Jahr 1996: In den vier Visegrád-Staaten konnten 15.000 deutsche Engagements mittelständischer Investoren nachgewiesen werden (KAUFMANN/MENKE 1997, S. 136), die Bestandsstatistik weist dagegen für den gleichen Zeitpunkt insgesamt nur 1.224 Tochtergesellschaften deutscher Unternehmen aus.

Hier soll versucht werden, die Auslandsorientierung mittelständischer Unternehmen nachzuzeichnen, um daraus das Chancen- oder Risikopotential der Einheitswährung abzuleiten. Die unternehmensgrößenbezogene Analyse setzt jedoch eine Einteilung der Befunde nach Größenklassen voraus. Dies läßt sich weder mit der nach Regionen und Sektoren tiefergegliederten Bestandsstatistik noch mit der Zahlungsbilanz- und Transferstatistik darstellen. Insofern bleibt der Internationalisierungsindikator "Auslandsinvestition" unberücksichtigt. Gleichwohl sollen an dieser Stelle einige grundsätzliche Anmerkungen zur deutschen Kapitalverflechtung mit dem Ausland gemacht werden.

Deutschland ist hinter den USA, Großbritannien und Japan der viertgrößte Auslandsinvestor[48] (STATISTISCHES BUNDESAMT 1997, S. 362). Zwischen 1980 und 1995 hat sich der Bestand der deutschen Auslandsinvestitionen von rd. 75 Mrd. auf 376 Mrd. DM etwa verfünffacht. Deutsche Investoren unterhalten mittlerweile mehr als 22.000 Gesellschaften mit nahezu 2,8 Mill. Beschäftigten im Ausland (DEUTSCHE BUNDESBANK 1997d, S. 16). Demgegenüber steht ein starkes Engagement ausländischer Unternehmen, welche mit ansehnlichen Investitionsbeträgen in Deutschland vertreten sind (1995: 232 Mrd. DM). Insgesamt beschäftigen ausländische Investoren in Deutschland in etwa 11.000 Unternehmen mehr als 1,6 Mill. Arbeitnehmer (DEUTSCHE BUNDESBANK 1997d, S. 54).

Das verarbeitende Gewerbe ist mit 168 Mrd. DM der größte Auslandsinvestor Deutschlands. Auf den Plätzen zwei und drei folgen sog. Beteiligungsgesell-

---

47 Dieser Sachverhalt wird in einer für Großbritannien vorgelegten Studie bestätigt: Vertriebsnahe Direktinvestitionen dominieren den Auslandsinvestitionsbestand des industriellen Mittelstandes (75%) (MENKE/SCHMIDT 1995, S. 32).

48 Zur Problematik internationaler Vergleiche von Direktinvestitionsströmen vgl. DEUTSCHE BUNDESBANK 1997e

schaften (113 Mrd. DM) sowie das Kredit- und Versicherungsgewerbe (58 Mrd. DM). Diese Reihenfolge gilt auch für ausländische Direktinvestitionen in Deutschland. Spitzenreiter ist das verarbeitende Gewerbe mit einem Anteil von 42 % (98 Mrd. DM) vor den Beteiligungsgesellschaften (13 %) und dem Kredit- und Versicherungsgewerbe (12 %).

Das industrielle Auslandsengagement konzentriert sich auf die vier traditionell international agierenden Branchen ("InTop 4"): Die Chemische Industrie (57,4 Mrd. DM), der Straßenfahrzeugbau (30 Mrd. DM), die Elektrotechnik (29,6 Mrd. DM) und der Maschinenbau (19,1 Mrd. DM) haben mehr als 80 % der deutschen Auslandsinvestitionen des verarbeitenden Gewerbes getätigt. Insgesamt entfallen von den deutschen Auslandsinvestitionen des verarbeitenden Gewerbes 52 % auf Mitgliedsländer der EU.[49] Dieser EU-Anteilswert bestätigt sich auch unter Einschluß der nicht-industriellen deutschen Auslandsinvestitionen (55 %). Umgekehrt stammen ausländische Direktinvestitionen in Deutschland zu 50 % von Investoren aus den EU-Mitgliedstaaten.

Wie bereits ausgeführt liefert die amtliche Statistik keine nach Unternehmensgrößen aufgefächerten Informationen zur Kapitalverflechtung deutscher Unternehmen. Die statistische Ausgangsbasis zeichnet sich zudem durch einen systematischen Mangel aus, so daß auch kein indirekter Mittelstandsbezug hergestellt werden kann. Der Internationalisierungsindikator "Direktinvestition" bleibt daher beim Fortgang der Untersuchung außer Betracht.

1.2 Statistische Grundlagen und Probleme der Erfassung der Außenhandelsverflechtung

Die wesentliche Grundlage für die Darstellung der Außenhandelsverflechtung stellt die Außenhandelsstatistik des Statistischen Bundesamtes (Fachserie 7) dar. Sie dokumentiert länderweise den grenzüberschreitenden Warenverkehr Deutschlands mit dem Ausland. Für unser Untersuchungsziel bot sich vor allem eine warenmäßige Gliederung nach dem produktionstechnischen Zusammenhang (nach der Herkunft der Waren) an, die eng mit der institutionellen Gliederung (Systematik der Wirtschaftszweige) verbunden ist (Reihe 7 "Außen-

---

49 Bei differenzierter Betrachtung der industriellen Investoren zeigt sich, daß sich bei Vernachlässigung der "InTop 4" für die übrigen Branchen des verarbeitenden Gewerbes ein EU-Anteilswert von 70% errechnet, hingegen die "InTop 4" lediglich einen EU-Anteil von 48% aufweisen.

handel nach Ländern und Gütergruppen der Produktionsstatistiken" (Spezialhandel[50])).

Bei der statistischen Erfassung des Warenverkehrs unterscheidet man mit Vollendung des Europäischen Binnenmarktes 1993 zwischen Warenverkehren mit den Mitgliedstaaten der Europäischen Union (Intrahandel) und den Warenverkehren mit den übrigen Staaten (Extrahandel). Im Extrahandel werden die Im- und Exporte nach wie vor beim Zollamt an der Grenze zur Anmeldung gebracht.[51] Im Gegensatz dazu werden die Ein- und Ausfuhren im Intrahandel nicht mehr an den (nicht vorhandenen) Grenzübergängen registriert, sondern den Ex- bzw. Importeuren obliegt die Pflicht, den Warenverkehr bei Versendung bzw. Eingang anzumelden. Von dieser Meldepflicht sind grundsätzlich alle Privatpersonen befreit. Die Befreiung gilt auch für Unternehmen, deren im Intrahandel getätigte Versendungen in andere EU-Staaten oder Eingänge aus anderen EU-Staaten den Wert von DM 200.000 im Vorjahr oder im laufenden Jahr nicht überschritten haben.

Während sich die realen Außenhandelsverflechtungen mit den Nicht-EU-Mitgliedstaaten (Extrahandel) in der Außenhandelsstatistik widerspiegeln, ist der grenzüberschreitende Warenverkehr mit den EU-Mitgliedstaaten in der Statistik zum Teil unterzeichnet, weil der aus der Verfahrensänderung resultierenden Meldepflicht im Intrahandel nicht in jedem Fall nachgekommen wird. Dies gilt weniger für die Ausfuhrseite (hier hat das exportierende Unternehmen seit jeher die "Ausfuhranmeldung" für das Zollamt vorbereitet), vor allem gibt es Meldeausfälle auf der Einfuhrseite. Vier Jahre nach Einführung des Intrahandels müssen sich viele Unternehmen immer noch an die Meldepflicht von ausländischen Eingängen gewöhnen.[52]

Wie oben bereits erwähnt, stellt die Außenhandelsstatistik auf Gütergruppen ab. Sie vermittelt einen Überblick, welche Produkte ein- und ausgeführt werden, gibt aber keine Auskunft darüber, welche Wirtschaftszweige diese Ein- und Ausfuhren getätigt haben. Während bei den Exporten der Schluß noch naheliegt, daß z.B. Maschinenbauerzeugnisse vornehmlich von Unternehmen

---

50 In Abgrenzung zum Generalhandel enthält der Spezialhandel im wesentlichen die Waren, die zum Ge- und Verbrauch, zur Be- oder Verarbeitung eingegangen bzw. ausgeführt worden sind.

51 Sendungen bis 1.600 DM sind im Extrahandel von der Meldepflicht ausgenommen.

52 Um diese Verzerrungen aufzufangen, werden die Meldeausfälle ab Januar 1994 vom Statistischen Bundesamt hinzugeschätzt und als Korrekturposten ausgewiesen.

der Maschinenbaubranche produziert und ausgeführt werden,[53] ist der Umkehrschluß bei den Importen nicht mehr möglich. Einfuhren von Maschinenbauprodukten finden als Investitionsgüter in allen Wirtschaftszweigen Abnehmer. Gleiches gilt für Konsumgüter (z.B. Druckereierzeugnisse). Sie können Importe des Verlags- und Druckgewerbes darstellen, genauso aber auch des Straßenfahrzeugbaus (z.B. in Form von Prospekten zur Verkaufsförderung seiner Produkte). Insofern können Aussagen über das "euro-auslandsinduzierte" Chancen- und Risikopotential einzelner Branchen nur für den Export getroffen werden. Der Vollständigkeit halber werden die Einfuhren im Anhang aufgeführt, eine branchenbezogene Auswertung ist aufgrund der methodischen Probleme nicht möglich.

Im folgenden wird daher in einem ersten Schritt ein Regionalmuster erstellt, welches den Status quo der Exportorientierung ausgewählter Branchen mit den an der Währungsunion voraussichtlich teilnehmenden Ländern darlegt. Darauf aufbauend wird mit Hilfe einer vom Institut für Mittelstandsforschung Bonn in Auftrag gegebenen Sonderauswertung der Statistischen Landesämter in einem zweiten Schritt die Euro-Orientierung des deutschen Mittelstandes hergeleitet.

2. Das Regionalmuster der deutschen Ausfuhren

Etwa ein Viertel des Bruttosozialprodukts wird durch den Absatz von Gütern und Dienstleistungen im Ausland erwirtschaftet. Der Anteil der deutschen Ausfuhren am Weltexport betrug 1997 - wie auch in den Vorjahren - etwa ein Zehntel. Damit ist Deutschland hinter den USA (12,4 %) und vor Japan (7,7 %) die zweitgrößte Handelsnation. Insgesamt sind diese drei Volkswirtschaften für fast ein Drittel des gesamten Weltexports verantwortlich.

Bei der Analyse der Auslandsorientierung der deutschen Wirtschaft kommt es jedoch darauf an, wie sich die Außenhandelsverflechtungen mit den (potentiellen) Teilnehmerländern der EWU darstellen. Nach der 1995 vom Internationalen Währungsfonds (IMF) veröffentlichten Welthandelsstatistik ist Deutschland für 22 Länder der wichtigste Lieferant von Exportgütern. Die US-amerikanischen Exporteure nehmen immerhin noch auf 16 Märkten die Führungsposition ein, wohingegen Japan nur für acht Länder den wichtigsten Exporteur bildet.

---

53 Durch diese Schlußfolgerung geht der Wirtschaftszweig Handel implizit in die Branchen des verarbeitenden Gewerbes ein.

Typischerweise sind die Domänen der drei großen Exportnationen durch eine große geographische Nähe geprägt ("Nachbarschaftshandel"). Allein 19 der 22 Länder, für die Deutschland den wichtigsten Export-Lieferanten darstellt, liegen im "Viel-Staaten-Markt" Europa.

Dieser Befund spiegelt sich auch in der Statistik wider. Vom deutschen Gesamtexport 1995 in Höhe von 749,5 Mrd. DM (1996: 784,3 Mrd. DM[54]) entfielen allein auf die EU-Mitgliedstaaten 58,2 %. Die deutsche Einfuhr belief sich 1995 insgesamt auf 664,2 Mrd. DM (1996: 685,7 Mrd. DM), wobei der korrespondierende EU-Anteilswert von 56,4 % eine vergleichbare Dimension erreicht.[55]

Das Regionalmuster der deutschen Ausfuhren (vgl. Tabelle 8) wird maßgeblich durch die vier in der Internationalisierung weit vorangeschrittenen Branchen des Straßenfahrzeugbaus, des Maschinenbaus, der Chemischen Industrie und der Elektrotechnik geprägt: Der EU-Ausfuhranteil dieser vier Branchen ("InTop 4") beträgt 54 %. Demgegenüber nimmt das Absatzgebiet der Europäischen Union für die übrigen, international weniger präsenten Branchen einen größeren Stellenwert ein (durchschnittlicher EU-Anteilswert: 64 %). Die Erfahrung, daß Unternehmen in einer Art Lernprozeß schrittweise internationalisieren und nach und nach ihre internationalen Aktivitäten (geographisch) ausdehnen, findet hier ihre Bestätigung.

Im Grundsatz wird der "bereinigte" Durchschnittswert von 64 % für die meisten Wirtschaftszweige bestätigt, wenngleich es auch Branchen gibt, die ihn zum Teil erheblich über- bzw. unterschreiten. So nimmt der Europäische Binnenmarkt beispielsweise für den Bereich der Energie- und Wasserversorgung, der Holzbearbeitung wie auch der Papier- und Pappwaren einen wesentlich höhe-

---

54 Zahlen für 1997 liegen ebenfalls schon vor. Nach Schätzungen des Statistischen Bundesamtes sind die Einfuhren im Jahre 1997 auf 756,6 Mrd. DM (EU-Anteil 54,1%) und die Ausfuhren auf 887,3 Mrd. DM (EU-Anteil 55,5%) angestiegen (o.V. 1998d, S. 12; HINZE 1998, S. 112 f.). Obwohl aktuellere Zahlen vorliegen, wird im weiteren wegen der noch durchzuführenden länder- und branchenbezogenen Auswertung auf die Außenhandelsstatistik zurückgriffen, die allerdings in der Ausgabe Mai 1997 lediglich Werte für 1995 ausweist.

55 Seit Anfang der neunziger Jahre haben sich die EU-Anteilswerte damit um rund 5% verringert. Dies ist insofern bemerkenswert, als die Intensivierung der Wirtschaftsbeziehungen untereinander ein wesentliches Ziel der EU war und in diese Zeit zudem die Vollendung des Binnenmarktes im Jahre 1993 fiel. Zum einen sind die Anteilseinbußen mit der vergleichsweise schwachen Konjunktur innerhalb der EU zu erklären, zum anderen mit der seit 1993 veränderten statistischen Erfassung der innergemeinschaftlichen Wirtschaftsbeziehungen (HINZE 1998, S. 111).

ren Stellenwert ein und erreicht Anteilswerte von über 70 %. Umgekehrt verhält es sich u.a. beim Leder(waren)gewerbe oder beim Musik-, Spiel- und Schmuckwarengewerbe, deren Exportaktivitäten hauptsächlich außerhalb der EU liegen.

Abbildung 14: Regionalverteilung des deutschen Intrahandels 1995 (in Prozent)

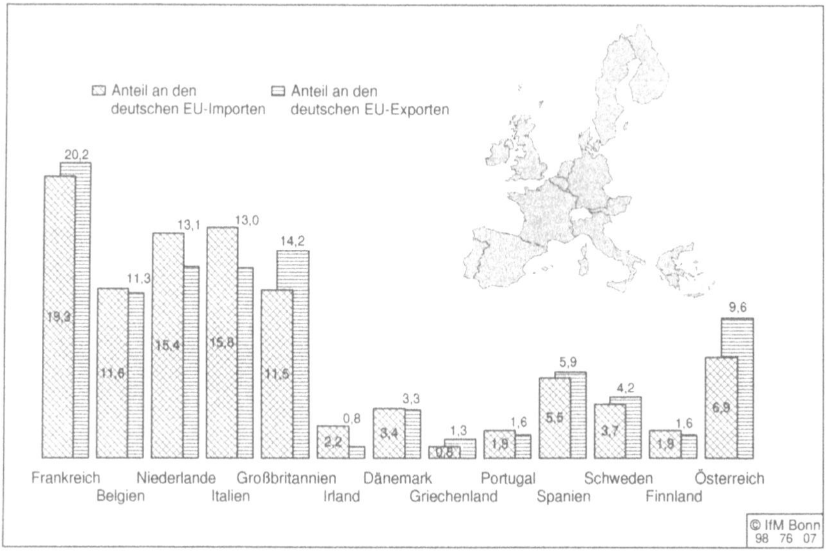

Quelle: Statistisches Bundesamt 1997b, eigene Berechnungen

In der öffentlichen Diskussion wird häufig das Vorteilspotential der einheitlichen Währung pauschal aus den EU-weiten Exporten abgeleitet (o.V. 1997u, S. 1). Zum heutigen Zeitpunkt ist aber ausgeschlossen, daß alle EU-Mitgliedstaaten von Beginn an an der EWU teilnehmen werden. Insofern ist bei der Abschätzung der "Euro-auslandsinduzierten" Betroffenheit auf die Länder abzustellen, die voraussichtlich teilnehmen werden. Bekanntermaßen schließen Großbritannien, Dänemark und Schweden einen Beitritt 1999 aus. Griechenland wird ebenfalls nicht teilnehmen, da es die Konvergenzkriterien derzeit nicht erfüllt. Die folgende Vorteilsabschätzung bezieht sich daher auf das zur Zeit wahrscheinliche Szenario der Großen Währungsunion, d.h. es wird davon ausgegangen, daß die EWU mit elf Teilnehmerstaaten startet.

Tabelle 8: Die Ausfuhr Deutschlands

Nr.	Ausfuhr von Erzeugnissen des Wirtschaftszweiges	Ausfuhr weltweit in Mill. DM	davon in EU-Mitgliedsstaaten (in %)													Summe
			F	B/LUX	NL	IRL	FL	A	ITA	ESP	POR	GB	DK	SWE	GR	EU in %
	Land, Forst- u. Fischwirtschaft	8.193	8,6	6,1	17,8	0,2	0,9	7,3	9,2	5,4	0,3	6,2	3,4	2,9	1,0	**69,3**
	Nahrungs- u Genußmittelgewerbe	32.292	13,6	6,5	15,0	0,2	0,4	5,2	13,4	2,0	0,4	6,2	3,2	1,1	1,6	**68,7**
	Energie- u.Wasserversorgung	702	2,0	36,3	11,5	0,0	0,0	22,5	6,1	0,0	0,0	0,0	0,6	0,1	0,0	**79,2**
21	Bergbau	2.953	11,0	21,1	8,0	1,1	1,9	8,6	3,3	0,7	0,2	3,7	2,4	3,6	0,5	**66,1**
25	Steine u. Erden	5.809	10,8	7,9	16,1	0,4	0,8	6,3	8,3	2,4	0,7	4,8	1,6	1,6	0,6	**62,2**
27	Eisen u. Stahlindustrie	23.747	10,6	11,0	10,4	0,1	0,9	4,1	10,1	3,7	1,1	6,9	2,1	2,9	0,3	**64,3**
29	Gießereiindustrie	1.140	10,5	5,4	8,0	0,0	3,6	9,6	6,6	1,1	0,0	3,3	2,8	3,0	0,0	**54,2**
301	Ziehereien u. Kaltwalzwerke	3.093	15,1	6,3	11,4	0,3	0,9	6,7	6,1	2,4	1,0	6,8	3,7	2,7	0,5	**64,0**
28	NE-Metallindustrie	15.538	11,0	6,6	9,6	0,5	0,7	8,2	14,5	2,5	1,5	9,2	2,5	2,3	0,6	**69,6**
22	Mineralölindustrie	4.512	9,0	5,5	10,8	0,0	0,5	8,8	1,6	0,6	0,4	6,9	2,7	5,0	0,4	**52,2**
40	Chemische Industrie	99.709	11,3	7,1	7,8	0,6	1,0	4,4	9,0	3,8	0,9	7,3	1,9	2,0	0,8	**57,9**
53	Holzbearbeitung	2.408	13,8	7,8	13,9	0,3	1,0	11,0	8,1	2,2	0,2	6,0	5,5	2,7	0,6	**73,2**
55	Papier/Pappe	11.511	15,9	7,0	9,9	0,5	0,3	6,4	9,2	3,4	0,5	11,3	1,8	1,2	0,6	**68,0**
59	Gummiwaren	7.003	14,5	9,0	7,7	0,4	0,9	6,5	7,5	6,8	1,1	8,9	2,1	3,2	0,8	**69,3**
31	Stahlbau	6.675	7,9	4,9	11,1	0,0	0,4	7,5	4,0	2,3	0,7	3,5	1,8	1,5	1,0	**46,6**
32	Maschinenbau	113.449	8,8	3,6	5,0	0,3	0,9	4,1	5,5	2,7	0,6	6,2	1,6	2,6	0,4	**42,4**
33	Straßenfahrzeugbau	126.856	10,9	10,2	3,9	0,2	0,8	4,9	8,2	4,8	0,7	11,0	1,4	2,6	0,5	**60,1**
35	Luft-Raumfahrzeugbau	14.810	54,8	0,5	1,4	0,0	0,3	0,2	3,3	0,5	0,2	5,7	0,2	0,4	0,0	**67,7**

Fortsetzung Tabelle 8

Nr.	Ausfuhr von Erzeugnissen des Wirtschaftszweiges	Ausfuhr weltweit in Mill. DM	davon in EU-Mitgliedsstaaten (in %)													Summe
			F	B/LUX	NL	IRL	FL	A	ITA	ESP	POR	GB	DK	SWE	GR	EU in %
36	Elektrotechnik	97.989	10,4	4,4	6,1	1,0	1,4	5,0	7,7	3,9	1,3	9,0	1,9	3,3	0,7	**56,0**
37	Feinmechanik u. Optik	13.065	10,2	3,1	9,0	0,4	0,9	4,5	6,2	3,2	1,1	7,1	2,1	2,4	1,3	**51,5**
302	Stahlverformung	6.682	12,7	6,4	10,1	0,7	1,7	8,4	4,7	4,4	0,9	8,0	2,8	4,8	0,4	**66,0**
38	EBM-Industrie	19.815	11,0	7,2	9,3	0,6	0,9	7,7	5,3	3,9	0,9	7,9	2,6	3,3	0,7	**61,5**
50	EDV	17.036	12,4	4,4	11,2	0,7	1,5	5,3	7,1	3,7	1,0	14,1	2,4	2,9	0,7	**67,3**
51	Feinkeramik	1.878	12,5	6,8	9,7	0,5	0,6	7,5	10,3	3,1	0,2	5,2	2,0	2,4	0,5	**61,4**
52	Glas	4.695	16,8	6,1	8,9	0,6	1,2	6,3	10,0	2,5	0,3	7,0	2,3	2,7	0,6	**65,2**
54	Holzwaren	6.160	7,7	7,9	17,3	0,1	0,3	15,8	2,1	0,9	0,4	3,5	1,5	0,9	0,4	**58,7**
39	Musik, Spiel- u. Schmuckwaren	5.233	9,1	5,0	6,2	0,2	0,4	9,7	4,1	2,0	0,6	5,5	1,3	1,0	0,5	**45,6**
56	Papier- und Pappwaren	7.018	15,9	9,7	13,8	0,4	1,1	7,8	4,5	2,4	0,5	7,5	3,3	2,8	1,8	**71,4**
57	Druckindustrie	5.563	11,4	4,9	7,1	0,2	0,5	16,6	3,4	2,1	0,6	6,4	2,5	1,4	0,8	**58,0**
58	Kunststoffindustrie	18.557	12,3	6,6	11,1	0,8	0,9	6,4	5,6	3,5	1,2	8,3	2,5	2,4	0,8	**62,5**
61	Leder	1.093	4,3	0,5	3,5	0,0	0,0	3,3	6,9	2,0	11,2	1,2	0,5	0,3	0,4	**34,1**
621	Lederwaren	718	6,7	4,2	5,3	0,1	0,4	9,7	2,5	1,5	0,6	4,0	2,1	0,8	0,4	**38,4**
625	Schuhindustrie	1.748	7,8	6,2	13,5	0,7	1,0	14,3	1,7	0,6	1,9	5,9	3,0	1,5	0,2	**58,4**
63	Textilindustrie	22.500	8,1	5,4	8,7	0,4	0,7	6,7	7,2	2,2	2,7	5,7	1,6	1,1	1,5	**52,2**
64	Bekleidungsindustrie	8.513	8,0	8,1	16,1	1,0	0,4	15,0	2,8	1,5	0,7	7,5	1,9	1,4	2,0	**66,4**
	sonstige Waren	30.873	13,9	7,3	8,8	0,6	1,2	7,1	8,4	3,9	1,1	13,8	2,4	3,1	1,5	**72,9**
	insgesamt	749.536	11,7	6,6	7,6	0,5	0,9	5,6	7,6	3,4	0,9	8,3	1,9	2,5	0,7	**58,2**

Wie zu erwarten ist, exportieren die insgesamt ausfuhrstärksten Branchen auch am meisten in die EWU. Der Anteil der "InTop 4"-Branchen an der Gesamtausfuhr in die EWU beträgt 56 %. Insofern werden diese vier Wirtschaftszweige unter makroökonomischen Gesichtspunkten am stärksten vom Euro begünstigt.

Eine andere Interpretation der Ergebnisse ist möglich, wenn nicht das absolute Niveau der EWU-Ausfuhren zum Maßstab genommen wird, sondern die Relation zur Gesamtausfuhr der jeweiligen Branche. Unter diesem Aspekt werden beispielsweise Unternehmen der Holzbearbeitungsbranche (58,4 %) vom gemeinsamen Währungsraum relativ mehr begünstigt als z.B. Unternehmen der Maschinenbaubranche (31,5 %). Ursache dafür ist, daß die Unternehmen der Holzbearbeitungsbranche vornehmlich national engagiert sind, Auslandsengagements finden, wenn überhaupt, in einem der europäischen Nachbarländer statt. Entsprechend ist der EWU-Anteil hoch. Demgegenüber sind viele Maschinenbauer weltweit aktiv. Der Europäische Binnenmarkt ist für sie nur einer von vielen Märkten, folglich ist der EWU-Anteil der Maschinenbaubranche vergleichsweise niedrig. Ziel der Auswertung der Außenhandelsstatistik war es, das Regionalmuster der deutschen Ausfuhren nach Branchen im Hinblick auf die voraussichtlichen EWU-Teilnehmerländer nachzuzeichnen. Mit Hilfe der so ermittelten branchenspezifischen Regionalmuster soll im folgenden eine Analyse der Ausfuhrverflechtung auf Unternehmensebene vorgenommen werden. Für dieses Vorhaben ist aber die auf Branchengruppen abstellende Umsatzsteuerstatistik besser geeignet als die auf Gütergruppen abstellende Außenhandelsstatistik. Da beide Statistiken nach einer unterschiedlichen Klassifikation gegliedert sind, mußten einzelne Gütergruppen entsprechend der Systematik der Umsatzsteuerstatistik neu geordnet werden.[56] Die sich nach der Neuordnung in der Systematik der Umsatzsteuerstatistik ergebenden EWU-Anteilswerte der einzelnen Branchen sind in Abbildung 16 wiedergegeben.[57]

---

56 Da in den Daten der Außenhandelsstatistik die Auslandsumsätze des Wirtschaftszweiges Handel nur implizit enthalten sind, liegt entsprechend unserer Annahme - das Ausfuhrgut wird vom produzierenden Unternehmen exportiert - das Regionalmuster der Ausfuhraktivitäten nur für Branchen des verarbeitenden Gewerbes vor. Ferner lassen sich für einige Branchen (z.B. Recycling), die in der Umsatzsteuerstatistik aufgeführt sind, keine Regionalmuster nach der Außenhandelsstatistik ableiten.

57 Aktuelle Zahlen für 1997 beziffern den EWU-Anteil deutscher Exporte mit 42% (HINZE 1998, S. 118). Insofern scheinen die von uns auf Basis 1995 errechneten Ergebnisse immer noch Validität zu besitzen.

Abbildung 15: Deutsche Ausfuhr in die Teilnehmerländer der EWU - nach Gütergruppen 1995

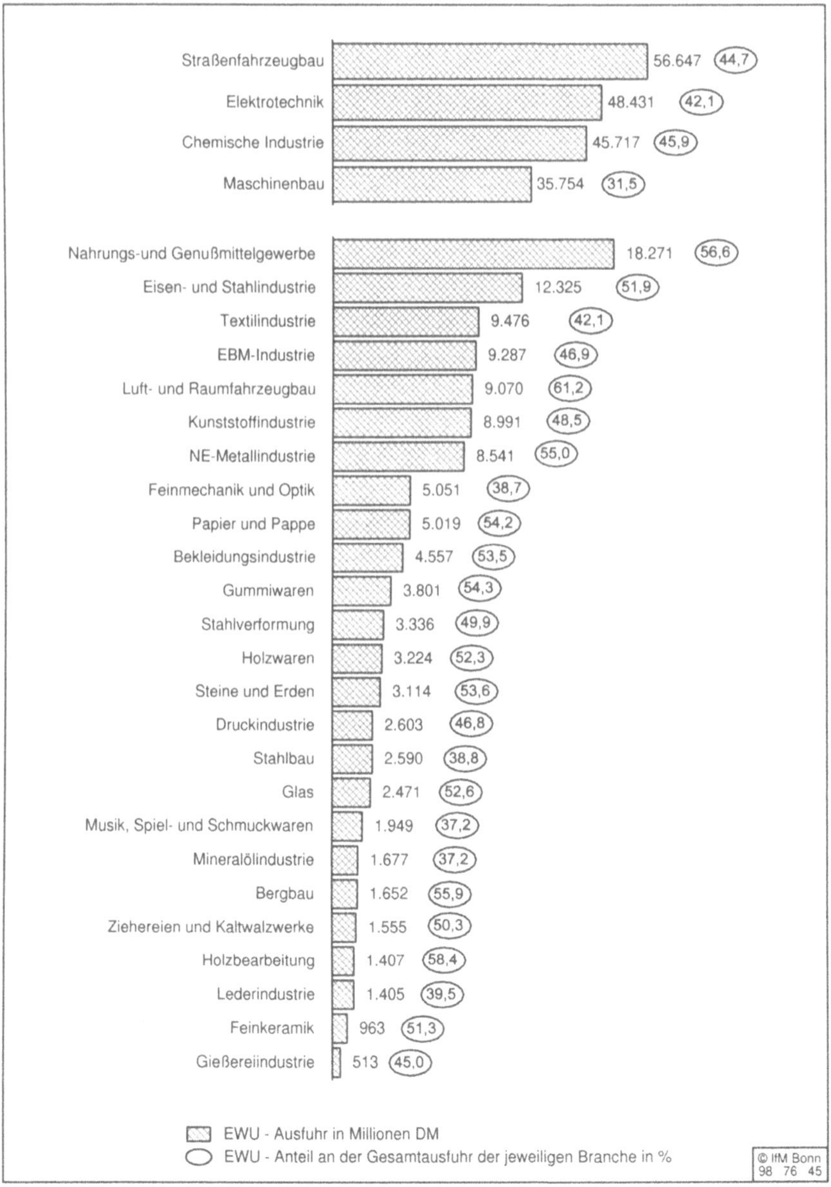

Quelle: Statistisches Bundesamt 1997b; eigene Berechnungen

Abbildung 16: EWU-Anteil an der Gesamtausfuhr - nach Branchen 1995 (in Prozent)

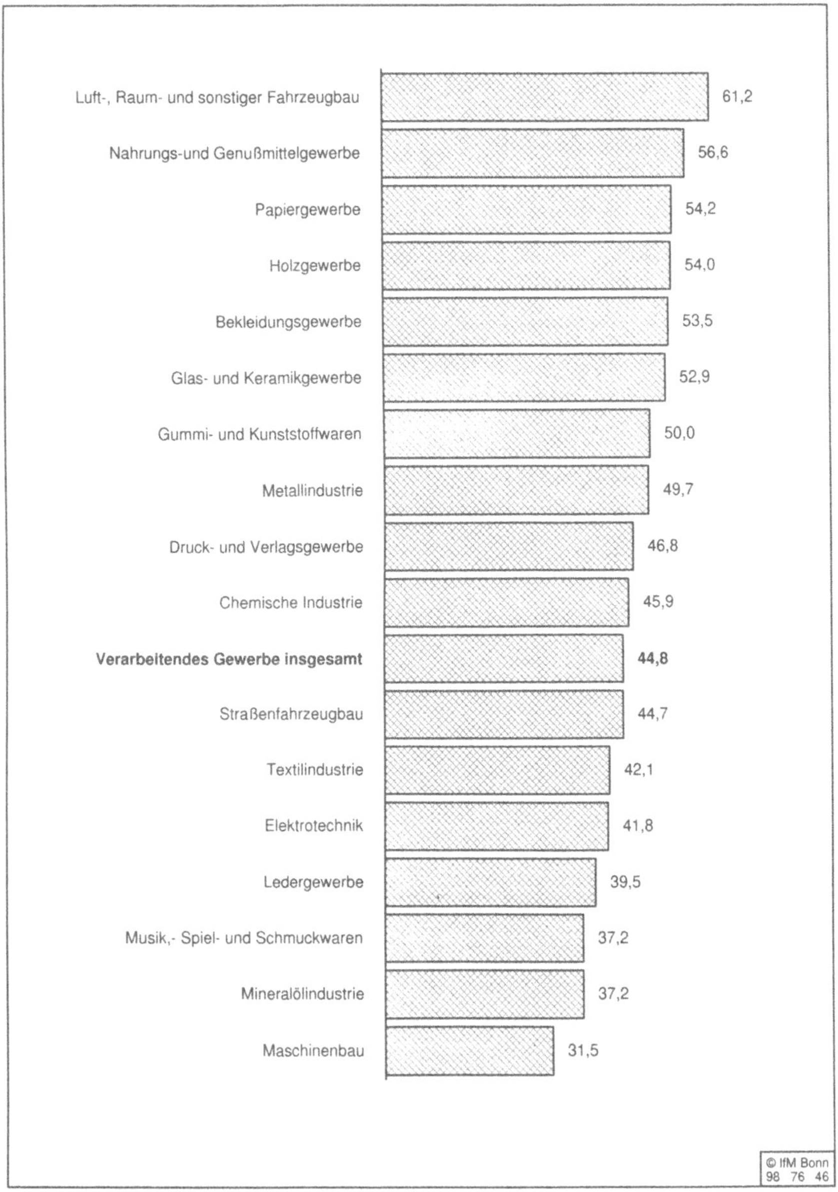

Quelle: Statistisches Bundesamt 1997b; eigene Berechnungen

3. Die Euro-Orientierung des deutschen Mittelstandes

Eine unternehmensbezogene Abschätzung der Euro-Orientierung der deutschen Industrie setzt die Kenntnis über das Ausfuhrvolumen der Unternehmen voraus. Zu diesem Zweck hat das Institut für Mittelstandsforschung Bonn im Sommer 1997 eine Sonderauswertung der aktuellen Umsatzsteuerstatistik, die allerdings auf Zahlen von 1994 basiert,[58] bei den Statistischen Landesämtern mit dem Ziel in Auftrag gegeben, konkrete Aussagen über die Exporttätigkeit der mittelständischen Unternehmen zu gewinnen. Die Ergebnisse wurden uns Anfang März 1998 zur Verfügung gestellt.

Tabelle 9: Exportunternehmen und Exportumsatz 1994 - nach Wirtschaftszweigen

Wirtschaftszweig	Exportunternehmen		Exportumsatz	
	Anzahl	in %	in Mill. DM	in %
Land-, Forst-,Fischereiwirtschaft	1.799	0,6	559	0,1
Bergbau	521	0,2	1.570	0,2
Verarbeitendes Gewerbe	64.023	22,4	530.767	67,9
Energie- und Wasserversorgung	522	0,2	4.613	0,6
Baugewerbe	11.739	4,1	4.846	0,6
Handel	133.024	46,5	139.648	17,9
Dienstleistungsgewerbe	62.697	21,9	91.670	11,7
Sonstige	11.549	4,0	8.524	1,0
Insgesamt	285.874	100,0	782.197	100,0

Quelle: Sonderauswertung der Statistischen Landesämter für das IfM; eigene Berechnungen

Wie die Sonderauswertung der Umsatzsteuerstatistik zeigt, weisen im Jahre 1994 rd. 10 % aller 2.787.074 umsatzsteuerpflichtigen Unternehmen Exportumsätze aus. Der Hauptanteil mit 67,9 % entfällt dabei auf die rd. 64.000 (22,4 %) Unternehmen des verarbeitenden Gewerbes. Obwohl insgesamt fast 200.000 Handels- und Dienstleistungsunternehmen exportieren, beträgt ihr Anteil an den gesamten Exporten nur knapp 30 %.

---

58 Dies ist insofern kein Nachteil, als es sich hier in erster Linie um eine strukturelle Betrachtung handelt. Zum einen sind die Strukturen überdies kurzfristig relativ konstant, zum anderen lassen sich die Ergebnisse bei Vorliegen neuerer Daten leicht aktualisieren.

Die mit der Ableitung branchenspezifischer Regionalmuster der Exporte einhergehenden statistischen und methodischen Probleme[59] führen dazu, daß Aussagen ausschließlich zu den 64.000 Exporteuren des verarbeitenden Gewerbes getroffen werden können. Die Untersuchung ist dennoch aussagekräftig, repräsentiert das verarbeitende Gewerbe doch immerhin mehr als zwei Drittel der deutschen Gesamtausfuhr.

Exportschlager der deutschen Wirtschaft sind Straßenfahrzeuge: 1994 wurden im Ausland Fahrzeuge im Wert von 116 Mrd. DM abgesetzt. Daneben zählen der Maschinenbau (87 Mrd. DM), die Chemische Industrie (79 Mrd. DM) und die Elektrotechnik (64 Mrd. DM) zu den exportstärksten Branchen. Die "InTop 4"-Branchen sind für nahezu zwei Drittel des deutschen industriellen Warenexports verantwortlich (Tabelle 10).

Auf Basis der Umsatzsteuerstatistik exportierte das verarbeitende Gewerbe 1994 Güter im Gesamtwert von 531 Mrd. DM weltweit. Im Durchschnitt erzielt das verarbeitende Gewerbe 23,5 % des gesamten Auslandsumsatzes; eine Betrachtung nach Branchen offenbart aber, daß das Ausmaß der Außenhandelsverflechtung stark differiert. Es verwundert nicht, daß die umsatzstärksten Exportbranchen zugleich in der Internationalisierung ihrer Geschäftstätigkeit weit vorangeschritten sind: Sie erreichen weit überdurchschnittliche Exportquoten. Ähnlich hohe Exportquoten weist nur noch der sonstige Fahrzeugbau aus, allerdings auf einem wesentlich geringeren absoluten Niveau.

---

59 Während bei der Betrachtung der auf Gütergruppen basierenden Außenhandelsstatistik die Exporte des Handels implizit enthalten sind, läßt sich eine Zuordnung der Handelsexporte auf Basis der Umsatzsteuerstatistik zu den Branchen des verarbeitenden Gewerbes nicht vornehmen. Dies gilt erst recht für die Dienstleistungsexporte, die in der Außenhandelsstatistik überhaupt nicht erfaßt werden. Somit ist für diese Exporte kein Regionalmuster erstellbar, was bedeutet, daß sie bei der weiteren Analyse außer Betracht bleiben müssen. Aus den genannten Gründen bezieht sich die Ermittlung des durch den Euro begünstigten Ausfuhrumsatzes ausschließlich auf das verarbeitende Gewerbe.

Tabelle 10: Ausfuhrumsätze und Exportquoten nach Branchen des verarbeitenden Gewerbes 1994

Branche	Gesamtumsatz in Mill. DM	weltweiter Ausfuhrumsatz in Mill. DM	Exportquote in %	Anteil an der weltweiten industriellen Gesamtausfuhr in %
Bekleidung	30.149	6.259	20,8	1,2
Chemie	208.493	79.108	37,9	14,9
Druck und Verlag	103.084	5.583	5,4	1,1
Elektrotechnik	232.542	64.214	27,6	12,1
Glas und Keramik	85.410	7.831	9,2	1,5
Gummi und Kunststoff	74.322	14.297	19,2	2,7
Holz	49.661	3.804	7,7	0,7
Leder	11.015	2.598	23,6	0,5
Luft-, Raum- und sonst. Fahrzeugbau	45.315	20.489	45,2	3,9
Maschinenbau	260.132	86.677	33,3	16,3
Metall	281.164	56.162	20,0	10,6
Mineralöl	132.175	9.350	7,1	1,8
Musik-, Spiel- u. Schmuckwaren	64.330	9.330	14,5	1,8
Nahrungs- und Genußmittel	312.163	25.876	8,3	4,9
Papier	50.703	13.176	26,0	2,5
Straßenfahrzeugbau	272.760	116.403	42,7	21,9
Textil	39.783	9.334	23,5	1,8
sonstige* (z.B. Recycling)	...	...	...	...
Verarbeitendes Gewerbe insgesamt	2.256.170	530.767	23,5	100,0

Quelle: Sonderauswertung der Statistischen Landesämter für das IfM Bonn; eigene Berechnungen, *) Für diese Gruppe von Unternehmen ist kein Regionalmuster herleitbar, sie bleiben daher im folgenden unberücksichtigt. Dies ist insofern unproblematisch, da ihre Exporttätigkeit aus gesamtwirtschaftlicher Sicht kaum von Bedeutung ist.

Zur Bestimmung des durch den Euro begünstigten Ausfuhrumsatzes ist es notwendig, die Gesamtausfuhr mit der Regionalstruktur der Exporte ("EWU-Anteil") der jeweiligen Branche zu gewichten. So finden beispielsweise in der Lederindustrie 39,5 % der Gesamtausfuhr ihre Abnehmer im zukünftigen gemeinsamen Währungsraum (Tabelle 11). Der begünstigte Ausfuhrumsatz beträgt demnach rund 1 Mrd. DM. Bezogen auf den Gesamtumsatz der Branche errechnet sich eine "Euro-Quote" von 9,3 %. Im Vergleich dazu weist der Luft-, Raum- und sonstige Fahrzeugbau dagegen eine etwa dreimal so hohe "Euro-Quote" aus. In dieser Hinsicht profitiert diese Branche am meisten vom Euro, gefolgt vom Straßenfahrzeugbau und von der Chemischen Industrie.

Tabelle 11: EWU-Ausfuhrumsätze und -quoten des verarbeitenden Gewerbes - nach Branchen 1994

Branche	EWU-Anteil in %	EWU-Ausfuhr-umsatz in Mill. DM	Euro-Quote* in %	Anteil an der EWU-weiten Gesamtaus-fuhr in %
Bekleidung	53,3	3.349	11,1	1,4
Chemie	45,9	36.310	17,4	15,4
Druck und Verlag	46,8	2.613	2,5	1,1
Elektrotechnik	41,8	26.841	11,5	11,4
Glas und Keramik	52,9	4.143	4,9	1,8
Gummi und Kunststoff	50,0	7.149	9,6	3,0
Holz	54,0	2.054	4,1	0,9
Leder	39,5	1.026	9,3	0,4
Luft-, Raum- und sonst. Fahrzeugbau	61,2	12.539	27,7	5,3
Maschinenbau	31,5	27.303	10,5	11,6
Metall	49,7	27.913	9,9	11,8
Mineralöl	37,2	3.478	2,5	1,5
Musik-, Spiel- u. Schmuckwaren	37,2	3.471	5,4	1,5
Nahrungs- und Genußmittel	56,6	14.646	4,7	6,2
Papier	54,2	7.141	14,1	3,0
Straßenfahrzeugbau	44,7	52.032	19,1	22,1
Textil	42,1	3.929	9,9	1,7
sonstige	...	...	...	...
Verarbeitendes Gewerbe insgesamt	44,8	237.784	10,5	100,0

Quelle: Sonderauswertung der Statistischen Landesämter für das IfM Bonn; eigene Berechnungen, *) EWU-Ausfuhranteil am Gesamtumsatz der Branche.

Wie eingangs erwähnt, besteht ein zentrales Anliegen der Untersuchung in der Ermittlung des Euro-bedingten Vorteilspotentials für die mittelständischen Unternehmen. Auf Grundlage einer Sonderauswertung der Umsatzsteuerstatistik kann erstmals das Ausfuhrverhalten nach Umsatzgrößenklassen ausgewertet werden (Tabelle 12).

Tabelle 12: Exporttätigkeit des verarbeitenden Gewerbes - nach Umsatzgrößenklassen 1994

Unternehmen mit ... Mill. DM Umsatz	Gesamt-umsatz in Mill. DM	Ausfuhr-umsatz in Mill. DM	Export-quote in %	Anzahl von Exporteuren	Ø Ausfuhr-umsatz pro Exporteur in TDM
bis 1	65.746	1.033	1,6	18.832	55
1 bis 2	52.277	1.608	3,1	9.648	167
2 bis 5	88.330	4.932	5,6	12.364	399
5 bis 10	88.339	7.894	8,9	7.791	1.013
10 bis 50	302.751	44.882	14,8	10.959	4.095
50 bis 100	168.528	34.828	20,7	2.188	15.918
100 und mehr	1.490.199	435.589	29,2	2.241	194.372
Insgesamt	2.256.170	530.767	23,5	64.023	8.290
-davon KMU	765.972	95.177	12,4	61.782	1.541

© IfM Bonn

Quelle: Sonderauswertung der Statistischen Landesämter für das IfM Bonn; eigene Berechnungen

Knapp 62.000 exportierende Unternehmen des verarbeitenden Gewerbes sind als mittelständisch zu klassifizieren. Diese Zahl ist umso bemerkenswerter, als es nach Berechnungen des Instituts für Mittelstandsforschung Bonn im Jahre 1994 lediglich rund 66.000 kleine und mittlere Industrieunternehmen im verarbeitenden Gewerbe gibt.[60] Das läßt den Schluß zu, daß etwa 94 % des industriellen Mittelstandes ins Ausland exportiert.

Trotz der zahlenmäßigen Dominanz kleiner und mittlerer Exporteure vereinen die Großunternehmen mit einem Anteil von nur 3,5 % aller Exporteure mehr als vier Fünftel der gesamten Ausfuhr des verarbeitenden Gewerbes auf sich. Dies

60 Von den in der Umsatzsteuerstatistik für das verarbeitende Gewerbe für das Jahr 1994 aufgeführten 300.000 Handwerks- und Industrieunternehmen (IFM 1997, S. 27) sind nach einer Untersuchung des Instituts für Mittelstandsforschung Bonn rund 66.000 Unternehmen als kleine und mittlere Industrieunternehmen identifiziert worden (WIMMERS/WOLTER 1997, S. 18). Nur 3,1% aller Handwerksunternehmen weisen Auslandsumsätze auf; die große Mehrzahl der in der Umsatzsteuerstatistik im verarbeitenden Gewerbe aufgeführten Handwerksunternehmen tritt als Exporteur nicht in Erscheinung. Noch geringer ist der Anteil des Auslandsumsatzes am Gesamtumsatz des Handwerks (1,8%) (MÜLLER 1998, S. 50).

spiegelt sich in der umsatzgrößenklassenspezifischen Exportquote wider. Während mittelständische Unternehmen eine durchschnittliche Exportquote von 12,4 % aufweisen, beträgt sie bei Großunternehmen 29,2 % (vgl. Tabelle 12). Bei der Betrachtung des durchschnittlichen Ausfuhrumsatzes je Exporteur kommt das Ausmaß der unterschiedlichen Exportintensität noch stärker zum Ausdruck. So setzt ein mittelständischer Exporteur durchschnittlich 1,5 Mill. DM im Ausland um, der durchschnittliche Ausfuhrumsatz eines Großunternehmens ist mehr als 100mal so hoch.

Eine differenzierte Betrachtung nach Branchen zeigt, daß das verarbeitende Gewerbe sehr heterogen ist sowohl hinsichtlich der Gesamt- und Ausfuhrumsätze als auch in Bezug auf die unterschiedlichen (Ausfuhr-) Umsatzanteile des Mittelstandes (Tabelle 13).

Während der KMU-Anteil am Gesamtumsatz des verarbeitenden Gewerbes 34 % ausmacht, reduziert sich der mittelständische Ausfuhranteil auf 17,9 %. In der Regel korrespondiert ein niedriger (hoher) KMU-Anteilswert am Gesamtumsatz mit einem niedrigen (hohen) KMU-Anteilswert am Ausfuhrumsatz. Gleichwohl sind aber auch Unterschiede festzustellen. So erwirtschaftet die mittelständische Holzindustrie 75 % des Gesamtumsatzes bzw. 47 % der Ausfuhrumsätze der Branche. Im Vergleich dazu ist beispielsweise der KMU-Anteil der Textilindustrie am Gesamtumsatz 8 %-Punkte niedriger, der entsprechende Ausfuhranteilswert dagegen um 7 %-Punkte höher. Insofern ist das mittelständische Textilgewerbe internationaler ausgerichtet als die mittelständische Holzindustrie. Ähnliches gilt auch für den Vergleich von Nahrungs- und Genußmittelgewerbe und Papierindustrie. Beide Branchen weisen in etwa den gleichen KMU-Anteil am Gesamtumsatz aus, der mittelständische Ausfuhranteil der Papierindustrie ist aber um fast ein Viertel höher als derjenige des Nahrungs- und Genußmittelgewerbes.

Einen Sonderfall stellt die Mineralölindustrie dar, in der nur 0,9 % des Gesamtumsatzes, aber 1,3 % des Auslandsumsatzes von mittelständischen Unternehmen erwirtschaftet wird. In dieser nahezu ausschließlich von Großunternehmen dominierten Branche weisen damit kleine und mittlere Unternehmen eine stärkere Exportintensität auf als die Großunternehmen dieser Branche.

Tabelle 13: Anteile mittelständischer Unternehmen am Gesamt- und Ausfuhrumsatz - nach Branchen 1994

Branche	Gesamtumsatz		Ausfuhrumsatz weltweit	
	in Mill. DM	KMU-Anteil in %	in Mill. DM	KMU-Anteil in %
Bekleidung	30.149	60,7	6.259	42,9
Chemie	208.493	14,5	79.108	7,3
Druck und Verlag	103.084	57,7	5.583	49,8
Elektrotechnik	232.542	32,5	64.214	20,1
Glas und Keramik	85.410	59,3	7.831	36,7
Gummi und Kunststoff	74.322	52,1	14.297	39,1
Holz	49.661	75,1	3.804	47,4
Leder	11.015	60,0	2.598	38,5
Luft-, Raum- und sonst. Fahrzeugbau	45.315	12,2	20.489	5,4
Maschinenbau	260.132	38,7	86.677	28,3
Metall	281.164	44,2	56.162	24,8
Mineralöl	132.175	0,9	9.350	1,3
Musik-, Spiel- u. Schmuckwaren	64.330	--*	9.330	--*
Nahrungs- und Genußmittel	312.163	35,7	25.876	17,4
Papier	50.703	35,2	13.176	21,7
Straßenfahrzeugbau	272.760	5,8	116.403	2,2
Textil	39.783	67,6	9.334	53,9
sonstige	...	...	...	...
Verarbeitendes Gewerbe insgesamt	2.256.170	34,0	530.767	17,9

© IfM Bonn

*) keine Angabe aus Geheimhaltungsgründen

Quelle: Sonderauswertung der Statistischen Landesämter für das IfM Bonn; eigene Berechnungen

In der bisherigen Analyse wurde nur das Ausfuhrvolumen der mittelständischen Unternehmen betrachtet, nicht jedoch die Anzahl der exportierenden Unternehmen nach Branchen. Für eine unternehmensbezogene Untersuchung ist der Ausfuhrumsatz auf die Anzahl der jeweiligen Exporteure zu beziehen (Tabelle 14).

Unter Berücksichtigung der Anzahl der Exporteure errechnet sich bespielsweise für ein mittelständisches Unternehmen der Chemieindustrie ein durchschnittlicher Ausfuhrumsatz in Höhe von 2,7 Mill. DM, während das entsprechende Exportvolumen eines Großunternehmens dieses Wirtschaftszweigs bei 388 Mill. DM liegt. Innerhalb der Gruppe der kleinen und mittleren Unternehmen nimmt das durchschnittliche Ausfuhrvolumen der Chemieunternehmen den Spitzenwert ein. In der Gruppe der Großunternehmen rangiert hingegen der Straßenfahrzeugbau mit einem Ausfuhrumsatz von im Schnitt 1,2 Mrd. DM mit großem Abstand an erster Stelle.

Tabelle 14: Anzahl Exporteure und durchschnittliche Ausfuhr - nach Branchen 1994

Branche	KMU		Großunternehmen	
	Anzahl Exporteure	Ø Ausfuhrumsatz pro Exporteur in TDM	Anzahl Exporteure	Ø Ausfuhrumsatz pro Exporteur in TDM
Bekleidung	1.888	1.421	52	68.783
Chemie	2.183	2.660	189	387.831
Druck und Verlag	6.936	401	130	21.555
Elektrotechnik	8.141	1.582	239	214.805
Glas und Keramik	2.318	1.241	88	56.305
Gummi und Kunststoff	3.477	1.609	102	85.304
Holz	2.950	611	49	40.848
Leder	900	1.112	13	122.849
Luft-, Raum- und sonst. Fahrzeugbau	613	1.793	25	775.604
Maschinenbau	9.246	2.652	319	194.833
Metall	10.122	1.374	266	158.846
Mineralöl	53	2.348	24	384.408
Nahrungs- und Genußmittel	2.993	1.501	399	53.594
Papier	1.236	2.316	34	109.713
Straßenfahrzeugbau	1.155	2.244	97	1.173.309
Textil	2.535	1.986	57	75.430
Musik-, Spiel- u. Schmuckwaren	--*	--*	--*	--*
sonstige	...	...	...	...
Verarbeitendes Gewerbe - insgesamt	61.782	1.541	2.241	194.372

© IfM Bonn

*) keine Angabe aus Geheimhaltungsgründen

Quelle: Sonderauswertung der Statistischen Landesämter für das IfM Bonn; eig. Berechnungen

Grundsätzlich weisen die durchschnittlichen Exportvolumina der Großunternehmen eine erhebliche Spannbreite auf. Sie reicht von einem Ausfuhrumsatz von weniger als 22 Mill. DM je Großunternehmen des Druck- und Verlagsgewerbes bis zu den genannten 1,2 Mrd. DM des Straßenfahrzeugbaus. Dagegen stellt sich die Gruppe der mittelständischen Unternehmen hinsichtlich des durchschnittlichen Ausfuhrumsatzes wesentlich homogener dar.

Wurde bisher nur die weltweite Exporttätigkeit betrachtet, sind im Hinblick auf die euro-auslandsinduzierte Betroffenheit des deutschen Mittelstandes die branchenspezifischen Regionalstrukturen der Ausfuhren zu berücksichtigen (Tabelle 15). Deshalb wurden die jeweiligen Gesamtausfuhren mit dem entsprechenden EWU-Anteil gewichtet. Für die unternehmensbezogene Betrachtung wird die so errechnete EWU-Ausfuhr mit der entsprechenden Anzahl der Exporteure gewichtet.[61]

61 Bei dieser Vorgehensweise wird implizit unterstellt, daß alle Exporteure Güter in die EWU ausführen.

Tabelle 15: EWU-Ausfuhrumsätze nach Branchen und Unternehmensgröße 1994

Branche	KMU		Großunternehmen	
	EWU-Ausfuhrumsatz in Mill. DM	Ø EWU-Ausfuhrumsatz pro Exporteur in TDM	EWU-Ausfuhrumsatz in Mill. DM	Ø EWU-Ausfuhrumsatz pro Exporteur in TDM
Bekleidung	1.435	760	1.914	36.799
Chemie	2.666	1.221	33.645	178.014
Druck und Verlag	1.302	188	1.311	10.088
Elektrotechnik	5.382	661	21.459	89.789
Glas und Keramik	1.522	656	2.621	59.785
Gummi und Kunststoff	2.798	805	4.351	42.652
Holz	974	330	1.081	22.058
Leder	395	439	631	48.526
Luft-, Raum- und sonst. Fahrzeugbau	673	1.097	11.867	474.670
Maschinenbau	7.725	836	19.578	61.373
Metall	6.913	683	21.000	78.946
Mineralöl	46	873	3.432	143.000
Nahrungs- und Genußmittel	2.542	849	12.103	30.334
Papier	1.552	1.255	5.590	59.464
Straßenfahrzeugbau	1.158	1.003	50.873	524.469
Textil	2.119	836	1.810	31.756
Musik-, Spiel- u. Schmuckwaren	--*	--*	--*	--*
sonstige	...	...	...	...
Verarbeitendes Gewerbe insgesamt	42.640	690	195.144	87.079

© IfM Bonn

Quelle: Sonderauswertung der Statistischen Landesämter für das IfM Bonn; eigene Berechnungen; *) aus Geheimhaltungsgründen mußte diese Branche hier unberücksichtigt bleiben.

Kleine und mittlere Unternehmen des verarbeitenden Gewerbes erwirtschaften entsprechend ihres Ausfuhranteils in Höhe von 17,9 % im Jahr 1994 einen Umsatz in Höhe von rund 43 Mrd. DM in den Teilnehmerländern der Währungsunion. Der durchschnittliche EWU-Ausfuhrumsatz eines mittelständischen Unternehmens des verarbeitenden Gewerbes beträgt 690.000 DM, während ein Großunternehmen im Schnitt einen EWU-Ausfuhrumsatz in Höhe von 87 Mill. DM aufweist.

Generell profitieren alle Exportunternehmen vom gemeinsamen Währungsraum. Gleichwohl gibt es Branchen, deren Vorteilspotential vergleichsweise ausgeprägter ist. Inwieweit der industrielle Mittelstand davon profitiert, hängt sowohl von der Größenstruktur der jeweiligen Branche ab als auch von der Exportintensität der kleinen und mittleren Unternehmen. Innerhalb der Gruppe der mittelständischen Unternehmen weisen die der Papierindustrie das stärkste Vorteilspotential auf. Ihr durchschnittlicher EWU-Ausfuhrumsatz (je Exporteur) beträgt rund 1,3 Mill. DM. Gemessen am durchschnittlichen EWU-Ausfuhrumsatz des verarbeitenden Gewerbes (je Exporteur) ist das theoretische Vorteilspotential mittelständischer Exporteure des Papiergewerbes um 81 % höher (Abbildung 17).

Abbildung 17: Ausprägung des EWU-Vorteilspotentials für mittelständische Exporteure - nach Branchen (in Prozent)

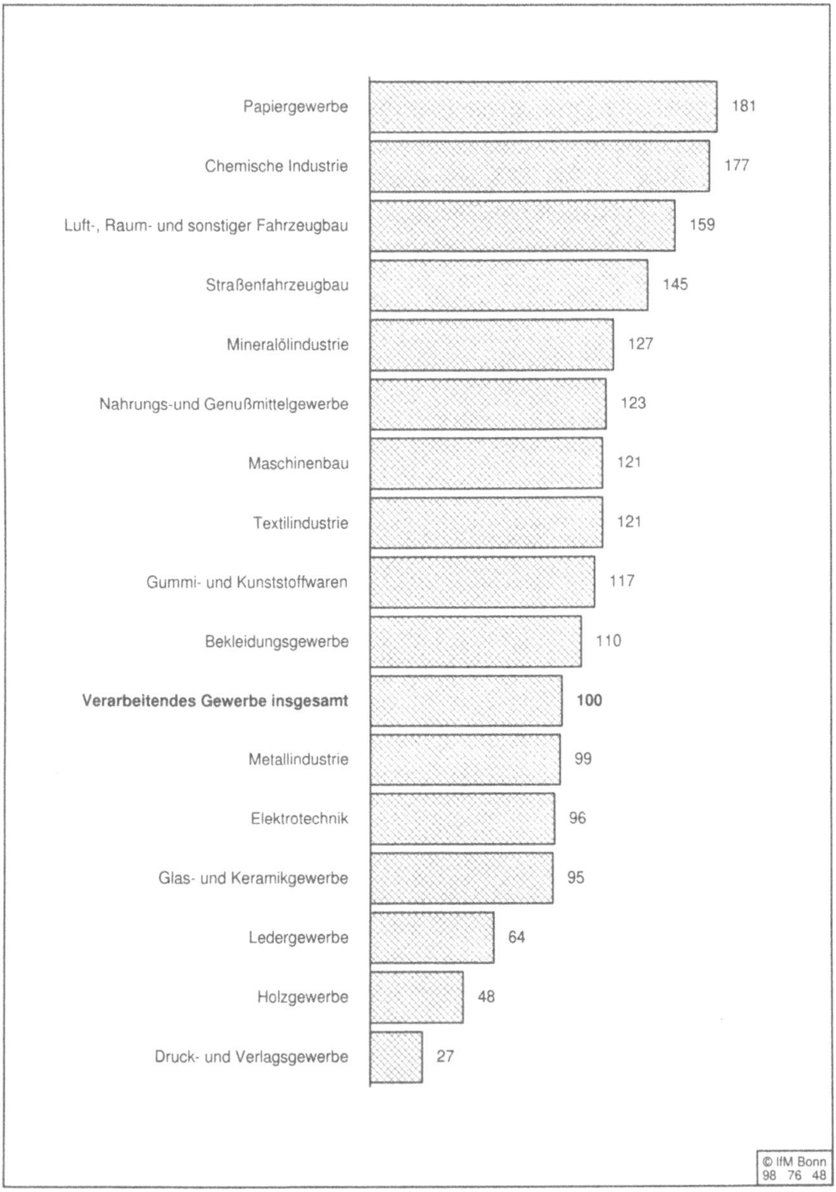

Quelle: Institut für Mittelstandsforschung Bonn

Ziel der vorangegangenen Überlegungen und Berechnungen war es, das pauschale aber nicht belegte Argument, der Euro begünstige den Export und/oder den Mittelstand, zu konkretisieren. Für diesen Zweck wurden die in Frage kommenden Statistiken analysiert und letztlich mit Hilfe einer Sonderauswertung ein Ausschnitt identifiziert, für den Aussagen entsprechend der Zielsetzung getroffen werden können. Dies war nur für das verarbeitende Gewerbe möglich, weil die Statistik nur für diesen Bereich hinreichend disaggregierte Daten bereithält. Auch wenn dadurch nicht die gesamte Spannbreite des Themas abgedeckt werden kann, eignet sich das verarbeitende Gewerbe angesichts eines Anteils von gut zwei Dritteln am gesamten Export in besonderem Maße, das exportspezifische Vorteilspotentials eines gemeinsamen Währungsraumes zu exemplifizieren. Eine entsprechende Analyse bezüglich der Importe war wegen fehlender Daten nicht möglich.

Im Ergebnis konnte eine Strukturierung der Branchen des verarbeitenden Gewerbes hinsichtlich des Ausmaßes, in welchem sie von der Einheitswährung profitieren, erarbeitet werden. Eine exportstarke Branche ist danach nicht per se stärker Euro-begünstigt als eine weniger exportstarke Branche; das theoretische Vorteilspotential hängt vielmehr von der Euro-Orientierung der Auslandstätigkeit der Unternehmen ab.

Die Analyse nach Unternehmensgrößen führt zu dem Ergebnis, daß die Währungsunion erwartungsgemäß die stark international ausgerichteten Großunternehmen begünstigen wird. Der theoretisch begünstigte EWU-Ausfuhrumsatz der mittelständischen Exporteure im verarbeitenden Gewerbe (96,5 %) beträgt lediglich 17,9 % des gesamten EWU-Exports. Dies spiegelt sich auch in den unternehmensgrößenspezifischen "Euro-Quoten" wider: Während der Anteil der mittelständischen EWU-Ausfuhren gemessen am Gesamtumsatz aller mittelständischen Unternehmen des verarbeitenden Gewerbes 5,6 % beträgt, ist der entsprechende Wert bei den Großunternehmen mehr als zweimal so hoch (13,1 %).

Bei der Interpretation dieser Zahlen sind folgende Aspekte zu berücksichtigen. Zum einen handelt es sich hierbei um Daten aus dem Jahre 1994. Seit dem haben sich wesentliche Kerngrößen unserer Analyse wie Gesamtumsatz, Exportvolumen und vermutlich auch Anzahl der Exporteure verändert. Dennoch kann davon ausgegangen werden, daß die aufgezeigten Strukturen und damit die getroffenen Aussagen im wesentlichen auch heute noch Bestand haben.

Zum anderen berücksichtigt das ermittelte branchenspezifische Regionalmuster der Ausfuhren nicht, daß kleine exportierende Unternehmen vornehmlich die nahegelegenen Auslandsmärkte bedienen. Zudem exportieren mittelständische Unternehmen erfahrungsgemäß häufig indirekt über sog. Außenhandelshäuser - ein Effekt, der ebenfalls in unserer Berechnung nicht berücksichtigt werden konnte. Dies gilt gleichermaßen für die Zuliefertätigkeit mittelständischer Unternehmen (indirekter Export). Insofern ist zu vermuten, daß das hier für den Mittelstand ermittelte Vorteilspotential tendenziell höher ausfallen wird.

H. Der Euro - Nutzen und Kosten für die deutsche Wirtschaft

In der öffentlichen Euro-Diskussion in Deutschland dominierte lange Zeit die Frage nach der Interpretation der Konvergenzkriterien und hier vor allem die "3 %-Punktlandung". Unter den zahlreichen Maßnahmen zur Erreichung dieses Kriteriums sei beispielhaft die kontrovers geführte Debatte um die Neubewertung der Goldreserven der Deutschen Bundesbank angeführt. Neben dieser auf das Kriterium des Haushaltsdefizits bezogenen Schlüsselfrage erfuhren zudem Spekulationen über den Teilnehmerkreis großes öffentliches Interesse. Vor allem über die Teilnahme der sog. Club-Med-Länder (Italien, Spanien und Portugal) wurde in den Medien kritisch berichtet. In der deutschen Diskussion um die Einführung der Währungsunion standen somit politische und weniger ökonomische Themen im Brennpunkt des Interesses.

Interessanterweise wurde nur in seltenen Fällen über die Kosten und den Nutzen der Währungsumstellung berichtet, und wenn, dann waren es in erster Linie allgemeine qualitative Ausführungen (z.B. Wachstumschancen, verbesserte Preistransparenz). Wenn überhaupt quantitative Angaben gemacht wurden, betrafen diese lediglich ausgewählte Kosten- bzw. Nutzenkomponenten (z.B. Kosten der Automatenumrüstung, Verringerung des Devisenumtauschaufwands). Da es eine Kosten und Nutzen des Euros quantifizierende Studie bisher nicht gibt und letztlich angesichts der durch den gemeinsamen Währungsraum ausgelösten Dynamik nicht geben kann,[62] wird im folgenden der Versuch unternommen, die vorhandenen Teilinformationen zu einem Mosaik zusammenzusetzen, wobei indirekte Effekte von vornherein unberücksichtigt bleiben müssen.

Konkret geht es darum, sowohl den den (mittelständischen) Unternehmen aus der gemeinsamen Währung entstehenden Nutzen als auch die bei der Euro-Umstellung unmittelbar anfallenden Kosten zu ermitteln. Dies ist als Quantifizierungsversuch in dem Sinne zu betrachten, daß eine Vorstellung über die zu erwartende Größenordnung vermittelt werden soll, die über reine Spekulationen deutlich hinausgeht. Dabei ist uns bewußt, daß ein solches Unterfangen

---

62 Vor dem Hintergrund, daß mit Einführung des Euros die kostengünstige Refinanzierungsmöglichkeit des Wechsels nicht mehr möglich ist, schätzte die Westdeutsche Genossenschaftszentralbank (WGZ) Zusatzkosten für die deutsche Unternehmerschaft von 2,4 Mrd. DM (o.V. 1997n, S. 12). Es ist allerdings davon auszugehen, daß die Dynamik des sich im gemeinsamen Währungsraum entwickelnden Finanzmarktes neuartige Refinanzierungsmöglichkeiten schafft, so daß diese Zusatzkosten letztlich geringer sein dürften, da ihnen ein - nicht quantifizierbarer - Nutzen gegenüber steht.

methodische Probleme aufwirft, die Datenlage mit vielen Unsicherheiten behaftet ist und die Berechnungen nicht ohne bestimmte Annahmen möglich sind; gleichwohl erscheint der Versuch lohnenswert.

1. Nutzen der Euro-Einführung für die gewerbliche Wirtschaft

Die derzeitige Datenlage hinsichtlich des quantifizierbaren Nutzens der Umstellung auf den Euro ist ähnlich schlecht wie die über die Kosten der Währungsumstellung. Auch hier liegen nur punktuelle Informationen vor. So versucht beispielsweise die Bayerische Vereinsbank, die durch die Währungsunion ausgelöste Dynamik zu erfassen und die Wachstumseffekte für die deutsche Volkswirtschaft zu beziffern. Danach fiele mit der Einführung des Euro das Bruttoinlandsprodukt (BIP) im Jahre 2000 um 8 Mrd. DM höher aus (0,2 % des BIP) als dies ohne EWU der Fall wäre. Im weiteren vermutet die Bayerische Vereinsbank, daß die Wachstumsgewinne bis zum Jahr 2005 auf bis zu 2,5 % des BIP (100 Mrd. DM) steigen werden (o.V. 1997f, S. 5).

Andere Schätzungen versuchen, den durch den Wegfall der Wechselkursschwankungen induzierten volkswirtschaftlichen Nutzen zu prognostizieren. Mit Einführung der gemeinsamen Währung wären Wechselkursschwankungen, die z.B. innerhalb des EWS zwischen Dezember 1994 und April 1995 das Wirtschaftswachstum der deutschen Wirtschaft um 1 % reduzierten, ausgeschlossen (HUNDT 1997, S. 9).

Nach Angabe des Chefvolkswirts der Deutschen Bank Walter resultieren aus der gemeinsamen Währung jährlich Kostenentlastungen in Europa in Höhe von 270 Mrd. DM (OBERTREIS 1998, S. 20). Vereinzelt liegen auch Unternehmensangaben über die Höhe der durch den gemeinsamen Währungsraum eingesparten Kosten vor. Laut Daimler Benz können mit Währungstransfers in die EU-Region zusammenhängende Kosten in Höhe von 1 Mrd. DM p.a. eingespart werden (KUDISS 1997b, S. 400). Für BMW wird ein Einsparpotential hinsichtlich des Euro in Höhe von 100 Mill. DM berichtet; Siemens geht ebenfalls von einer Kostenersparnis in dreistelliger Millionenhöhe aus (FRIESE 1997, S. 38).

Wie diese Ausführungen zeigen, wird der Nutzen der Einführung des Euro vornehmlich verkürzt auf die Verringerung der Devisenmanagementkosten errechnet. Für diesen Bereich ist der Nutzen der Währungsumstellung, interpretiert als Kosteneinsparungseffekt, offensichtlich und vergleichsweise leicht zu quantifizieren. An diesem Punkt setzt auch die vielzitierte Studie des IFO-

Instituts "Currency Management Costs" an (IFO 1997; PAGE 1998). Das IFO-Institut erstellte diese Studie im Auftrag der Europäischen Kommission im Rahmen des "Single Market Review"-Programms. Untersuchungsziel war es, anhand einer Ex-post-Analyse die Kosten des Systems verschiedener Währungen in der EU aufzuzeigen. Danach betragen die jährlichen Gesamtkosten der Devisenverwaltung innerhalb der EU (12) etwa 58 Mrd. ECU (1 % des BIP der EU (12)). IFO zufolge können mit der Errichtung eines gemeinsamen Währungsraumes zwar nicht alle, aber rund 80 % dieser Kosten vermieden werden[63] (IFO 1997, S. 14). Auf Basis der Zahlen von 1995 beträgt das zu erwartende jährliche Einsparpotential an Devisenmanagementkosten demnach 46 Mrd. ECU.

Tabelle 16: Devisenverwaltungskosten für Intra-EU (12)-Transaktionen 1995

Kostenkomponenten	in Mrd. ECU p.a.	
Kosten für Interbanktransaktionen	***13,1***	
Kosten für Nichtbankentransaktionen	***28,2***	
• Leistungsbilanztransaktionen		10,7
• Zuschlag für Zahlungen mit Reise- und Euroschecks		0,2
• Zuschlag für Zahlungen mit Kreditkarten		0,5
• Zuschlag für Sicherungskosten von Leistungsbilanztransaktionen		5,3
• Kapitalbilanztransaktionen		8,0
• Zuschlag für Sicherungskosten von Kapitalbilanztransaktionen		3,5
Kosten für Bargeldtransaktionen von Nichtbanken	***8,0***	
Betriebsinterne Kosten	***8,8***	
• Kosten für Personal und Ausrüstung		7,8
• Opportunitätskosten für längere Dauer von Intra-EU-Überweisungen		1,0
Gesamtkosten der Devisenverwaltung	***58,1***	

© IfM Bonn

Quelle: BANK FÜR INTERNATIONALEN ZAHLUNGSAUSGLEICH (BIZ); EUROSTAT; Umfrage in fünf EU-Staaten im Jahre 1995, IFO 1997

63 Einer Schätzung der Europäischen Kommission zufolge beträgt das Einsparpotential 0,4% des BIP der EU (12) und fällt damit um die Hälfte niedriger aus als der ausgewiesene Wert von IFO (EU-KOMMISSION 1990, S. 69)

Diese Untersuchung stellt sowohl die umfassendsten als auch die aktuellsten Ergebnisse zur Verfügung.[64] Insofern bietet sie eine Grundlage für die folgend durchgeführte Nutzenabschätzung dar. Der auf Grundlage der Studie des IFO-Instituts zu errechnende Nutzen der Einführung des Euro im Sinne eingesparter Devisenverwaltungskosten kann sich logischerweise nur bei Unternehmen einstellen, die bisher die Kosten eines Währungsmanagements tragen mußten. Der aus einem solchen Befund abgeleitete Nutzen der Währungsumstellung wird daher nur bei Unternehmen eintreten, die mit dem europäischen Ausland in aktiven Geschäftsverbindungen stehen.

Während die Betrachtung der IFO-Studie auf die gesamte EU-Wirtschaft abstellt, geht es in unserer Untersuchung in erster Linie um die deutsche Wirtschaft und im besonderen um mittelständische Unternehmen. Von daher sind Modifikationen der rechnerischen Grundlagen erforderlich.

Im Vergleich zur IFO-Studie, die nur zwölf Länder berücksichtigt, besteht die Europäische Union heute aus 15 Mitgliedsländern. Insofern ist zu vermuten, daß das Einsparpotential insgesamt höher ausfällt. Gleichzeitig ist klar, daß an der Währungsunion nicht alle EU-Länder teilnehmen werden. Bekanntlich wird es eine Währungsunion geben, die lediglich ohne Großbritannien, Dänemark, Schweden und Griechenland, also mit elf Mitgliedstaaten starten wird. Zieht man diese Fakten in die Überlegungen mit ein und unterstellt, daß 0,8 % des BIP der EWU-Länder an Devisenverwaltungskosten eingespart werden können, errechnet sich auf Grundlage der Daten von 1995 ein Einsparpotential von rund 41,6 Mrd. ECU bzw. 78 Mrd. DM (1995: 1 ECU = 1,87 DM).

Dieses Einsparvolumen verteilt sich auf die im Euro-Währungsraum aktiven Unternehmen. Ein Großteil entfällt dabei auf den Bankensektor, der aber in der nachfolgenden Betrachtung nicht im Blickpunkt des Interesses stehen soll. Insofern ist das sich im Wege der sog. autonomen Interbankentransaktionen ergebende Einsparpotential vom gesamten Einsparvolumen abzuziehen. Nach der IFO-Studie machen diese Transaktionen 22,5 % des gesamten Einsparpotentials aus. Wird dieser Anteilswert auch für unseren modifizierten Wert zugrundegelegt, verbleibt dem Nichtbankensektor im gemeinsamen Währungsraum ein Einsparpotential in Höhe von ca. 60 Mrd. DM.

---

64 Vorhergehende Untersuchungen datieren aus dem Jahr 1990 und decken nur einen Teil dieser Thematik ab (Vgl. EU-KOMMISSION 1990; ERNST & YOUNG 1990).

Es stellt sich nun die Frage, welcher Anteil dieses Einsparpotentials auf die deutsche Wirtschaft[65] (ohne den Bankensektor) entfällt. Hierauf ist nicht einfach zu antworten, weil das Einsparpotential sowohl durch das Ausmaß der Auslandsorientierung[66] als auch durch die Fakturierungsgewohnheiten der Unternehmen bestimmt wird.

Um eine erste Größenordnung zu ermitteln, wird zunächst unterstellt, daß die auslandsaktiven deutschen Unternehmen die gleiche Fakturierungsstruktur hinsichtlich heimischer und fremder Währungen aufweisen wie die Unternehmen in anderen EWU-Teilnehmerstaaten. Das Einsparpotential der Devisenverwaltungskosten errechnet sich dann auf Grund der nationalen Außenhandelsanteile im Intrahandel der EWU (Tabelle 17). Entsprechend des deutschen Anteils am Außenhandelsvolumen innerhalb der EWU-Teilnehmerländer (26,7 %) ergibt sich für Deutschland ein Einsparpotential in Höhe von 16 Mrd. DM.

---

65 Im folgenden wird unter dem Begriff deutsche Wirtschaft ausschließlich der Nichtbankensektor verstanden.

66 Typischerweise internationalisieren sich Unternehmen schrittweise im Wege eines sukzessiven Lernprozesses. Mit zunehmender Außenhandelsverflechtung steigt auch der Grad der Kapitalverflechtung mit dem Ausland, d.h. implizit spiegelt der Grad der Außenhandelsverflechtung den Grad der Kapitalverflechtung wider. Insofern ist es u.E. statthaft, die Bestimmung des jeweiligen nationalen Anteils des Einsparpotentials (inklusive der sog. Kapitalbilanztransaktionen (Auslandsinvestitionen, -kredite)) ausschließlich anhand der Außenhandelsanteile vorzunehmen.

Tabelle 17: Außenhandelsvolumen im Intrahandel 1995

Land	EU 15 in Mill. DM	EU 15 in %	EWU-Teilnehmerländer in Mill. DM	EWU-Teilnehmerländer in %
Deutschland	810.815	22,5	637.199	26,7
Belgien/Luxemburg	351.487	9,8	298.811	12,5
Dänemark	87.725	2,4	-	-
Finnland	60.781	1,7	63.014	1,5
Frankreich	555.649	15,4	458.375	19,2
Griechenland	33.556	0,9	-	-
Großbritannien	401.563	11,2	-	-
Irland	74.883	2,1	37.639	1,6
Italien	364.731	10,1	305.469	12,8
Niederlande	343.916	9,6	277.260	11,6
Österreich	125.199	3,5	116.116	4,9
Portugal	60.695	1,7	51.427	2,2
Schweden	131.712	3,7	-	-
Spanien	198.223	5,5	168.314	7,1
Insgesamt	3.600.935	100,0	2.386.624	100,0

Quelle: STATISTISCHES BUNDESAMT 1997d, eigene Berechnungen

Diese erste Richtgröße für das Einsparvolumen überzeichnet jedoch das tatsächliche Einsparpotential - was Deutschland betrifft - erheblich. In Deutschland hat die DM insbesondere mit Blick auf die Exportseite einen wesentlich höheren Stellenwert als die jeweiligen nationalen Währungen anderer Teilnehmerstaaten. Mehr als drei Viertel des deutschen Gesamtexportes wurden 1994[67] in DM fakturiert; der Anteilswert für die Importseite beträgt immerhin noch 53 %. Die Dominanz des DM-Anteils zeigt sich im Vergleich mit Frankreich (Tabelle 18).

67 Auch wenn für Deutschland Daten für das Jahr 1997 vorliegen, werden aus Gründen der besseren Vergleichbarkeit in der Gegenüberstellung für Deutschland ebenfalls Zahlen aus dem Jahr 1994 angeführt. Dies stellt insofern keine Einschränkung dar, als sich die internationalen Fakturierungsstrukturen als stabil erweisen.

Tabelle 18: Anteil der fakturierten Währungen beim Außenhandel 1994 (in Prozent)

Währungen	Export		Import	
	Deutschland	Frankreich	Deutschland	Frankreich
DM	77	8	53	8
FF	3	50	3	50
ITL	2	3	1	3
GBP	2	3	2	4
andere EU- Währungen	3	7	5	7
US$	9	28	19	26
YEN	1	1	2	1
sonstige Währungen	4	--	16	--
Insgesamt	100*	100*	100*	100*

© IfM Bonn

* Rundungsdifferenzen möglich

Quelle: DEUTSCHE BUNDESBANK; BANQUE DE FRANCE, zitiert nach IFO (1997)

Offenbar weicht das deutsche Fakturierungsverhalten aber von dem der übrigen Teilnehmerländer erheblich ab. Während in Deutschland lediglich 8 % der Exporte und 9 % der Importe durch die EWU begünstigt werden (Summe der Prozentanteile der deutschen Ausfuhr, die in französischem Franc, in italienischer Lira und anderen EU-Währungen fakturiert werden[68]), betragen die korrespondierenden Anteilswerte für den französischen Außenhandel, der durch den Euro begünstigt wird, sowohl auf der Ausfuhr- als auch auf der Einfuhrseite jeweils 18 %. Um das im Wegfall eines Devisenmanagements begründete Einsparpotential für die deutsche Wirtschaft zu ermitteln, ist es daher notwendig, das begünstigte Außenhandelsvolumen mit den jeweils entsprechenden nationalen Fakturierungsstrukturen zu gewichten. Aufgrund des Datenmangels wird Frankreich, für das Vergleichszahlen vorliegen, als Referenzgröße für das Fakturierungsverhalten der übrigen EWU-Länder verwandt (Tabelle 19).

68 Hiermit wird zum einen unterstellt, daß der Posten "Andere EU-Währungen" ausschließlich aus Währungen von EWU-Beitrittsländern besteht, zum anderen, daß die für den gesamten deutschen Außenhandel vorzufindende Fakturierungsstruktur auch für die Teilmenge "Intrahandel" Bestand hat.

Tabelle 19: Fakturierungsstrukturen und begünstigtes Außenhandelsvolumen 1995

	Außenhandels-volumen in der EWU in Mill. DM		begünstigtes Außenhandelsvolumen unter Berücksichtigung der Fakturierungsstrukturen in %	in Mill. DM	
Deutschland					
Export	335.679		8	26.854	
Import	301.520		9	27.137	
Summe		637.199			53.991
		(26,7 %)			(14,6 %)
übrige EWU-Teilnehmerländer					
Export	901.160		18	162.209	
Import	848.265		18	152.688	
Summe		1.749.425			314.897
		(73,3 %)			(85,4 %)
Insgesamt		***2.386.624***			***368.888***
		(100,0 %)			(100,0 %)
					© IfM Bonn

Quelle: STATISTISCHES BUNDESAMT, DEUTSCHE BUNDESBANK, BANQUE DE FRANCE, eigene Berechnungen

Unter Berücksichtigung der Fakturierungsstrukturen stehen im Falle Deutschlands von dem ursprünglich errechneten deutschen Außenhandelsvolumen in der EWU in Höhe von 637 Mrd. DM letztlich nur 54 Mrd. DM als geeigneter Referenzwert zur Debatte. Für die übrigen EWU-Länder ergibt sich entsprechend ihres Fakturierungsmusters ein begünstigtes Außenhandelsvolumen in Höhe von 315 Mrd. DM. Damit errechnet sich für Deutschland ein Anteil von 14,6 % am insgesamt betroffenen Außenhandelsvolumen. Von dem für den gemeinsamen Währungsraum ermittelten Einsparpotential in Höhe von 60 Mrd. DM entspricht dies einem Anteil für die deutsche Wirtschaft in Höhe von 8,8 Mrd. DM. Damit reduziert sich das deutsche potentielle Einsparvolumen auf fast die Hälfte des unter Annahme gleicher Fakturierungsstrukturen errechneten Potentials von 16 Mrd. DM.

Dieses unter Berücksichtigung der DM-Dominanz für Deutschland abgeleitete Einsparpotential ist möglicherweise jedoch unterzeichnet (DEUTSCHE BUNDESBANK 1991, S. 43). In vielen Fällen wickelt die deutsche Wirtschaft ihren Außenhandel über eigene Tochtergesellschaften in den jeweiligen Auslandsmärkten ab. Durch die DM-Fakturierung wird unter diesen Umständen das Währungsrisiko nur von der inländischen Muttergesellschaft auf das ausländische Tochterunternehmen verlagert; für das Gesamtunternehmen ändert sich die Risikosituation nicht. Die aus der Statistik abgeleitete DM-Dominanz überzeichnet somit den "Heimvorteil" deutscher Im- und Exporteure. Als logische Konsequenz müßte das Einsparpotential für Deutschland höher ausfallen.

Bei der bisherigen Betrachtungsweise wurde davon ausgegangen, daß mit der Einführung einer gemeinsamen Währung immer eine Verringerung des Devisenmangementaufwandes einhergeht. Grundsätzlich ist dieser Auffassung sicherlich zuzustimmen, jedoch ist auch eine gegenläufige Entwicklung denkbar. So befürchtet beispielsweise der Maschinenbau, daß die Euro-Einführung eine Verlagerung von der DM hin zu anderen Währungen nach sich zieht. Aufgrund der Unsicherheit über die Entwicklung des Euro zögern insbesondere überseeische Kunden, mit denen bisher in DM abgerechnet wurde, Aufträge weiterhin in DM zu vergeben. Mit dem Übergang von DM auf Fremdwährungsfakturierung trüge dann das deutsche Unternehmen das Währungsrisiko,[69] wodurch zusätzliche Kosten entstehen können. Der Verband des Deutschen Anlagen- und Maschinenbaus (VDMA) hält daraus resultierende potentielle Mehrkosten allein für den Maschinenbau in Höhe von 800 Mill. DM für möglich (VDMA 1998, S. 8).

Da zum einen die Überzeichnung der DM-Dominanz im Wege der Risikoverlagerung auf deutsche Tochtergesellschaften im Ausland nicht quantifiziert werden kann und zum anderen unsere Betrachtung den Charakter einer Ex-Post-Analyse hat, von daher dynamische Entwicklungen, wie sie der VDMA für seine Branche skizziert, unberücksichtigt bleiben müssen, veranschlagen wir das Einsparpotential durch den Wegfall der Devisenmangementkosten für die deutsche Wirtschaft in Höhe von etwa 9 Mrd. DM, d.h. auf Basis der von uns modifizierten IFO-Studie beträgt das Einsparpotential 0,25 % des Bruttoinlandsprodukts und ist damit mehr als doppelt so hoch wie der 1990 für Deutschland geschätzte Wert von 0,11 % des BIP (EU-Kommission 1990, S. 291).[70]

---

69 Zudem besteht die Gefahr, daß Kunden, denen der Ausstieg aus DM-Geschäften gelungen ist, in Zukunft nur schwer wieder für den Euro zurückgewonnen werden können.

70 Die Anmerkung einer jüngst veröffentlichten Studie, die das Einsparpotential für Deutschland in der Größenordnung von 0,2% des BIP als sehr großzügig bemessen hält, greift u.E. zu kurz (GRETSCHMANN 1997; S. 123). Es ist den Autoren zwar zuzustimmen, daß deutsche Unternehmen aufgrund der DM-Dominanz vergleichsweise niedrigere Transaktionskosten wie Unternehmen anderer EU-Länder aufweisen, gleichwohl ist zu berücksichtigen, daß deutsche Unternehmen überproportional mit den EU-

Grundsätzlich realisiert sich das Einsparpotential sowohl auf der Import- als auch auf der Exportseite. Wie bereits erwähnt, können aufgrund der statistischen Probleme keine detaillierteren Aussagen für die Importseite getroffen werden. Die unternehmensbezogene Analyse beschränkt sich deshalb auf das mit den Exporten einhergehende Einsparpotential.

Die Statistik weist einen Ausfuhranteil von 51,8 % des gesamten Intrahandelsvolumens innerhalb der EWU aus[71] (vgl. Tabelle 19), so daß sich auf Basis der EWU-weit vom IFO-Institut errechneten 60 Mrd. DM ein Einsparpotential von etwa 31 Mrd. DM auf der Exportseite - entsprechend 29 Mrd. DM auf der Importseite - ergeben dürfte. Unter Berücksichtigung der Fakturierungsstruktur deutscher Unternehmen ergibt sich, betrachtet man nur die Ausfuhren, ein begünstigtes Exportvolumen in Höhe von 26,8 Mrd. DM. Von der gesamten begünstigten Ausfuhr innerhalb der EWU (189 Mrd. DM) entfällt somit ein Anteil von 14,2 % auf Deutschland. Dementsprechend beträgt das Einsparpotential für deutsche Exporteure rd. 4,4 Mrd. DM. In Analogie dazu errechnet sich für Deutschland auf der Importseite ebenfalls ein Betrag von rd. 4,4 Mrd. DM.[72] Das Einsparpotential Deutschlands verteilt sich damit cum grano salis jeweils zur Hälfte auf die Im- und Exportseite.

Der hier als Nutzen bezeichnete Wert stellt sich als Ergebnis eingesparter Kosten dar. Es bleibt nun noch die Frage, wie sich das für Deutschland für die Exportseite errechnete Einsparpotential von 4,4 Mrd. DM auf die 2,8 Millionen deutschen Unternehmen im Jahre 1994 verteilt (IFM 1997, S. 24). Aus der an anderer Stelle dieser Untersuchung zitierten Sonderauswertung der Umsatzsteuerstatistik für 1994 geht hervor, daß insgesamt rd. 285.000 Unternehmen

---

Mitgliedsländern verflochten sind und von daher ein Einsparpotential in dieser Größenordnung durchaus realistisch erscheint.

71 Logischerweise müßten innerhalb dieser geschlossenen Betrachtung die Exporte den Importen entsprechen. Wie bereits erwähnt kommen Unternehmen insbesondere auf der Importseite ihrer Meldepflicht nicht immer nach, was zu unterschiedlichen Ausfuhr- und Einfuhranteilen führt.

72 Unter Berücksichtigung der Fakturierungsstruktur Deutschlands ergibt sich bei separater Betrachtung der Einfuhren ein begünstigtes Importvolumen in Höhe von 27,1 Mrd. DM. Von der gesamt begünstigten Einfuhr innerhalb der EWU (180 Mrd. DM) entfällt somit ein Anteil von 15,1% auf Deutschland. Bezogen auf das auf der Importseite zu erwartende Einsparpotential in Höhe von 29 Mrd. DM ergibt sich für deutsche Importeure ein Volumen von rund 4,4 Mrd. DM.

(weltweit) exportieren.[73] Unter der Annahme, daß jedes weltweit exportierende Unternehmen auch in die EWU ausführt, beschränkt sich das abgeleitete Einsparpotential auf etwa 10 % der deutschen Unternehmen.

Da die Regionalstruktur der Ausfuhren nur für das verarbeitende Gewerbe bekannt ist, konzentriert sich die Betrachtung auf diesen Wirtschaftsbereich. Unter der Annahme, daß sich das Einsparpotential entsprechend der Ausfuhranteile der Wirtschaftszweige aufteilt, ergibt sich für das verarbeitende Gewerbe (67,9 %) ein Einsparpotential von 3 Mrd. DM. Diese Summe ist entsprechend der branchenspezifischen EWU-Ausfuhranteile auf die einzelnen Branchen zu verteilen (Tabelle 20).

Tabelle 20: Einsparpotential an Devisenmanagementkosten - nach Branchen

Branche	EWU-Ausfuhrumsatz in Mill. DM	Anteil an der EWU-weiten Gesamtausfuhr in %	Einsparpotential in Mill. DM
Bekleidung	3.349	1,4	42
Chemie	36.310	15,4	462
Druck und Verlag	2.613	1,1	33
Elektrotechnik	26.841	11,4	342
Glas und Keramik	4.143	1,8	54
Gummi und Kunststoff	7.149	3,0	90
Holz	2.054	0,9	27
Leder	1.026	0,4	12
Luft-, Raum- u. sonst. Fahrzeugbau	12.539	5,3	159
Maschinenbau	27.303	11,6	348
Metall	27.913	11,8	354
Mineralöl	3.478	1,5	45
Musik-, Spiel- u. Schmuckwaren	3.471	1,5	45
Nahrungs- und Genußmittel	14.646	6,2	186
Papier	7.141	3,0	90
Straßenfahrzeugbau	52.032	22,1	663
Textil	3.929	1,7	51
sonstige	...	...	...
Verarbeitendes Gewerbe insgesamt	237.784	100,0	3.000

© IfM Bonn

Quelle: Sonderauswertung der Statistischen Landesämter für das IfM Bonn; eigene Berechnungen; Rundungsdifferenzen möglich

---

73 Obwohl die auf Unternehmensmeldungen basierende Intrahandelsstatistik die Zahl der innergemeinschaftlichen deutschen Marktteilnehmer ausweist, wird auf die Daten der Umsatzsteuerstatistik aufgrund des quasi-amtlichen Charakters zurückgegriffen.

In Analogie zu der in Kapitel G vorgenommenen größenspezifischen Analyse (vgl. Tabelle 15) wird das branchenspezifische Einsparpotential auf KMU und Großunternehmen aufgeteilt und mit der entsprechenden Anzahl von Exporteuren gewichtet (Tabelle 21). Danach entfallen auf den industriellen Mittelstand insgesamt 538 Mill. DM, wobei das durchschnittliche Einsparpotential eines mittelständischen Exporteurs rund 9.000 DM beträgt.

Tabelle 21: Einsparpotential nach Branchen und Unternehmensgrößen

Branche	Einsparpotential KMU		Einsparpotential Großunternehmen	
	insgesamt in Mill. DM	Ø pro Exporteur in TDM	insgesamt in Mill. DM	Ø pro Exporteur in TDM
Bekleidung	18,0	10	24,0	462
Chemie	33,9	16	428,1	2.265
Druck und Verlag	16,4	2	16,6	127
Elektrotechnik	68,6	8	273,4	1.444
Glas und Keramik	19,8	9	34,2	388
Gummi und Kunststoff	35,2	10	54,8	537
Holz	12,8	4	14,2	290
Leder	4,6	5	7,4	567
Luft-, Raum- und sonst. Fahrzeugbau	8,5	14	150,5	6.019
Maschinenbau	98,5	11	249,5	782
Metall	87,7	9	266,3	1.001
Mineralöl	0,6	11	44,4	1.850
Nahrungs- und Genußmittel	32,3	10	153,7	385
Papier	19,6	16	70,4	749
Straßenfahrzeugbau	14,8	13	648,2	6.683
Textil	27,5	11	23,5	412
Musik-, Spiel- u. Schmuckwaren	-*	-*	-*	-*
sonstige	...	...	...	...
Verarbeitendes Gewerbe insgesamt	538,0	9	2.462,0	1.099

* keine Angabe aus Geheimhaltungsgründen
Quelle: Sonderauswertung der Statistischen Landesämter für das IfM Bonn; eigene Berechnungen

Bei der Ermittlung der Durchschnittswerte wurde unterstellt, daß alle Exporteure Devisenmangement betreiben und somit für alle Einsparmöglichkeiten bestehen. Empirische Untersuchungen weisen aber darauf hin, daß im Vergleich zu den europäischen Nachbarstaaten ein großer Anteil deutscher Unternehmen (58 %) ausschließlich in DM fakturiert[74] (Tabelle 22). Von daher verteilt sich das theoretische Einsparpotential auf wesentlich weniger Unternehmen als es die Durchschnittsbetrachtung ausweist.

Tabelle 22: Fakturierungsverhalten von Exporteuren in ausgewählten Ländern[75]

	... % der Unternehmen fakturieren in					
	ausschließlich heimischer Währung	heimischer und fremder Währungen	darunter: (Mehrfachnennungen möglich)			
			DM	US$	GBP	sonstige
Deutschland	58	42	-	27	18	33
Frankreich	21	79	44	36	26	48
Spanien	19	81	44	57	23	49
Italien	10	90	70	63	35	62

Quelle: PAGE (1998)

Abschließend ist festzuhalten, daß die Berechnung des Einsparpotentials für den Mittelstand auf den in Kapitel G ermittelten branchenspezifischen EWU-Ausfuhranteilswerten basiert. Insofern sind auch hier die gleichen Argumente anzuführen, wonach das errechnete Vorteilspotential des Mittelstands tendenziell höher ausfallen müßte. Diese Tendenz wird bei der Abschätzung des mittelstandsrelevanten Einsparpotentials noch durch einen weiteren Effekt verstärkt. Dieser liegt darin begründet, daß von denjenigen Unternehmen, die Devisenmanagement betreiben, kleine und mittlere wesentlich häufiger als Großunternehmen europäische Währungsrisiken absichern. Letztere beschränken sich in der Regel auf die Absicherung von außereuropäischen Währungen (DUMKE/JUCHEMS/SHERMAN 1997, S. 15). Aufgrund dessen dürfte das für den Mittelstand relevante Einsparpotential an Devisenmanagementkosten im Vergleich zu Großunternehmen höher als berechnet ausfallen, wobei diese Effekte jedoch nicht quantifizierbar sind.

---

[74] Einer Studie aus dem Jahre 1984 ist ein noch höherer Anteil deutscher Exporteure (67,5%) zu entnehmen, die ausschließlich in DM fakturieren (WITTSTOCK/DAHRE-MÖLLER 1984, S. 109).

[75] Die Befragung umfaßt in Deutschland 414 Exporteure, von denen 71% als mittelständisch zu klassifizieren sind. Die korrespondierenden (Anteils-)Werte für die übrigen Länder sind: 401 französische Exporteure (40% KMU-Anteil); Spanien 210 (93%); Italien 185 (68%); Großbritannien 361 (keine Angabe).

In diesem Kapitel stand die Ermittlung des Vorteilspotentials aufgrund theoretischer Überlegungen im Vordergrund, die sich allein auf eine Nutzenkomponente (Einsparpotential an Devisenmanagementkosten) bezieht. Dabei wurde von der Annahme ausgegangen, daß jeder Exporteur in dem Maße, wie er in die EWU exportiert, von der Einheitswährung profitiert. Branchen- oder unternehmensgrößenspezifische Verhaltensweisen, etwa hinsichtlich unterschiedlicher Risikopräferenzen bei der Absicherung von Außenhandelsgeschäften, konnten nicht berücksichtigt werden. Insofern kann eine daraus abgeleitete Verteilung des Nutzens der Währungsunion auf einzelne Branchen oder große und kleine Unternehmen nur eine Annäherung an die tatsächliche Nutzenverteilung darstellen.

2. Kosten der Euro-Umstellung für die gewerbliche Wirtschaft

Viele mittelständische Unternehmen fühlen sich - wie in Kapitel E dargelegt und begründet - von einem gemeinsamen Währungsraum kaum betroffen; sie haben sich folglich mit den notwendigen Umstellungsmaßnahmen auch noch nicht auseinandergesetzt. Von den wenigen Unternehmen, die sich mit diesem Thema bereits ausführlicher beschäftigt haben, präferiert die Mehrheit einen späten Umstellungszeitpunkt. Dementsprechend bestehen auch im gewerblichen Bereich kaum Vorstellungen über die zu erwartenden Euro-Umstellungskosten. Es ist somit nicht verwunderlich, daß bisher kaum Zahlen zu dieser Frage verfügbar sind.

Die wenigen in der Öffentlichkeit genannten Schätzungen über die mit dem Umstellungsprozeß einhergehenden Kosten offenbaren, wie unsicher hier noch die Einschätzung ist. Beispielhaft sei hier das Automatengewerbe als einer der stark betroffenen Bereiche der Umstellung angeführt. Für diese Branche variieren die Kostenschätzungen erheblich; im Gespräch sind sowohl Kosten in Höhe von 500 Mill. DM (LÜCKMANN 1997, S. 42) und 600 Mill. DM (DEUTSCHE BANK 1996, S. 107) als auch ca. 1 Mrd. DM (o.V. 1998a, S. 11) oder sogar bis zu 2,5 Mrd. DM (BESSE 1997, S. 3).

Ähnlich breit streuende Kostenschätzungen finden sich auch für den Einzelhandel. Sie reichen von 6,8 Mrd. DM (RÖHM 1997, S. 41) über 10 Mrd. DM (ABERLE 1997, S. 2) bis zu 14 Mrd. DM (FRIESE 1997, S. 52). Diese Schätzungen basieren auf der Annahme, daß der Euro im Wege des "Big-Bang" eingeführt wird. Im Falle einer halbjährigen Parallelwährungsphase würden sich die Kosten nach Auffassung einzelner Experten erheblich erhöhen. Für dieses Szenario werden Umstellungskosten in Höhe von 8,5 Mrd. DM (RÖHM

1997, S. 41) bzw. 30 Mrd. DM veranschlagt (LINKE 1997, S. 9). Die Mineralölindustrie kalkuliert für eine doppelte Preisauszeichnung in der Übergangsphase Zusatzkosten in Höhe von etwa 600 Mill. DM (o.V. 1997o, S. 17).

Für die deutsche Industrie existiert unseres Wissens bislang nur eine einzige konkrete Schätzung des Euro-Umstellungsaufwands. Danach entstehen hier Kosten in Höhe von 4 Mrd. DM (FÄLSCHLE/HÜBNER 1996, S. 137). Auch eine im Januar 1998 durchgeführte Telefonbefragung des Instituts für Mittelstandsforschung Bonn bei den 34 Mitgliedsverbänden des Bundesverbandes der Deutschen Industrie (BDI) führte nicht zu neuen Erkenntnissen, da solche Kostenabschätzungen bisher nicht durchgeführt wurden. Dies ist damit zu erklären, daß die Unternehmen Euro-Umstellungskosten nicht separat erfassen bzw. noch keine Vorstellungen über den Umstellungsaufwand haben.

Konkrete Zahlenangaben lassen sich aus der Presse allenfalls für einige wenige Großunternehmen entnehmen. Die Deutsche Lufthansa soll Berichten zufolge ebenso wie BMW mit Umstellungskosten in Höhe von 50 Mill. DM rechnen (FRIESE 1997, S. 57; MÜTSCH 1998, S. 38). Daimler-Benz erwartet dagegen viermal so hohe Kosten (200 Mill. DM), wobei etwa die Hälfte auf die EDV-Umstellung entfällt (BUNZ 1997, S. 2). Dagegen nehmen sich die Kostenschätzungen der Firmen Stihl und Karmann eher "bescheiden" aus. Sie veranschlagen den EDV-Aufwand für die Euro-Umstellung lediglich mit 500.000 DM bzw. 250.000 DM (WEISHAUPT 1998, S. 8).

Aus der Versicherungswirtschaft liegen Schätzungen für den Allianz-Konzern in Höhe von 100 Mill. DM vor (FRIESE 1997, S. 50), der Gerling-Konzern rechnet ausschließlich für die EDV-Umstellung mit Aufwendungen in Höhe von 40-50 Mill. DM (o.V. 1997p, S. 430). Unter den Einzelmeldungen ragt der Metro-Konzern mit einem Kostenvolumen in Höhe von 500 bis 600 Mill. DM mit großem Abstand heraus (MÜTSCH 1998, S. 37).

Aufgrund ihrer Vorreiterrolle hat sich die Kreditwirtschaft frühzeitig mit der Erfassung der konkreten Umstellungskosten auseinandergesetzt, so daß sich für diesen Wirtschaftsbereich die Datenlage vergleichsweise gut darstellt. Der Branchenprimus Deutsche Bank veranschlagt den Umstellungsaufwand auf etwa 300 Mill. DM (ABERLE 1997, S. 2), es werden auch Schätzungen von bis zu 400 Mill. DM genannt (FRIESE 1997, S. 50). Andere Großbanken kalkulieren die Kosten der Euro-Umstellung etwas geringer.[76] Die Commerzbank rechnet mit 200 Mill. DM (ABERLE 1997, S. 2), die Bayerische Vereinsbank setzt, wie die WestLB, einen Etat von 150 Mill. DM an (ABERLE 1997, S. 2; FÄLSCHLE/HÜBNER 1996, S. 137). Für die Umstellung aller Sparkasseninstitute werden Kosten in Höhe von 3 Mrd. DM erwartet (MÜTSCH 1998, S. 39). Die genossenschaftlichen Banken kalkulieren ihren Umstellungsaufwand um etwa ein Drittel niedriger (o.V. 1997n, S. 15). Insgesamt werden für die deutsche Kreditwirtschaft die Umstellungskosten auf 7 Mrd. DM geschätzt (WOLF-DOETTINCHEM 1997, S. 236). Mehr als die Hälfte der Kosten soll dabei in die Umstellung der Informationstechnik fließen (DEUTSCHE BANK 1996, S. 103).

Auf EU-Ebene werden folgende Zahlen berichtet: Die Europäische Bankenvereinigung schätzt die Umstellungskosten für die Kreditwirtschaft in der EU auf 8 bis 10 Mrd. ECU (15 bis 18 Mrd. DM) oder auf bis zu 2 % der laufenden Kosten pro Jahr - bezogen auf einen Umstellungszeitraum von 3-4 Jahren[77] (DEUTSCHE BANK 1996, S. 103). Addiert man hingegen die von sieben ausgewählten EU-Mitgliedsländern in diesem Wirtschaftszweig erwarteten Kosten, ergibt sich ein Gesamtumstellungsvolumen von 25 Mrd. DM; die französische Bank Société Générale geht in ihrer Schätzung sogar von bis zu 550 Mrd. DM aus (MÜTSCH 1998, S. 39 f.). Die EU-Versicherungswirtschaft rechnet mit 15 Mrd. DM Umstellungsaufwand, nach Schätzung des europäischen Verbandes EuroCommerce kommen auf die Handelsunternehmen in der EU Kosten in der Größenordnung von 52 Mrd. DM zu (MÜTSCH 1998, S. 37).

Nach Angaben von IBM wird die Umstellung von Unternehmen und öffentlichen Verwaltungen auf den Euro europaweit insgesamt rund 300 Mrd. DM kosten; die Hälfte davon wird auf die Informationstechnik entfallen (OBERTREIS 1998, S 20). Die Umstellung aller europäischen Unternehmen kostet einer Studie der KPMG zufolge 90 Mrd. DM (MÜTSCH 1998, S. 37). Im Vergleich

---

76 Diese Schätzungen stehen im Einklang mit den Kostenkalkulationen von Banken anderer potentieller EWU-Teilnehmerländer. So erwartet die ABN Amro Bank Kosten in Höhe von 340 Mill. Gulden für die Euro-Einführung und die Umstellung auf das Jahr 2000 (BERGIUS 1997, S. 10).

77 Der größte internationale Wertpapierverband, die International Securities Markets Association (Isma), kommt aufgrund einer Umfrage bei mehr als 900 Banken und Wertpapierhäusern zu dem Ergebnis, daß die direkten (technischen) Euro-Umstellungskosten durchschnittlich nur 0,00058% der Betriebskosten betragen. Insgesamt ergibt sich danach ein maximaler technischer Umstellungsaufwand von 4 Mill. DM pro Bank. Bei dieser Betrachtung wurden nicht die Kosten einberechnet, die den Banken durch die stetige Aufbesserung ihrer Computeranlagen und Informationstechnik entstehen (o.V. 1997q, S. 16).

dazu beziffert das britische Wertpapierhaus BZW allein die Kosten der Softwareanpassung an Euro und Jahrtausendwechsel für Europas Unternehmen auf 72 Mrd. DM (WOLF-DOETTINCHEM 1997, S. 234).

Die Qualität der aufgeführten Zahlen kann hier nicht beurteilt werden. Obwohl die Ergebnisse zum Teil wenig plausibel erscheinen, werden sie hier unkommentiert wiedergegeben, um das breite Spektrum der in der Öffentlichkeit vorhandenen Kostenschätzungen zu verdeutlichen. Der Eindruck einer gewissen Beliebigkeit gilt nicht nur für aggregierte Zahlen auf europäischer oder deutscher Ebene, sondern auch für wirtschaftsbereichsbezogene oder unternehmensindividuelle Schätzungen. Es stellt sich die Frage, wie es zu solch großen Divergenzen kommen kann, die letztlich jede genannte Kostenschätzung zweifelhaft erscheinen lassen. Als Erklärungsansätze bieten sich an:

- Veränderung der Kostenschätzung im Zeitablauf
  Je näher der geplante Starttermin der Währungsunion rückt, desto intensiver setzen sich die Unternehmen mit dem Euro auseinander und desto konkreter werden die Vorstellungen über das tatsächliche Ausmaß des Umstellungsbedarfs.

- Dauer der Parallelwährungsphase
  Einigen Schätzungen ist nicht zu entnehmen, welches Szenario hinsichtlich der Doppelwährungsphase unterstellt ist.

- Unzureichende Spezifizierung der Kosten
  Aus den Kalkulationen bzw. Schätzungen geht nicht immer hervor, welche Kostenkomponenten einbezogen wurden. Nur in wenigen Fällen werden die Umrüstungsaufwendungen des EDV-Bereiches explizit von weiteren Umstellungskosten abgegrenzt.

- Euro als Auslöser einer grundlegenden Verbesserung der Informationstechnik
  Die Währungsunion nehmen viele Unternehmen zum Anlaß, ihre Informations- und Computertechnik nicht nur Euro-tauglich (mehrwährungsfähig) zu machen, sondern auch Systemanpassungen und -verbesserungen für die Zukunft vorzunehmen. Es werden nicht nur "selbstgestrickte" Softwareprogramme durch Standardanwendungen ersetzt, vielmehr nutzen die Unternehmen die Möglichkeit, Synergien im Wege der Implementierung neuester Technologien zu erzielen (z.B. "2000-Fähigkeit", Internet, Intranet, Electronic Data Interchange, Electronic Commerce).

- Kostenschätzungen als Mittel der Interessenpolitik
  Es ist nicht auszuschließen, daß einzelne Schätzungen auch interessenpolitisch motiviert sind. Überschätzungen können z.B. mit dem Ziel veröffentlicht werden, staatliche Hilfe für die Umstellung zu fordern, Unterschätzungen können mit dem Wunsch der politischen Flankierung des Euro-Gedankens vorgenommen werden.

Alles in allem bleibt festzuhalten, daß eine Vielzahl von Problemen die Schätzung der Euro-Umstellungskosten erschwert, als zentrales Manko erweist sich jedoch der niedrige Vorbereitungsstand der Unternehmen[78] und der daraus resultierende Mangel an abgesicherten quantitativen Informationen. Werden aber Zahlen genannt, so bleiben oft Zweifel hinsichtlich der Brauchbarkeit für die konkrete, hier verfolgte Fragestellung (z.B. Zurechnung der durch die Währungsunion ausgelösten Investitionen/Aufwendungen zum Euro; EDV- und Nicht-EDV-Aufwand; gleichzeitige Euro- und Jahrtausendumstellung). Vor diesem Hintergrund sind Unternehmensangaben zum Umstellungsaufwand kritisch zu betrachten und für eine reine Euro-Kostenschätzung oft nicht geeignet.

Bei aller Unsicherheit zeigt sich dennoch, daß die Umstellungskosten eine vergleichsweise einheitliche Struktur hinsichtlich der einzelnen Komponenten aufweisen (Tabelle 23).

Tabelle 23: Kostenstruktur der Euro-Umstellung (in Prozent der gesamten Umstellungskosten)

	Dresdner Bank	DATEV
Informationstechnik	55	60
Marketing/Public Relations	15	15 - 20
Mitarbeiterqualifizierung	10	10
Büromaterial/Formulare	6	k.A.
Verträge	4	k.A.
Sonstiges	10	3 - 5

© IfM Bonn

Quelle: Dresdner Bank 1996, S. 17; DATEV 1997 (telefonische Auskunft vom November 1997)

Die Schätzung der Dresdner Bank bezieht sich auf die spezielle Umstellungssituation der Kreditwirtschaft, wobei die besondere Bedeutung der EDV als Ko-

78 Nach der Mittelstandsumfrage der DG-Bank geben 85% der Unternehmen an, keine Vorstellung von den Euro-Umstellungskosten zu haben (DG-BANK 1997, S. 12).

stenfaktor im Rahmen der Euro-Umstellung aber auch durch Angaben einzelner Großunternehmen anderer Wirtschaftsbereiche bestätigt wird. Nach Angaben der Dresdner Bank wird die Hauptkostenkomponente in Industrie und Handel über den angeführten 55 % liegen. Insofern erscheint ein 60 %iger EDV-Kostenanteil an den gesamten Umstellungskosten, wie von DATEV als Faustformel für alle Wirtschaftsbereiche angegeben, wahrscheinlich.

Ist die EDV-Kostenkomponente bekannt, können demnach die Gesamtkosten hochgerechnet werden. Erster Ausgangspunkt unserer Überlegungen war es daher, Softwarehäuser, die sich auf die Beratung mittelständischer Unternehmen bei der EDV-Implementierung spezialisiert haben, zu befragen.[79] Zu diesem Zweck wurden die Standard-Software-Hersteller und Tool-Anbieter, die in der DIHT-Umfrage erfaßt wurden, hinsichtlich des Umstellungsaufwands auf den Euro per Telefoninterview befragt (DIHT 1997b). Das Ergebnis war ernüchternd: Fast alle der befragten Softwareanbieter hatten zum Befragungszeitpunkt noch keine Erfahrung mit den Euro-Umstellungsarbeiten im Mittelstand. Die wenigen Anbieter, die bereits erste Umstellungsprojekte begleitet haben, wiesen ausdrücklich darauf hin, daß die spezifische Situation der von ihnen betreuten Unternehmen keine generellen Aussagen zu den Euro-Umstellungskosten kleiner und mittlerer Unternehmen zuließen.

Etwas anders stellt sich die Situation im großbetrieblichen Anwendungsbereich dar. Einen Anhaltspunkt für eine Kostenschätzung bietet das größte deutsche Softwarehaus SAP. Die Standardsoftware R/3 dieses Unternehmens ist sowohl Euro- als auch 2000-fähig. Nach Angaben von SAP setzt die wirtschaftliche Anwendung dieser Software einen Jahresumsatz von mindestens 25 Mill. DM (~ 150 Mitarbeiter) voraus. Beratungsunternehmen, die SAP-Produkte implementieren, setzen diesen Wert noch höher an: Die Spannbreite reicht hier von 35 bis 80 Mill. DM Jahresumsatz. Die Angaben beziehen sich somit ausschließlich auf mittelgroße Unternehmen mit mindestens 150 Beschäftigten.

---

79 Diese Vorgehensweise hätte zudem den Vorteil, daß kein wie auch immer geartetes Interesse zu Über- bzw. Unterschätzungen der Kosten vermutet werden kann.

Für ein Produktionsunternehmen in der Größenordnung um 80 Mill. DM Jahresumsatz ergibt sich nach Expertenauskunft folgende überschlägige Kalkulation:

• Beratung und Installation der Standardmodule hier: 100 Manntage à 2.000 DM	200.000 DM	
• einmalige Lizenz für Standardmodule hier: 30 user à 4.000 DM	120.000 DM	
• jährliche Wartungspauschale hier: 15 % p.a. pro user	18.000 DM	
• Hardwareanpassungen hier: zwei Großrechner	100.000 DM	
Summe der EDV-Standardanpassung		438.000 DM

Die Praxis zeigt, daß neben der standardisierten immer noch eine (zum Teil erhebliche) kundenspezifische Anpassung erfolgen muß (sog. Customizing). Für ein durchschnittliches Musterunternehmen wird der zusätzliche EDV-Anpassungsbedarf mit 20 % veranschlagt (88.000 DM). Insgesamt ergeben sich somit Umstellungskosten im EDV-Bereich in Höhe von rund 526.000 DM. Unter Zugrundelegung des Kostenschlüssels, wonach die EDV-Umstellung etwa 60 % der Gesamtkosten der Euro-Umstellung entspricht, ergibt sich für dieses mittelgroße Musterunternehmen ein Gesamtaufwand in Höhe von rund 876.000 DM, was in etwa 1,1 % des Jahresumsatzes entspricht.

Mit dieser Anpassung wird das Unternehmen aber nicht nur Euro-, sondern auch 2000-fähig gemacht. Gleichzeitig ist damit in der Regel ein Re-Engineering verbunden, d.h. dieses Musterunternehmen nimmt die Währungsumstellung zum Anlaß, die Unternehmensstrukturen und -prozesse zu überprüfen und gegebenenfalls zu reorganisieren. Dies bedeutet, daß die Umstellungskosten zwar durch die Einführung der Währungsunion ausgelöst werden, dem Euro aber nicht vollends zuzurechnen sind. In welchem Ausmaß diese Kosten rein Euro-bedingt sind, läßt sich nicht quantifizieren.

Wie bereits erwähnt, setzt die Anwendung von SAP-Produkten eine gewisse Mindestunternehmensgröße voraus. Die Grenze der Wirtschaftlichkeit für den Einsatz dieser Standardsoftwarelösungen von 25 Mill. DM Jahresumsatz erreicht aber nur 1 % aller deutschen Unternehmen. Insofern erschien eine

Schätzung der für die kleinen und mittleren Unternehmen zu erwartenden Euro-Umstellungskosten auf Basis der SAP-Zahlen nicht geeignet.

Nachdem sich gezeigt hat, daß die Umstellungskosten für mittelständische Unternehmen nicht im Wege von Erfahrungswerten der Softwareanbieter ermittelt werden können, werden in einem zweiten Weg die konkreten Angaben eines Unternehmens herangezogen. Die einzige uns bekannte Schätzung für den Größenbereich der mittelständischen Wirtschaft wurde vom Deutschen Sparkassen- und Giroverband in der Broschüre "Der Euro im Mittelstand" veröffentlicht. Das Praxisbeispiel gibt die Kostenstruktur der Umstellungsaufwendungen wieder und differenziert die einzelnen Kostenkomponenten ursachengerecht.[80] Dabei handelt es sich um ein Handwerksunternehmen mit 29 Beschäftigten und einem Jahresumsatz von etwas weniger als 5 Mill. DM.

Tabelle 24: Euro-bedingte betriebliche Kosten (in DM)

Kostenart	Kosten insgesamt	Davon: Euro-bedingt
EDV-Software	10.000	4.000
EDV-Hardware	10.000	--
Rechnungswesen	8.000	3.000
Preisauszeichnung	5.000	3.000
Kassen	8.000	4.000
Formulare	4.000	2.000
Schulung	10.000	5.000
Kommunikation	5.000	5.000
Summe	60.000	26.000

Quelle: Württembergischer Sparkassen- und Giroverband 1997

Auf Basis dieses Praxisbeispiels sollen die Euro-Umstellungskosten der Wirtschaft insgesamt und der mittelständischen Wirtschaft im Besonderen abgeleitet werden. Dabei wird davon ausgegangen, daß der durch den Euro ausgelöste Umstellungsbedarf Fixkostencharakter aufweist. Aufgrund der Unteilbarkeit beispielsweise von Software und Beratung müssen die Unternehmen Mindestinvestitionen tätigen, die zu einer vergleichsweise höheren Belastung gemes-

80 Es ist davon auszugehen, daß es sich bei den in der Tabelle 24 genannten Werten um eine realistische Schätzung handelt. Zum einen wurde die spezielle Unternehmenssituation berücksichtigt, zum anderen externer Sachverstand durch die Einbeziehung von Experten (z.B. Einholung konkreter Angebote) mit eingebunden.

sen am Umsatz führen, je kleiner das Unternehmen ist. Leider existieren kaum weitere vergleichbare Informationen in Deutschland. Die wenigen Informationen, die vorliegen, führen zu Ergebnissen, die erhebliche Spannbreiten aufweisen, mithin Hochrechnungen oder eventuelle Schätzungen verbieten.

Um zumindest eine plausible Annäherung an die zu erwartenden Kosten zu erreichen, wurden folgende Überlegungen angestellt: Die Einführung des Euro bedeutet, abgesehen von allen volks- und betriebswirtschaftlichen Facetten dieses Ereignisses, eine Veränderung bzw. Anpassung betrieblicher Funktionen (vgl. Kapitel E), wie sie ähnlich - wenn auch in wesentlich schwächerer Form - im Zusammenhang mit der Einführung oder Veränderung arbeits-, sozial- oder steuerrechtlich bedingter Vollzugsverpflichtungen auftreten.

Die Kosten, die das Unternehmen, größenspezifisch analysiert, aus dem Vollzug z.B. der Veränderung von Steuervorschriften, sozialrechtlicher Vorschriften oder gesetzlich vorgeschriebener Meldevorgänge erwachsen, sind repräsentativ erfaßt worden (CLEMENS/KOKALJ/HAUSER 1995). Prima facie spricht nichts dagegen, die Untersuchungsbefunde als Richtwert für eine größenspezifisch aufbereitete Kalkulation der Euro-Umstellungskosten heranzuziehen, wobei anzumerken ist, daß auf diese Art nur eine Annäherung möglich ist und daß der ermittelte Wert einerseits eine Untergrenze darstellt, andererseits nur einmal anfällt. Eine auf dieser Grundlage durchgeführte Näherungsrechnung kommt zu folgenden Ergebnissen.

Im konkreten Fall des baden-württembergischen Handwerksunternehmens betragen die durch den Euro ausgelösten Investitionen insgesamt 60.000 DM, was in etwa 1,2 % des Umsatzes entspricht. Dieser Umsatzanteilswert stimmt mit dem Wert überein, den ein Unternehmen dieser Umsatzgrößenklasse für die Erfüllung der administrationsbedingten Vorschriften aufwenden muß (CLEMENS/KOKALJ/HAUSER 1995, S. 99). Aufgrund dieser Vergleichbarkeit wird das in der Praxis nachgewiesene Muster des größenspezifischen Verlaufs administrationsbedingter Kosten bei der Ermittlung der durch den Euro ausgelösten Umstellungskosten angewandt (Tabelle 25).

Wie erwähnt sind nicht alle im Umstellungsprozeß anfallenden Kosten allein dem Euro zuzurechnen. Im aufgeführten Praxisbeispiel betragen die rein Eurobedingten Aufwendungen nur 26.000 DM: Dies sind 43 % der Gesamtkosten bzw. 0,5 % des Jahresumsatzes. Wird für alle Umsatzgrößenklassen diese Relation von 43 % unterstellt, ist z.B. für ein Unternehmen der Größenklasse bis 1 Mill. DM Umsatz der rein Euro-bedingte Umstellungsaufwand mit 2 % des Jahresumsatzes zu veranschlagen.

Tabelle 25: Schätzung der Euro-bedingten Kosten in Prozent des Jahresumsatzes - nach Umsatzgrößenklassen

Unternehmen mit ...Mill. DM Umsatz	administrations-bedingte Kosten	Durch die Währungsunion ausgelöste Kosten insgesamt	Durch die Währungsunion ausgelöste Kosten hiervon Euro-bedingt
unter 1	4,7	4,7	2,0
1 bis 2	2,1	2,1	0,9
2 bis 5	1,2	1,2	0,5
5 bis 10	0,8	0,8	0,3
10 bis 50	0,5	0,5	0,2
50 bis 100	0,2	0,2	0,09
über 100	0,1	0,1	0,04

© IfM Bonn 1998

Auf Grundlage der so ermittelten Umsatzanteilswerte lassen sich die gesamtwirtschaftlichen Euro-Umstellungskosten der Unternehmen hochrechnen (Tabelle 26). Auf die deutsche Wirtschaft kommen demnach rund 21,5 Mrd. DM zu, die ausschließlich aus der Euro-Umstellung resultieren. Mehr als die Hälfte hiervon entfällt auf kleine Unternehmen; auf die gesamte mittelständische Wirtschaft entfallen 94 %. Nach dieser Berechnung ergibt sich eine Durchschnittsbelastung pro Unternehmen von 7.700 DM. Hier spiegelt sich die Dominanz der kleinen Firmen wider, die mehr als vier Fünftel aller steuerpflichtigen Unternehmen repräsentieren.

Tabelle 26: Kosten der Euro-Umstellung - nach Umsatzgrößenklassen

Unternehmen mit ... Mill. DM Umsatz	steuerbarer Umsatz 1994 in Mill. DM	Anzahl steuerpflichtiger 1994	Euro-bedingter Kostenanteil in % des Umsatzes	Kosten der Euro-bedingten Umstellung: gesamtwirtschaftlich in Mill. DM	Kosten der Euro-bedingten Umstellung: Durchschnittskosten pro Unternehmen in DM
unter 1	555.308,1	2.268.797	2,0	11.106	4.900
1 bis 2	325.386,2	231.682	0,9	2.928	12.600
2 bis 5	503.740,6	163.965	0,5	2.519	15.400
5 bis 10	410.034,1	58.995	0,3	1.230	20.800
10 bis 50	1.034.548,5	51.047	0,2	2.069	40.500
50 bis 100	450.065,5	6.515	0,09	405	62.200
100 u. mehr	3.265.660,6	6.073	0,04	1.306	215.100
Insgesamt	6.544.743,6	2.787.074	0,3	21.563	7.700

© IfM Bonn 1998

Natürlich tritt an dieser Stelle die Frage nach der Plausibilität der so errechneten Werte für die Euro-Umstellung auf. Eine echte, wissenschaftlich befriedigende Plausibilitätsprüfung ist aus den dargelegten Gründen nicht möglich. Lediglich anhand einiger verfügbarer Erfahrungswerte kann überprüft werden, ob die ermittelten Werte realitätsnah sind. Dies ist der Fall, denn diese Werte bestätigen tendenziell unsere Ergebnisse. Im Rahmen von Euro-Audits bei 16 Unternehmen im Größenbereich von 5 bis 250 Beschäftigten ergab sich, daß der Euro Investitionen in Höhe von 20.000 DM bis 100.000 DM zur Folge haben wird (DSGV 1997, S. 67). Berücksichtigt man, daß, wie bei dem Musterunternehmen, nur etwa die Hälfte der Kosten ausschließlich dem Euro zuzurechnen ist, und unterstellt man, daß der absolut geringste Umstellungsaufwand bei den kleineren Unternehmen mit einem Jahresumsatz von 500.000 DM bis 1 Mill. DM vorliegt, ergibt sich ein Umsatzanteilswert, der in der ausgewiesenen Größenordnung liegt.

Ein weitere Bestätigung findet diese Schätzung auch am oberen Ende der Unternehmensgrößenskala. So beziffert Stihl - wie erwähnt - die Umstellungskosten allein für den EDV-Bereich auf 500.000 DM. Geht man von der in der Praxis häufig genannten Faustformel aus,[81] wonach die EDV-Kosten etwa 50 bis 60 % des Gesamtumstellungsaufwandes entsprechen, ergibt sich ein Euro-Gesamtbudget von ca. 830.000 DM. Bezogen auf den Umsatz der Stihl-Werke in Deutschland errechnet sich ein Anteilswert von 0,09 %. Ein weiteres Praxisbeispiel liefert die Firma Karmann (Osnabrück), die ihre Umstellungskosten für den EDV-Bereich auf 250.000 DM veranschlagt. Entsprechend ergäben sich Gesamtkosten, die 0,04 % des Umsatzes ausmachen. Nach Unternehmensangaben von Siemens beträgt der entsprechende Umsatzanteilswert 0,03 %. Diese konkreten Unternehmensbeispiele finden ihre Bestätigung in der Faustformel der Unternehmensberatungsgesellschaft Diebold, nach der große Unternehmen Euro-Umstellungskosten mit etwa 0,03 bis 0,05 % des Jahresumsatzes veranschlagen müssen.

Bei den genannten Beispielen ist davon auszugehen, daß es sich jeweils um durch die Währungsunion ausgelöste Kosten handelt, die aber nicht in vollem Umfang dem Euro zugerechnet werden dürfen. Unter Berücksichtigung dieser Tatsache fügen sich die hier explizit genannten und weiter oben dargestellten Großunternehmen in das von uns ermittelte Kostenmuster.

---

81 Siehe hierzu Tabelle 23.

Bei der Beurteilung der Ergebnisse ist aber grundsätzlich festzuhalten, daß die Umstellungskosten nur einmalig anfallen, wohingegen der Nutzen aus der einheitlichen Währung kontinuierlich auftreten wird. Aus Sicht der Unternehmen handelt es sich abgesehen davon, daß umgestellt werden muß, um eine Investitionsentscheidung mit einer mehr oder weniger langen "Pay-back-Periode". Die Dauer dieser Periode hängt zum einen natürlich von den realisierbaren jährlichen Nutzen (Einsparungen) ab, zum anderen aber ganz wesentlich von der Art der Investitionen. Hier eröffnen sich prinzipiell zwei Varianten - die offensive, eher strategische und die defensive, vornehmlich technische Anpassung.

In beiden Fällen spielt die Informationstechnik die entscheidende Rolle. Innerhalb der strategischen Neuausrichtung wird sie allerdings nicht nur auf einen Standard gebracht, der die Euro- und 2000-Fähigkeit umschließt, vielmehr werden diese Unternehmen ihrem EDV-Bereich ein Profil geben, das es ihnen ermöglicht, ihre Position im Wettbewerb zu festigen oder sogar auszubauen. Das bedeutet, daß für diese Unternehmen nicht so sehr die konkreten Euro-Umstellungsanforderungen und -kosten im Vordergrund der Entscheidung stehen, sondern typischerweise langfristige Rationalisierungspotentiale und Marktchancen in den Überlegungen eine zentrale Rolle spielen.

Mit diesem Vorgehen ist ein Trend hin zum verstärkten Einsatz von Standardsoftwareanwendungen verbunden, was die Dynamik des Softwaremarktes eindeutig belegt. Die Standard-Programme ermöglichen den Aufbau einer Datenverarbeitungslandschaft, die jederzeit durch Erweiterungen (Zukauf von Modulen/Up-dates) zukünftigen Anforderungen angepaßt werden kann. Diese Unternehmen erwerben damit eine Flexibilität, die sich in einem immer stärker sich wandelnden Wettbewerbsumfeld als Trumpfkarte erweisen könnte. Es ist zu vermuten, daß größere und große Unternehmen den Prozeß der Währungsumstellung in dieser Weise angehen, während kleinere eher die defensive Variante wählen.

Im Vergleich zur Gruppe der "strategieorientierten" Unternehmen präsentiert sich die Frage der Kosten der Euro-Umstellung für die heterogene Gruppe kleiner und mittlerer Unternehmen differenzierter. Auch wenn für Unternehmen mittlerer Größe kleiner dimensionierte Standardsoftwareanwendungen existieren, scheidet diese Art der Problemlösung unter Rentabilitätsgesichtspunkten für die Vielzahl der kleinen Unternehmen aus, da für die Anwendung von Standard-Software eine bestimmte Mindestunternehmensgröße erforderlich ist. Insofern können sich Rationalisierungs- und Chancenpotentiale, die sich im Wege des Einsatzes von Standardsoftware ergeben, für diesen Unternehmenskreis nicht erschließen; die Umstellung im EDV-Bereich reduziert sich damit vielfach auf ein technisches, operatives Problem. Hier ist anzumerken, daß für die große Masse der kleinen Unternehmen, nicht zuletzt aufgrund ihrer starken Verhaftung im Tagesgeschäft, strategische Überlegungen bislang ohnehin eher eine untergeordnete Rolle spielen und von daher auch bei der Euro-Umstellung vermutlich nicht relevant werden. Auch wenn vieles dafür spricht, daß im Gegensatz zu den "strategieorientierten" Unternehmen den kleineren oftmals nur die Rolle des "passiven Systemanpassers" bleibt, sollten sich möglichst viele dieser Unternehmen den Herausforderungen des einheitlichen Währungsraumes stellen und die notwendige Umstellung zu grundsätzlichen Überlegungen für eine gleichzeitige betriebliche Neustrukturierung nutzen.

Ziel der hier durchgeführten Berechnung war es, eine Vorstellung über die Größenordnung der gesamtwirtschaftlichen Euro-bedingten Nutzen und Umstellungskosten zu gewinnen. Es ist uns durchaus bewußt, daß es eine Vielzahl von Unternehmen geben wird, für die die Befunde nicht zutreffen werden. Dennoch kann u.E. das Ergebnis der Nutzen- und Kostenschätzung zur Versachlichung der Diskussion um die Währungsunion beitragen, insbesondere wenn sie vor dem Hintergrund der mit Währungsunion einhergehenden Vorteile geführt wird.

Zusammenfassend führen unsere Berechnungen zu folgenden Ergebnissen: Unter Berücksichtigung der Auslandsorientierung und der Fakturierungsgewohnheiten der deutschen Unternehmen führt die Einführung des Euro zu einem Einsparpotential an Devisenmanagementkosten für Exporteure des verarbeitenden Gewerbes in Höhe von 3 Mrd DM, wobei auf den industriellen Mittelstand 538 Mill. DM entfallen. Dies entspricht einem durchschnittlichen Einsparpotential eines mittelständischen Exporteurs von rund 9.000 DM. Aufgrund einiger (nicht-quantifizierbarer) Faktoren, welche nicht in unsere Berechnung einfließen konnten, ist jedoch zu vermuten, daß das Vorteilspotential des Mittelstandes höher ausfällt als von uns errechnet.

Von dem hier auf Basis des Wegfalls der Devisenmanagementkosten ermittelten theoretischen Vorteilspotential durch den gemeinsamen Währungsraum profitieren nur exportierende Unternehmen, die Devisenmanagement betreiben.

Die Umstellung auf den Euro verursacht aber bei jedem Unternehmen Kosten, wenn auch in unterschiedlicher Höhe. Auf Basis von Praxiserfahrungen, der Umsatzsteuerstatistik und der Annahme eines fixkostengeprägten Kostenverlaufs konnte die Gesamtbelastung der deutschen Wirtschaft durch die Umstellung auf den Euro mit 21,5 Mrd. DM beziffert werden. Dementsprechend beträgt die durchschnittliche Kostenbelastung 7.700 DM je Unternehmen. Dabei ist zu berücksichtigen, daß es sich um einen einmalig anfallenden Betrag handelt.

I. Zusammenfassung und Schlußbemerkung

Die Europäische Währungsunion soll zu mehr Wettbewerb, vermehrter Arbeitsteilung, effizienterer Produktion, geringeren Preisen sowie zu einer Stärkung von Wachstum, Beschäftigung und Wohlstand zugunsten von Wirtschaft und Verbrauchern beitragen. Bereits die Vollendung des Binnenmarktes vor nunmehr fünf Jahren war von entsprechenden Hoffnungen begleitet, allerdings sind die gesamtwirtschaftlichen Entwicklungen in Europa, zumindest in Bezug auf das Problem der Arbeitslosigkeit, eher ernüchternd. Die Gleichung Wachstum = Arbeitsplätze scheint ihre uneingeschränkte Gültigkeit verloren zu haben.

Nun besteht eine weitgehende Einigkeit darüber, daß auch eine EWU die Arbeitsmarktproblematik nicht unmittelbar löst. Während allerdings die Befürworter des Euro mittel- und langfristig neue Arbeitsplätze durch den Euro erwarten, sehen Kritiker der Währungsunion vor allem für Deutschland eine weitere Verschärfung der Arbeitsmarktprobleme.

Es stellt sich die Frage, ob der Mittelstand seiner Rolle als Arbeitsplatzbeschaffer in einem einheitlichen Währungsraum besser gerecht werden kann. Hier sind zwei Aspekte zu beachten. Zum einen haben die letzten Jahre bereits erkennen lassen, daß der vom Binnenmarkt ausgehende Wettbewerbsdruck zu Unternehmenszusammenschlüssen und größeren Unternehmenseinheiten in Europa geführt hat, eine Tendenz, die sich durch die einheitliche Währung verstärken dürfte. Insofern wäre zu befürchten, daß sinkende Preise und eine weitere Wettbewerbsintensivierung mittelständische Unternehmen einer strategischen Bedrohung aussetzen könnte mit der Folge höherer Marktaustrittsraten und entsprechend negativer Auswirkungen für die Arbeitsplätze. Zum anderen steht außer Zweifel, daß der Mittelstand Wettbewerb nicht grundsätzlich befürchten muß und die Währungsunion Hemmnisse, insbesondere für die Außenhandelsunternehmen, beseitigt und somit tendenziell Chancen für neue unternehmerische Engagements und für neue Unternehmen eröffnet.

Die vorliegende Untersuchung stellt eine Bestandsaufnahme dar, in der es im Kern um die Herausforderungen der EWU für die kleinen und mittleren Unternehmen und um die Nutzen und Kosten, die mit der Einführung einer einheitlichen Währung in Europa verbunden sind, geht.

Die Änderung der Währungsordnung schlägt sich nicht nur in einem betrieblichen Anpassungsbedarf für jedes Unternehmen nieder; auch das unternehmerische Umfeld und gesamtwirtschaftliche Rahmenbedingungen werden sich verändern. Obwohl das Ausmaß der erforderlichen Umstellungsmaßnahmen sich nach der konkreten Unternehmenssituation bestimmt, ist grundsätzlich anzumerken, daß die Betroffenheit zunimmt, je größer das Unternehmen und je intensiver es in die internationale Arbeitsteilung eingebunden ist. Dementsprechend sind kleine und mittlere Unternehmen im allgemeinen geringer betroffen. Dies gilt insbesondere für die große Mehrzahl der Kleinst- und Kleinunternehmen, die nicht über komplexe EDV-Landschaften verfügen, lokal bzw. allenfalls regional agieren und vergleichsweise einfache Unternehmensstrukturen aufweisen.

Gleichwohl gibt es international ausgerichtete, mit komplexen Organisationsstrukturen ausgestattete mittelständische Unternehmen, für die die Euro-Umstellung eine vergleichsweise größere Herausforderung als für Großunternehmen darstellt. Sie verfügen oft noch nicht über "Stäbe" und sind daher relativ stärker - zu entsprechenden Kosten - auf externes Know-how angewiesen. Insbesondere bei der EDV-Umstellung muß vor dem Hintergrund, daß bei einem späten Umstellungszeitpunkt Engpässe zu erwarten sind, die Bereitstellung dieser Ressourcen langfristig geplant werden. Um zu erwartenden Engpässen zu entgehen, muß der Unternehmer bereits heute Kontakt zu den Softwareanbietern aufnehmen. Erforderlich für eine Auftragsvergabe ist die detaillierte Kenntnis der zukünftigen Anforderungen, die die Software erfüllen muß. Für eine unternehmensindividuelle Definition dieser Anforderungen ist es notwendig, daß der Mittelständler sich heute mit dem zukünftigen Wettbewerbsumfeld auseinandersetzt. Aufgrund ihrer starken Verhaftung im Tagesgeschäft haben viele Mittelständler Schwierigkeiten, den konkreten Umstellungsbedarf rechtzeitig in eine Zeitschiene umzusetzen, um somit der Gefahr einer "Zeitfalle" zu entgehen.

Aber nicht nur der Faktor Zeit kann sich als Hürde bei der Euro-Umstellung erweisen. Für viele mittelständische Unternehmen stellt sich zudem die Frage der strategischen Neuorientierung. Die mit der einheitlichen Währung verbundene Zunahme der Wettbewerbsintensität führt dazu, daß die Wettbewerbsfähigkeit der Unternehmen nicht nur auf nationaler, sondern auch auf europäischer Ebene auf den Prüfstand gerät. Das impliziert die Notwendigkeit einer konsequenten Professionalisierung aller Unternehmensfunktionen und -bereiche. Es umschließt u. a. auch die im Mittelstand teilweise noch vorhandenen Defizite hinsichtlich der Einführung moderner Managementinformationssysteme.

Schließlich verlangt die Zusammenführung der bereichsspezifischen Umstellungsbedarfe eine übergeordnete, funktionsübergreifende Koordination. Eine abteilungsbezogene Zuordnung der Euro-Umstellung birgt das Problem, daß dem Euro-Verantwortlichen Detailanforderungen anderer Abteilungen möglicherweise nicht bekannt sind. Eine funktionsübergreifende Koordination erfordert die Schaffung neuer Kompetenzen und Budgetverantwortlichkeiten. Gerade kleine und mittlere Unternehmen, die im Projektmanagement unerfahren sind, stellt dies vor besondere Probleme.

Eine Detailanalyse der Euro-Umstellung bei dieser Kategorie mittelständischer Unternehmen läßt den Schluß zu, daß das Thema Euro für die Mehrheit noch keine Priorität besitzt. Dies zeigt sich daran, daß die Unternehmen in der Regel erst spät einen Euro-Beauftragten benannten und dieser weder mit übergreifenden Kompetenzen noch mit Budgetverantwortlichkeiten ausgestattet war. Ebenfalls waren funktionsübergreifende Projektteams bei den Firmen (noch) nicht vorzufinden. In den meisten Fällen wurde die Aufgabe der Euro-Umstellung dem EDV-Leiter übertragen. Dies kann als Indiz gewertet werden, daß die Mittelständler die Währungsumstellung vornehmlich als ein operatives, technisches Problem begreifen, welches zusätzlich zum Tagesgeschäft zu bewältigen ist. Die mit dem Euro einhergehenden Strategieanpassungen blieben bisher unberücksichtigt.

Aufgrund der Dominanz des Tagesgeschäftes ist vielen mittelständischen Unternehmern die Dringlichkeit nicht bewußt, die zukunftsgerichteten Entscheidungen bereits jetzt treffen zu müssen. Es steht daher zu befürchten, daß diese kleinen und mittleren Unternehmen, die nicht rechtzeitig auf den ins Rollen geratenen "Euro-Zug" aufspringen, ihn später nur unter großen Anstrengungen und zu höheren Kosten wieder einholen können.

Welche Auswirkungen wird die Währungsunion auf die Branchen der deutschen Wirtschaft haben? Sicherlich gibt es unmittelbare Gewinner (Softwarehersteller) und Hauptbetroffene (Einzelhandel, Automatenindustrie). In der mittleren und langen Frist werden infolge der Beseitigung währungsbedingter Wettbewerbsnachteile vornehmlich Branchen mit ausgeprägtem EWU-Auslandsgeschäft profitieren. Aber auch eher inlandsorientierte Wirtschaftszweige werden von der Einführung des Euro betroffen sein, wenn ausländische Unternehmen den Wegfall der Währungsvielfalt zum Anlaß für einen Markteintritt erwägen. Im Endeffekt wird der Wettbewerb zunehmen, auch für die Unternehmen, die bisher nur über geringe Handelsverflechtungen mit dem Ausland verfügen.

Generell führt der Euro zu einer höheren Markttransparenz. Preisunterschiede werden, sofern sie hoch genug sind, Arbitrageure anlocken. Eine Preisdifferenzierung wird daher in den EWU-Ländern nur noch in engen Grenzen möglich sein. Von dieser Entwicklung werden vor allem Konsumgüter betroffen sein. Die zunehmende Preistransparenz hat insbesondere auch für mittelständische Zulieferer weitreichende Konsequenzen. Die global agierenden Großkonzerne werden ihre Einkaufspolitik neu überdenken, wodurch sich das "Ranking" der Lieferanten durchaus ändern kann. Inwieweit die daraus resultierenden Konsequenzen für mittelständische Unternehmen per Saldo eher positiv oder negativ sind, kann nicht pauschal beurteilt werden.

Eine zentrale Frage ist die nach den Kosten und Nutzen der EWU. Die Eurobedingten Kosten wurden sowohl für die Unternehmen insgesamt als auch für Unternehmen unterschiedlicher Größe ermittelt. Anhand konkreter Kostenschätzungen aus der Praxis, der Annahme eines fixkostengeprägten Kostenverlaufs und auf Grundlage der Umsatzsteuerstatistik konnte die gesamte Kostenbelastung der deutschen Unternehmen mit 21,5 Mrd. DM (0,3% des Umsatzes aller Unternehmen) beziffert werden; dies entspricht einer durchschnittlichen Belastung von 7.700 DM pro Unternehmen.

Während kleine Unternehmen (bis zu 1 Mill. DM Jahresumsatz) durchschnittlich mit einer Kostenbelastung von 4.900 DM (2% des Jahresumsatzes) rechnen müssen, betragen die entsprechenden Kosten für ein großes Unternehmen (mehr als 100 Mill. DM Jahresumsatz) rd. 215.000 DM (0,04% des Jahresumsatzes). Mehr als die Hälfte der Gesamtkosten ist von den kleinen Unternehmen zu tragen, auf die gesamte mittelständische Wirtschaft entfallen 94% (20,3 Mrd. DM).

Zur Ermittlung des Nutzens, den deutsche Unternehmen aus der EWU ziehen können, bedarf es sowohl einer Analyse der Euro-Orientierung der deutschen Wirtschaft als auch der Bestimmung des Einsparpotentials. Um dem Ziel unternehmensgrößenspezifischer Ergebnisse gerecht zu werden, war es notwendig, die Untersuchung (aus Gründen der Verfügbarkeit statistischer Daten) auf das verarbeitende Gewerbe zu beschränken; dies beeinträchtigt den Erkenntniswert der Ergebnisse insofern nicht wesentlich, als mehr als zwei Drittel der Exportumsätze auf diesen Bereich entfallen. Für die Quantifizierung des

Einsparpotentials deutscher Exporteure wird auf die eingesparten Kosten des Devisenmanagements zurückgegriffen.

Der Kreis der potentiell Euro-begünstigten Unternehmen umfaßt rd. 10% aller umsatzsteuerpflichtigen Unternehmen, nämlich diejenigen, die Exportumsätze tätigen. 67,9% der Exporte entfallen auf die rd. 64.000 (22,4%) Unternehmen des verarbeitenden Gewerbes (Exportquote: 23,5%). Der EWU-Anteil der Exporte des verarbeitenden Gewerbes beträgt 44,8% und differiert je nach Branche zwischen 31,5% und 61,2%; bezogen auf den Gesamtumsatz liegt die Euro-Quote des verarbeitenden Gewerbes bei 10,5% (rd. 238 Mrd. DM).

Knapp 62.000 exportierende Unternehmen des verarbeitenden Gewerbes sind mittelständisch. Ihre durchschnittliche Exportquote beträgt 12,4%, die der Großunternehmen 29,2%. Während der KMU-Anteil am Gesamtumsatz bei 34% liegt, reduziert sich ihr Ausfuhranteil auf 17,9% (rd. 43 Mrd. DM). Im Durchschnitt setzt ein mittelständischer Exporteur 1,5 Mill. DM im Ausland um, bei den Großunternehmen liegt der entsprechende Wert mehr als 100mal so hoch. Betrachtet man nun lediglich die auf die EWU entfallenden Exporte, so beträgt der durchschnittliche Ausfuhrumsatz eines mittelständischen Unternehmens des verarbeitenden Gewerbes 690.000 DM und der eines Großunternehmens 87 Mill. DM.

Die Analyse nach der Unternehmensgröße führt zu dem Ergebnis, daß die Währungsunion erwartungsgemäß vornehmlich die stark international ausgerichteten Großunternehmen begünstigen wird. Der theoretisch begünstigte EWU-Ausfuhrumsatz der mittelständischen Exporteure im verarbeitenden Gewerbe beträgt lediglich 17,9 % des gesamten EWU-Exports. Dies spiegelt sich auch in den unternehmensgrößenspezifischen "Euro-Quoten" wider: Während der Anteil der mittelständischen EWU-Ausfuhren gemessen am Gesamtumsatz aller mittelständischen Unternehmen des verarbeitenden Gewerbes 5,6 % beträgt, ist der entsprechende Wert bei den Großunternehmen mehr als zweimal so groß (13,1 %).

Unmittelbar greifbar wird der Euro-Nutzen im Hinblick auf die Verringerung bzw. Einsparung der Devisenmanagementkosten. Berücksichtigt man das Ausmaß der Auslandsorientierung und die Fakturierungsgewohnheiten der deutschen Unternehmen, ergibt sich für die deutsche Wirtschaft ein Einsparpotential in Höhe von 8,8 Mrd. DM (0,25% des Bruttoinlandsprodukts), das sich je zur Hälfte auf die Import- und auf die Exportseite verteilt.

Eine differenzierte Zuordnung des Nutzens läßt sich für die Importeure nicht, für die Exporteure nur bezüglich des verarbeitenden Gewerbes vornehmen. Annahmegemäß ergibt sich für diesen Sektor entsprechend seines Ausfuhranteils ein Einsparpotential bzw. Euro-Nutzen von 3 Mrd. DM. Meistbegünstigt sind, wie nicht anders zu erwarten, die in hohem Maß auslandsorientierten Branchen (Straßenfahrzeugbau, Chemische und Metallindustrie, Maschinenbau und Elektrotechnik). Ein anderes Bild der Begünstigung zeigt sich bei der ausschließlichen Betrachtung der mittelständischen Ausfuhrwirtschaft. Als mittelständischer Branchenprimus erweist sich der Maschinenbau. Betrachtet man hingegen das relative Vorteilspotential, gemessen am durchschnittlichen Einsparpotential pro Exporteur, nimmt das mittelständische Papiergewerbe den Spitzenplatz ein. Insgesamt ist davon auszugehen, daß die mittelständischen Exporteure des verarbeitenden Gewerbes Einsparungen durch den Euro in Höhe von 538 Mill. DM realisieren können (durchschnittlich 9.000 DM pro Exporteur), das Einsparpotential der Großunternehmen liegt entsprechend bei rd. 2,5 Mrd DM.

An dieser Stelle ist noch einmal darauf hinzuweisen, daß die von uns durchgeführten Berechnungen aufgrund unzureichenden statistischen Datenmaterials nicht ohne bestimmte Annahmen möglich waren. Zudem konnten einige (nichtquantifizierbare) Faktoren in die Berechnung nicht einfließen. Im Falle der Nutzenverteilung ist zum Beispiel zu vermuten, daß das Vorteilspotential des Mittelstandes höher ausfällt als von uns errechnet. Letztlich ist unser Vorgehen als Quantifizierungsversuch in dem Sinne zu betrachten, daß eine Vorstellung über die zu erwartende Größenordnung der Kosten und Nutzen sowie deren entsprechende strukturelle Verteilung vermittelt werden soll, die über reine Spekulationen deutlich hinausgeht.

Abschließend bleibt festzuhalten, daß der gemeinsame Währungsraum nicht der Anfang einer Entwicklung ist, sondern nach dem Binnenmarktprogramm und der Liberalisierung der Finanzmärkte einen weiteren Schritt in einem vierzigjährigen Prozeß darstellt. Die mit der Einführung des Euro einhergehenden Herausforderungen gilt es von den Unternehmen anzunehmen. Gleichwohl gibt es auch Veränderungen im Unternehmensumfeld, die die zukünftige Wettbewerbsfähigkeit nachhaltig beeinflußen können. Durch den Euro werden die Unternehmen schneller mit sich ändernden Anforderungen konfrontiert als dies ohne die Währungsunion der Fall wäre. Insofern sollten die Unternehmen die gemeinsame Währung als Chance begreifen und sie zum Anlaß nehmen, sich für die Zukunft fit zu machen.

Anhang

Die Einfuhr Deutschlands

Einfuhr von Erzeugnissen des	Einfuhr weltweit	F in %	B/LUX in %	NL in %	IRL in %	FL in %	A in %	ITA in %	ESP in %	POR in %	GB in %	DK in %	SWE in %	GR in %	Summe in %
Land, Forst- u.Fischwirtschaft	33.280	7,4	1,9	17,1	0,1	0,2	0,4	8,8	8,2	0,0	0,6	2,4	0,2	1,3	**48,8**
Nahrungs- u Genußmittelgewerbe	38.883	16,2	8,3	24,0	4,9	0,0	1,4	7,0	2,3	0,1	3,1	7,1	0,4	0,9	**75,7**
Energie- u.Wasserversorgung	1.232	13,3	4,1	1,5	9,7	0,0	29,6	0,0	0,0	0,0	0,0	8,4	6,0	0,0	**72,6**
21 Bergbau	33.223	0,4	0,5	12,9	0,0	0,0	0,0	0,4	0,0	0,3	10,3	0,1	0,5	0,0	**25,4**
25 Steine u. Erden	6.783	10,4	8,4	8,3	1,3	1,0	5,5	13,0	4,3	0,8	3,7	5,7	0,6	0,8	**63,9**
27 Eisen u. Stahlindustrie	20.117	13,5	18,4	6,5	0,2	2,2	6,2	9,4	2,8	0,0	6,6	1,0	5,1	0,3	**72,2**
29 Gießereiindustrie	966	20,8	4,9	6,2	0,0	0,2	7,8	6,3	3,3	1,1	6,4	1,8	0,8	0,0	**59,6**
301 Ziehereien u. Kaltwalzwerke	2.791	16,6	12,8	7,7	0,2	1,4	5,9	14,5	4,0	0,1	4,2	1,0	7,6	0,3	**76,3**
28 NE-Metallindustrie	21.597	8,0	8,1	7,9	0,1	0,8	3,5	3,5	1,3	0,0	7,1	1,0	1,3	0,7	**43,5**
22 Mineralölindustrie	9.604	6,8	10,5	50,1	0,0	0,2	0,0	1,2	0,6	0,1	4,2	2,0	3,9	0,1	**79,9**
40 Chemische Industrie	63.669	14,5	12,3	13,5	2,3	0,5	2,8	6,2	2,2	0,2	8,8	1,3	0,6	0,0	**65,3**
53 Holzbearbeitung	4.995	6,7	5,0	1,6	0,0	13,7	8,7	3,7	0,5	0,0	0,2	0,7	10,9	0,2	**52,0**
55 Papier/Pappe	15.265	8,8	2,5	7,2	0,0	16,4	6,1	4,3	1,9	2,0	4,0	0,8	18,1	0,0	**72,2**
59 Gummiwaren	6.785	20,8	7,4	6,6	2,5	0,3	3,3	10,7	5,9	0,4	7,6	0,5	1,0	0,4	**67,3**
31 Stahlbau	3.928	13,0	7,8	9,5	0,4	1,1	11,2	6,5	0,3	0,0	2,4	4,8	1,3	0,2	**58,7**
32 Maschinenbau	38.756	11,2	4,0	4,5	0,5	0,8	6,2	12,8	1,8	0,4	7,0	3,0	3,9	0,0	**56,4**
33 Straßenfahrzeugbau	67.827	17,6	14,5	2,8	0,1	0,3	7,6	8,6	10,5	1,3	10,5	0,3	1,5	0,0	**75,7**
35 Luft-Raumfahrzeugbau	13.921	44,2	1,0	1,1	0,2	0,1	0,2	1,3	0,4	0,0	9,5	0,5	0,9	0,1	**59,5**

Fortsetzung

	Einfuhr von Erzeugnissen des	Einfuhr weltweit	F in %	B/LUX in %	NL in %	IRL in %	FL in %	A in %	ITA in %	ESP in %	POR in %	GB in %	DK in %	SWE in %	GR in %	Summe in %
36	Elektrotechnik	78.207	7,1	2,0	3,6	2,1	0,9	4,4	6,0	2,0	1,9	7,9	1,1	1,5	0,1	**40,7**
37	Feinmechanik u. Optik	11.666	6,5	0,8	8,5	1,4	0,2	0,9	4,4	0,4	0,7	3,9	1,5	1,0	0,0	**30,2**
302	Stahlverformung	4.185	7,7	2,2	6,2	0,6	0,3	3,7	16,7	3,0	0,8	5,6	1,8	4,2	0,0	**52,7**
38	EBM-Industrie	14.205	8,3	4,8	6,2	1,0	0,7	6,6	13,7	2,1	0,5	3,7	2,5	2,2	0,2	**52,7**
50	EDV	29.304	4,9	0,9	3,1	4,4	0,5	0,3	3,3	1,8	0,0	10,2	0,1	0,4	0,0	**30,1**
51	Feinkeramik	2.971	10,2	3,5	2,7	0,0	0,4	0,9	41,0	4,3	4,9	1,9	0,6	0,1	0,1	**70,7**
52	Glas	4.192	15,2	14,9	7,0	0,4	1,0	3,8	12,0	1,8	0,5	4,7	2,7	1,6	0,0	**65,7**
54	Holzwaren	10.294	3,9	3,6	4,2	0,4	1,6	3,6	16,4	0,9	2,0	1,4	11,9	3,7	0,0	**53,5**
39	Musik, Spiel- u. Schmuckwaren	6.968	3,1	3,4	2,0	0,8	0,3	3,9	11,6	1,0	0,1	2,6	3,4	0,2	0,0	**32,4**
56	Papier- und Pappwaren	4.083	14,3	6,8	10,8	0,0	4,8	10,4	11,6	0,8	0,3	6,8	3,1	5,1	0,0	**74,8**
57	Druckindustrie	2.224	9,5	4,9	6,3	1,1	0,3	10,2	10,0	1,5	0,0	11,5	2,6	0,9	0,2	**58,9**
58	Kunststoffindustrie	12.422	12,0	10,8	10,6	1,2	0,4	5,2	13,6	1,9	1,0	4,9	3,1	1,5	0,3	**66,5**
61	Leder	1.192	3,0	1,3	2,3	0,0	0,2	8,4	46,1	2,6	1,3	1,2	0,4	0,3	0,4	**67,5**
621	Lederwaren	2.014	2,7	1,6	2,9	0,2	0,0	0,6	11,3	0,7	0,0	1,1	0,1	0,0	0,0	**21,5**
625	Schuhindustrie	6.214	3,1	0,3	2,1	0,0	0,0	4,9	30,9	7,3	12,5	0,9	0,3	0,0	0,2	**62,6**
63	Textilindustrie	29131	6,4	5,9	5,2	0,7	0,3	3,0	19,5	1,3	3,6	2,8	1,2	0,3	3,7	**53,8**
64	Bekleidungsindustrie	23242	2,4	1,7	1,7	0,0	0,0	0,9	8,2	0,2	2,3	1,5	0,8	0,0	1,4	**21,5**
	sonstige Waren	38098	16,8	9,6	13,0	1,4	1,6	6,7	11,8	4,4	1,7	9,7	2,9	5,7	0,7	**86,1**
	insgesamt	**664234**	**11,0**	**6,6**	**8,8**	**1,3**	**1,1**	**3,9**	**8,6**	**3,1**	**1,1**	**6,6**	**1,9**	**2,1**	**0,5**	56,4

© IfM Bonn

Literaturverzeichnis

ABERLE, H.-J. (1997): Manuskript anläßlich des Referates zur Vorkonferenz "Handwerk und kleine Unternehmen /WWU" in Amsterdam am 30./31.1.

ASCHINGER, G. (1997): Probleme auf dem Weg zum Euro, in: Wirtschaftsdienst, Nr. 10, S. 581

AUER, J. (1997): Euro-Branchenspecial, in: DEUTSCHE BANK RESEARCH (Hrsg.): EWU-Monitor, Nr. 32

BDI - BUNDESVERBAND DER DEUTSCHEN INDUSTRIE (1996): Der Euro: Chance für die Deutsche Industrie, Report des Industrieforums EWU, Köln

BDI - BUNDESVERBAND DER DEUTSCHEN INDUSTRIE (1997a): Der Euro: Umsetzung in der unternehmerischen Praxis, Euro-Service, Nr. 1, Köln

BDI - BUNDESVERBAND DER DEUTSCHEN INDUSTRIE (1997b): Der Euro: Umsetzung im betrieblichen Rechnungswesen, Euro-Service, Nr. 2, Köln

BDI - BUNDESVERBAND DER DEUTSCHEN INDUSTRIE (1997c): Der Euro im Zahlungsverkehr der Unternehmen, Euro-Service, Nr. 3, Köln

BDI - BUNDESVERBAND DER DEUTSCHEN INDUSTRIE (1997d): Rechtsfragen der Euro-Einführung, Euro-Service, Nr. 4, Köln

BERGIUS, S. (1997): Mit "etwas Glück" gelingt die Umstellung auf den Euro in nur zwei Wochen, in: Handelsblatt vom 4.6., S. 10

BESSE, K. (1997): veröffentlichtes Manuskript des Referates anläßlich des III. Europäischen Forums Mittelstand in Mülheim/Ruhr am 11.6.

BMWI - BUNDESMINISTERIUM FÜR WIRTSCHAFT (1992): Entwicklungen und Perspektiven für Direktinvestitionen, Dokumentation, Nr. 325, Bonn

BMWI - BUNDESMINISTERIUM FÜR WIRTSCHAFT (1997): Europäische Mittelstandspolitik - Handlungsempfehlungen des Beirates für Fragen des Gewerblichen Mittelstandes und der Freien Berufe, in: Dokumentation, Nr. 432, Bonn

BÖDECKER, A. (1997): Der neue Euro: Hart wie die Mark?, in: Unternehmer-Magazin, Nr. 5, S. 10 - 13

BODIN, M. (1997): Wachstumsimpulse durch den Euro, in: Sparkasse, Nr. 1, S. 20 - 24

BOHNE, A. (1997): Vorsicht, die Arbitrageure kommen, in: Handelsblatt vom 29.9., S. 41

BORELL, R. (1996): Zur Europäischen Währungsunion, Analysen und Folgerungen, in: KARL-BRÄUER-INSTITUT DES BUNDES DER STEUERZAHLER e.V. (Hrsg.), Heft 83, Wiesbaden

BUNZ, A. R. (1997): Practical and operational preparations for EMU in Germany, Monthly press review for October 1997

BUSCH, B.; LICHTBLAU, K.; SCHNABEL, C. (1997): Kohäsion in der Europäischen Union - eine empirische Analyse, in: iw-trends, Nr. 1

BUSCHER, H. S. (1997): Italien - Fallstricke auf dem Weg in die Währungsunion, in: EU-Magazin, Nr. 11, S. 40

BVR - BUNDESVERBAND DER DEUTSCHEN VOLKSBANKEN UND RAIFFEISENBANKEN (1997): Euro: Mittelstand nicht ausreichend informiert, Bonn

CHITTKA, J. (1997): Der Euro - Aktuelle Teilnehmerszenarien, in: IKB-Mitteilungen, Nr.1, S. 6 - 8

CICHY, E. U. (1997): Euro und KMU - Chancen und Risiken einer einheitlichen Währung für die mittelständische Wirtschaft, hrsg. von Friedrich-Ebert-Stiftung, Bonn

DEMMER, K. (1997): Währungsunion trifft Unternehmen unterschiedlich, in: IKB-Mitteilung, Nr. 2, S. 10 - 14

DEUTSCHE BANK (1996): Checkliste Europa-Währung, Mittelstandsbroschüre, Nr. 16, Frankfurt/Main

DEUTSCHE BANK RESEARCH (1996): EWU-Monitor vom 3.7.

DEUTSCHE BANK RESEARCH (1997): EWU-Monitor vom 24.6., Nr. 34

DEUTSCHE BUNDESBANK (1991): Zur Bedeutung der D-Mark als Fakturierungswährung im Außenhandel, in: Monatsbericht, Nr. 11, S. 40 - 44

DEUTSCHE BUNDESBANK (1996a): TARGET - ein WWU-weites Echtzeit-Brutto-Zahlungssystem der Zentralbanken, in: Informationsbrief zur Europäischen Wirtschafts- und Währungsunion, Nr. 1, S.19 - 24

DEUTSCHE BUNDESBANK (1996b): Das Europäische Währungssystem in der WWU-Endstufe, in: Informationsbrief zur Europäischen Wirtschafts- und Währungsunion, Nr. 2, S. 5 - 19

DEUTSCHE BUNDESBANK (1997a): Geldpolitische Strategie und Instrumentarium des Europäischen Systems der Zentralbanken, in: Informationsbrief zur Europäischen Wirtschafts- und Währungsunion, Nr. 4

DEUTSCHE BUNDESBANK (1997b): Der rechtliche Rahmen für den Übergang von den nationalen Währungen auf den Euro, in: Informationsbrief zur Europäischen Wirtschafts- und Währungsunion, Nr. 5, S. 5 - 20

DEUTSCHE BUNDESBANK (1997c): Die Rolle der D-Mark als internationale Anlage- und Reservewährung, in: Monatsbericht, Nr. 4, S. 17 - 30

DEUTSCHE BUNDESBANK (1997d): Kapitalverflechtung mit dem Ausland, Frankfurt/Main

DEUTSCHE BUNDESBANK (1997e): Zur Problematik internationaler Vergleiche von Direktinvestitionsströmen, in: Monatsbericht, Nr. 5, S. 79 - 86

DEUTSCHE BUNDESBANK (1997f): Stand der Vorbereitungsarbeiten für das WWU-weite Echtzeit-Brutto-Zahlungssystem TARGET, in: Informationsbrief zur Europäischen Wirtschafts- und Währungsunion, Nr. 8, S. 5 - 11

DEUTSCHE BUNDESBANK (1998a): Unveröffentlichte Auswertung: Fakturierte Währungen bei der deutschen Ein- und Ausfuhr

DEUTSCHE BUNDESBANK (1998b): Monatsbericht Januar

DG BANK (1997): Konjunktur und Kapitalmarkt - Mittelstandsumfrage Frühjahr 1997, Frankfurt

DIHT - DEUTSCHER INDUSTRIE- UND HANDELSTAG (1997a): Die Europäische Wirtschafts- und Währungsunion zum 1.1.1999: Zum Stand der Vorbereitungen der Unternehmen, Bonn

DIHT - DEUTSCHER INDUSTRIE- UND HANDELSTAG (1997b): EURO - DIHT-Umfrage zur Umstellung der Software auf den Euro, Bonn

DSGV - DEUTSCHER SPARKASSEN- UND GIROVERBAND (Hrsg.) (1997): Der Euro im Mittelstand, Bonn

DUMKE, R. H.; JUCHEMS, A.; SHERMAN, H. (1997): Währungsvielfalt behindert Vollendung des Europäischen Binnenmarktes, in: IFO-Schnelldienst, Nr. 9

ERNEST & YOUNG (Hrsg.) (1990): Strategien für den ECU, Landsberg/Lech

EU-KOMMISSION (Hrsg.) (1990): Ein Markt, eine Währung, Europäische Wirtschaft, Nr. 44, Brüssel

EUROPÄISCHES WÄHRUNGSINSTITUT (1995): Jahresbericht 1994, Frankfurt/Main

EUROPÄISCHES WÄHRUNGSINSTITUT (1997a): Die einheitliche Geldpolitik in Stufe 3. Festlegung des Handlungsrahmens, Frankfurt/Main

EUROPÄISCHES WÄHRUNGSINSTITUT (1997b): Jahresbericht 1996, Frankfurt/Main

FÄLSCHLE, C.; HÜBNER, R. (1996): Euro - Ein neues Zeitalter beginnt, in: Capital, Nr. 12, S. 130 - 145

FELDMANN, H. (1997): Economic and Political Risks of European Monetary Union, in: Intereconomics, Nr. 3

FRICKE, T. (1997): Abenteuer D-Mark, in: Manager Magazin, Nr. 5, S. 8 - 11

FRICKE, T.; SCHLOTE, S. (1997): Markt total. Verspätet an den Start, in: Manager Magazin, Nr. 4, S. 179 - 188

FRIESE, U. (1997): Countdown für die deutsche Industrie, in: Capital, Nr. 5, S. 36 - 65

GIERSBERG, G. (1997): Vom 1. Januar 1999 an ist die D-Mark nur noch eine "technische Unterwährung", in: FAZ vom 21.7., S. 14

GLASTETTER, W. (1995): Auf dem Weg zur Europäischen Union (Voraussetzungen, Problemfelder), in: HAMBURGER JAHRBUCH FÜR WIRTSCHAFTS- UND GESELLSCHAFTSPOLITIK (Hrsg.), Tübingen, S. 9 - 37

GRETSCHMANN, K. (1997): Auswirkungen der WWU auf das Land NRW: Analyse und Handlungsempfehlungen, Aachen

HAX, H. (1997): Auf dem Weg zur Europäischen Währungsunion, in: Schriftenreihe der Stadt Köln und der Universität zu Köln, Bd. 5, S. 37 - 52

HEINZEMANN, B. (1997): Der Euro kommt - auf Einführung vorbereiten, in: Arbeitgeber, Nr. 9, S. 277 - 278

HERZ, B. (1996): Auf dem Weg zur Europäischen Währungsunion - Zwischenstand und offene Fragen, in: Wirtschaftsdienst, Nr. 3, S. 139 - 145

HINZE, J. (1998): Regionale Entwicklung des deutschen Außenhandels in den neunziger Jahren, in: Wirtschaftsdienst, Nr. 2, S. 111 - 118

HUNDT, D. (1997): Die Globalisierung ist nicht Bedrohung, sondern Chance, in: Handelsblatt vom 31.12., S. 9

HWK - HANDWERKSKAMMER DÜSSELDORF (1997): Der Euro kommt. Ergebnisse zu einer Umfrage bei Handwerksbetrieben im Bezirk der Handwerkskammer Düsseldorf zur Einführung des Euro, Düsseldorf

IFM - INSTITUT FÜR MITTELSTANDSFORSCHUNG BONN (1997): Unternehmensgrößenstatistik 1997/98 - Daten und Fakten-, hrsg. vom Bundesministerium für Wirtschaft, Dokumentation, Nr. 96, Bonn

IMF - INTERNATIONAL MONETARY FUND (1997): World Economic Outlook, Washington

ISSING, O. (1989): Binnenmarkt und Währungsintegration, in: WiSt, Heft 7, S. 355

ISSING, O. (1992): Perspektiven der Europäischen Währungsunion, in: FIW-Schriftenreihe, S. 160

ISSING, O. (1993): Die Leitwährungsrolle der DM im EWS, in: Wirtschaftsdienst, Nr. 8, S. 395

ISSING, O. (1996): Reform des Weltwährungssystems, in: Zeitschrift für Wirtschaftspolitik, Nr. 3

ISSING, O. (1997): Die europäische Währungsunion - Vision und Realität, in: Forum, Nr. 47, S. 3

ISSING, O.; GERHARDT, W. (1992): Grundfragen der Außenwirtschaftspolitik, in: DICHTL, E.; ISSING, O. (Hrsg): Exportnation Deutschland, München

IW - INSTITUT DER DEUTSCHEN WIRTSCHAFT (1996): Was kommt nach der D-Mark? Europa auf dem Weg zur Währungsunion, Köln

JARCHOW, H.-J. (1996): Zum Post-EWS-System, in: Wirtschaftsdienst, Nr. 10, S. 526 - 529

JOHNSON, H. G. (1976): Beiträge zur Geldtheorie und Währungspolitik, Berlin

JUCHEMS, A.; NERB, G.; RADOWSKI, D. (1996): Vorbereitungsmaßnahmen der Unternehmen auf die Europäische Währungsunion, in: IFO-Schnelldienst, Nr. 15, S. 3 - 9

KAUFMANN, F.; MENKE, A. (1997): Standortverlagerungen mittelständischer Unternehmen nach Mittel- und Osteuropa - Eine empirische Untersuchung am Beispiel der vier Visegrád-Staaten, Schriften zur Mittelstandsforschung, Nr. 74 NF, Stuttgart

KUDISS, R. (1997a): Euro-Umstellung - mehr als ein Knopfdruck, in: Arbeitgeber, Nr. 23, S. 802 - 806

KUDISS, R. (1997b): Dem Euro eine faire Chance, in: Arbeitgeber, Nr. 12, S. 399 - 402

KÜHLHORN, G.; WIDRAT, S. (1997): Countdown zum Euro, in: Impulse, Nr. 12, S. 28 - 34

KÜPPER, S. (1997): Verbesserte Kooperation durch den Euro, in: Arbeitgeber, Nr. 17, S. 527

LANDESZENTRALBANK BAYERN (1997): Entwicklungstendenzen der Finanzmärkte im Vorfeld der Europäischen Währungsunion, Fakten und Hintergründe zu Wirtschaft und Währung, Nr. 4, München

LINKE, K. (1997): Der Zeitplan steht, in: Blick durch die Wirtschaft vom 20.6., S. 9

LÜCKMANN, R. (1997): Hersteller rechnen mit neuen Impulsen, in: Handelsblatt vom 29. 9., S. 42

MATTHES, H. (1996): Die Europäische Währungsunion - eine Politik ohne Alternative, in: Wirtschaftsdienst, Nr. 11, S. 582 - 586

MENKE, A.; SCHMIDT, A.; unter Mitarbeit von BURGER, D. (1995): Direktinvestitionen mittelständischer deutscher Industrieunternehmen in Großbritannien, ifm-Materialien, Nr. 114, Bonn

MOMBAUR, P.; LANGEN, W. (1997): EURO Währungsunion Stabilitätsunion, Von DM, Schilling, Gulden, Franc, Krone ... zu Euro, Brüssel

MÜLLER, K. (1998): Die Betroffenheit des Handwerks durch den Euro, in: SEMINAR FÜR HANDWERKSWESEN (Hrsg.): Der Euro aus Sicht des Handwerks, Duderstadt

MÜNZBERG, H. (1997): Neue Preisschwellen und Positionierungen für die Produkte, in: Blick durch die Wirtschaft vom 7.4., S. 11

MÜTSCH, B. (1997): Auf dem Weg zur EWWU, Bundesverband öffentlicher Banken (Hrsg.), Bonn

MÜTSCH, B. (1998): Auf dem Weg zur EWWU, Bundesverband öffentlicher Banken (Hrsg.), Bonn

NOWAK, N. (1997): Portugal überholt Spanien, in: Die Welt vom 27.5., S. 14

O.V. (1997a): Maastricht-Kriterien, Mit List und Phantasie ans Ziel, in: iwd, Nr. 19 vom 8.5., S. 7

O.V. (1997b): Manager und Märkte, in: Die Zeit vom 30.5., S. 18

O.V. (1997c): Spanien und Portugal sind fit für den Euro, in: Die Welt vom 13.5., S. 13

O.V. (1997d): Spanien/Schuldenkriterium für EWWU wird 1997 klar verfehlt, in Handelsblatt vom 4./5.7., S. 3

O.V. (1997e): Drei-Prozent-Ziel greifbar nah, Portugal/ Lissabon hat EWWU-Defizitkriterium 1996 nur knapp verfehlt, in: Handelsblatt vom 4.9., S. 8

O.V. (1997f): Euro stärkt Wachstum, in: Handelsblatt vom 13.2., S. 5

O.V. (1997g): Der Euro katapultiert die hiesigen Kapitalmärkte in die Weltliga, in: FAZ vom 16.4., S. 26

O.V. (1997h): Abenteuer Euro: Die Umstellungskosten sind riesig, in; WISU, Nr. 5, S. 429 - 430

O.V. (1997i): Euro Vorbereitung in den Kinderschuhen. EWWU/ZEW-Umfrage bei unternehmensnahen Dienstleistern in Deutschland, in: Handelsblatt vom 30.7., S. 7

O.V. (1997j): Mittelstand auf Euro schlecht vorbereitet. BJU/Umfrage bei jungen Unternehmen, in: Handelsblatt vom 15.4., S. 5

O.V. (1997k): Zulieferbetriebe unter Druck, in: Handelsblatt vom 5./6.9., S. 10

O.V. (1997l): Der Mittelstand zögert bei der Einführung des Euro, in: Blick durch die Wirtschaft vom 3.9., S. 3

O.V. (1997m): ohne Titel, in: Blick durch die Wirtschaft vom 4.11., S. 3

O.V. (1997n): Euro: Chance oder Risiko?, in: Report, Nr. 7, S. 10 - 17

O.V. (1997o): Spitzenverbände fordern klaren Rahmen für Euro-Einführung, in: Handelsblatt vom 24.3., S. 17

O.V. (1997p): Abenteuer Euro: Die Umstellungskosten sind riesig, in: WISU, Nr. 5, S. 429 - 430

O.V. (1997q): Die Umstellung auf den Euro wird nicht so teuer wie befürchtet, in: FAZ vom 7.2., S. 16

O.V. (1997r): Das "Denken in Euro" beginnt auf den Märkten, in: Blick durch die Wirtschaft vom 5.6., S. 1

O.V. (1997s): Aus dem Diskontsatz wird Basiszins, in: Handelsblatt vom 26/27.9., S. 23

O.V. (1997t): Peffekoven: Euro-Rezession möglich, in: Handelsblatt vom 19./20.12., S. 35

O.V. (1997u): Der Mittelstand ist auf den Euro noch nicht vorbereitet, in: Blick durch die Wirtschaft vom 4.6., S. 1

O.V. (1998a): Gegen Big-Bang bei Euro-Einführung, in: Handelsblatt vom 15.1., S. 11

O.V. (1998b): Verwaltung sperrt sich mit mageren Argumenten gegen den Euro, in: FAZ vom 31.1., S. 14

O.V. (1998c): Euro-Skepsis ist noch groß, in: Blick durch die Wirtschaft vom 4.2., S. 2

O.V. (1998d): Exportboom trotz Asienkrise, in: Handelsblatt vom 19.2., S. 1

OBERTREIS, R. (1998): Umstellung kostet 300 Mrd. DM, in: General-Anzeiger vom 18./19.4., S. 20

OCHEL, W. (1997): Europäische Wirtschafts- und Währungsunion und Beschäftigung. Ein Überblick über die theoretischen und empirischen Zusammenhänge, in: IFO-Schnelldienst, Nr. 15, S. 9 - 23

OECD (1997): International Direct Investment Statistics Yearbook, Paris

OHR, R. (1996): Eine Alternative zum Maastricht Fahrplan, in: Wirtschaftsdienst, Nr. 1, S. 24 - 36

PAGE, K. (Hrsg.) (1998): Currency Management Costs, London

PATERAK, J. (1997): Den Schnäppchen-Jägern ein Bein stellen, in: VDI-Nachrichten vom 4.4., S. 25

PLEWKA, H. (1997): Rechtsfragen der Europäischen Union, in: Der Euro: Neue betriebswirtschaftliche Herausforderungen, hrsg. von der IHK Düsseldorf, Düsseldorf

POHL, R. (1993): Geld und Währung, Mannheim, u.a.

POSER, A. M. von; POLLEIT, T. (1997): Wieviel DM für einen Euro? in: Zeitschrift für das gesamte Kreditwesen, Nr. 14, S. 17 - 21

RANDZIO-PLATH, C. (1996): Wenn der Euro kommt ... Euro-Europa 1999 - die WWU als Zukunftschance nutzen, in: RANDZIO-PLATH, C. (Hrsg.): Der Euro - mehr als ein Symbol, Beiträge zur Europäischen Währungsunion, Baden-Baden, S. 9 - 28

RATH, H. (1990): Neue Formen der internationalen Unternehmenskooperation, Hamburg

RECKINGER, G. (1998): Banken bieten im Internet Hilfen für EWWU-Anfänger, in: Handelsblatt vom 14.1., S. 8

RÖHM, H. (1997): Anpassungen im Ladenverkauf - doppelte Preisauszeichnung und neue Kassen?, veröffentlichtes Manuskript des Referates anläßlich des III. Europäischen Forums Mittelstand in Stuttgart am 18.6.

RÜBEL, G. (1997): "Währungsklubs" - eine Alternative zum Euro?, in: Wirtschaftsdienst, Nr. 9, S. 533 - 537

RUCKRIEGEL, K. (1997): Auf dem Weg zur Europäischen Währungsunion, in; WISU, Nr. 3, S. 212 - 214

SANDROCK, O. (1997): Rechtsfragen der Europäischen Währungs-Union, veröffentlichtes Manuskript des Vortrags in der IHK Münster am 3.6.

SARRAZIN, T. (1997): Der Euro - Chance oder Abenteuer?, Bonn

SCHELLER, H. K. (1997): Der Übergang zum Euro - Stand der Vorbereitungen, veröffentlichtes Manuskript des Referates anläßlich des III. Europäischen Forums Mittelstand in Stuttgart am 18.6.

SCHMIDT, R. (1989): Internationalisierungsgrad, in: MACHARZINA, K.; WELGE, K. (Hrsg.): Handwörterbuch Export und Internationale Unternehmung, Stuttgart, S. 964 - 973

SIEBERT, H.; VAUBEL, R.; BOFINGER, P. et al. (1997): Ein Stabilitätspakt für die Europäische Währungsunion, in: Wirtschaftsdienst, Nr. 1, S. 7 - 19

STADERMANN, H.-J. (1996): Monetäre Theorie der Weltwirtschaft, Tübingen

STATISTISCHES BUNDESAMT (1997a): Statistisches Jahrbuch für die Bundesrepublik Deutschland 1997, Wiesbaden

STATISTISCHES BUNDESAMT (1997b): Außenhandel 1995, Fachserie 7, Reihe 7 (Außenhandel nach Ländern und Gütergruppen der Produktionsstatistiken (Spezialhandel)), Wiesbaden

STATISTISCHES BUNDESAMT (1997c): Produzierendes Gewerbe 1995, Fachserie 4, Reihe 4.3 (Kostenstruktur der Unternehmen im verarbeitenden Gewerbe sowie im Bergbau und der Gewinnung von Steinen und Erden), Wiesbaden

STATISTISCHES BUNDESAMT (1997d): Statistisches Jahrbuch für das Ausland 1997, Wiesbaden

STIHL, H.-P. (1996): Wirtschaft plädiert für Stabilität, in: Handelsblatt vom 31.12., S. 6

STURM, M. (1997): Die Verschiebung des Euro - das kleinere Übel, in: Wirtschaftsdienst, Nr. 8, S. 447 - 450

SVR - SACHVERSTÄNDIGENRAT ZUR BEGUTACHTUNG DER GESAMTWIRTSCHAFTLICHEN ENTWICKLUNG (1978): Jahresgutachten 1978/79, Bonn

SVR - SACHVERSTÄNDIGENRAT ZUR BEGUTACHTUNG DER GESAMTWIRTSCHAFTLICHEN ENTWICKLUNG (1990) Jahresgutachten 1990/91, Bonn

SVR - SACHVERSTÄNDIGENRAT ZUR BEGUTACHTUNG DER GESAMTWIRTSCHAFTLICHEN ENTWICKLUNG (1991): Jahresgutachten 1991/92, Bonn

SVR - SACHVERSTÄNDIGENRAT ZUR BEGUTACHTUNG DER GESAMTWIRTSCHAFTLICHEN ENTWICKLUNG (1993): Jahresgutachten 1992/93, Bonn

SVR - SACHVERSTÄNDIGENRAT ZUR BEGUTACHTUNG DER GESAMTWIRTSCHAFTLICHEN ENTWICKLUNG (1996): Jahresgutachten 1996/97, Bonn

SVR - SACHVERSTÄNDIGENRAT ZUR BEGUTACHTUNG DER GESAMTWIRTSCHAFTLICHEN ENTWICKLUNG) (1997): Jahresgutachten 1997/98, Bonn

TARTLER, J. (1998): Deutsche Firmen starten mit Handicap in den Euro-Markt, in: Handelsblatt vom 23.1., S. 8

TIETMEYER, H. (1996): Der Euro kann kein Allheilmittel sein, in: Handelsblatt vom 31.12., S. 10

TIETMEYER, H. (1997): Der Euro - ein entnationalisiertes Geld, in: Die Zeit vom 12.12, S. 24 - 25

VDMA - VERBAND DEUTSCHER MASCHINEN- UND ANLAGENBAU (1998): Zusätzliche Wechselkursrisiken im Vorfeld des Euro, in: Maschinenbau-Nachrichten, Nr. 2, S. 8

VORNHOLZ, G. (1997): Auswirkungen der Währungsunion auf ausgewählte Branchen, in: Kreditwesen, Nr. 9, S. 407 - 414

WEISSHAUPT, G. (1998): Mittelständler leisten Pionierarbeit für den Euro, in: Handelsblatt vom 11.2., S. 8

WELFENS, P. (1994): EG-Binnenmarkt und Währungsintegration, in: Hamburger Jahrbuch für Wirtschafts- und Gesellschaftspolitik, S. 307 - 338

WELFENS, P. (1997): Nach der D-Mark kommt die E-Mark: Auf dem Weg zur EU-Währungsunion, in: Analysen zur Wirtschaftspolitik, Nr. 2

WILLMS, M. (1987): Stabile Wechselkurse durch Währungskooperation?, in: Wirtschaftsdienst, Nr. 3, S. 164

WILLMS, M. (1990): Grundprobleme eines Europäischen Zentralbankstatus, in; Wirtschaftsdienst, Nr. 11, S. 556

WIMMERS, S.; WOLTER, H.-J. unter Mitwirkung von FIETEN, R. (1997): Situation und Perspektiven des industriellen Mittelstandes in der Bundesrepublik Deutschland, Schriften zur Mittelstandsforschung, Nr. 77 NF, Stuttgart

WINTERBERG, J. M. (1996): Die Diskussion um die Europäische Währungsunion. Fakten und Fiktionen, Interne Studien der Konrad Adenauer Stiftung, Sankt Augustin

WISDORF, E. (1997): Jetzt wird das Regelwerk für die Weltwährung Euro ausgearbeitet, in: Handelsblatt vom 12./13.9., S. 2

WOLF-DOETTINCHEM, L. (1997): Währungsunion - Wer soll das bezahlen?, in: Stern, Nr. 44, S. 234 - 237

WOLL, A. (1979): Das Währungssystem einer freiheitlichen Ordnung, in: ORDO, Nr. 30, S. 411

ZEW - ZENTRUM FÜR EUROPÄISCHE WIRTSCHAFTSFORSCHUNG (1997): Euro Kompetent - Zur effizienten Vorbereitung auf die europäische Währungsunion, Stuttgart

SCHRIFTEN ZUR MITTELSTANDSFORSCHUNG

NEUE FOLGE (NF)

Nr. 1 NF
FINANZIERUNG UND RISIKOABSICHERUNG DES EXPORTS MITTELSTÄNDISCHER UNTERNEHMEN
von Matthias Wittstock und Axel Dahremöller
1984, 279 Seiten, ISBN 3-7910-5002-8 68,00 DM

Nr. 2 NF
KOSTEN DER ARBEIT
von Horst Albach, Reinhard Clemens und Christina Friede
1985. 191 Seiten, ISBN 3-7910-5003-6 62,00 DM

Nr. 3 NF
BETRIEBLICHE ALTERSVERSORGUNG IN MITTELSTÄNDISCHEN UNTERNEHMEN
von Axel Schmidt
1986. 226 Seiten, ISBN 3-7910-5004-4 64,00 DM

Nr. 4 NF
INDUSTRIE- UND GEWERBEPARKS ALS INSTRUMENT DER KOMMUNALEN WIRTSCHAFTSFÖRDERUNG
von Hermann Tengler und Martin Hennicke
1986, 299 Seiten, ISBN 3-7910-5005-2 74,00 DM

Nr. 5 NF
DIE BEDEUTUNG DES OSTHANDELS FÜR MITTELSTÄNDISCHE UNTERNEHMEN
von Theodor Weimer und Uwe Schwarting
1985, 179 Seiten, ISBN 3-7910-5006-0 62,00 DM

Nr. 6 NF
STEUERLICHE ANREIZE BEI INNOVATIVEN INVESTITIONEN KLEINER UND MITTLERER INDUSTRIEUNTERNEHMEN UNTER VERGLEICHENDER BERÜCKSICHTIGUNG NICHTSTEUERLICHER HILFEN
von Wolfgang Behrens-Ramberg
1985, 299 Seiten, ISBN 3-7910-5007-9 78,00 DM

Nr. 7 NF
KRITISCHE WACHSTUMSSCHWELLEN IN DER UNTERNEHMENSENTWICKLUNG
von Horst Albach, Kurt Bock und Thomas Warnke
1985. 517 Seiten, ISBN 3-7910-5008-7 84,00 DM

Nr. 8 NF
EXISTENZGRÜNDUNGEN IN DER BUNDESREPUBLIK DEUTSCHLAND
Grundlagen einer Existenzgründungsstatistik
von Reinhard Clemens, Christina Fliede und Axel Dahremdller
1985, 127 Seiten, ISBN 3-7910-5001-X 46,00 DM

Nr. 9 NF
ENTWICKLUNGSLINIEN UND ENTWICKLUNGSRISIKEN NEUGEGRÜNDETER UNTERNEHMEN
von Detlef Hunsdiek und Eva May-Strobl
1986. 184 Seiten, ISBN 3-7910-5009-5 49,80 DM

Nr. 10 NF
LADENSCHLUSS INTERNATIONAL
Das deutsche Ladenschlußgeserz im Lichte ausländischer Erfahrungen
von Axel Schmidt und Gunter Kayser
1986, 294 Seiten, ISBN 3-7910-5011-1 74,00 DM

Nr. 11 NF
DIE WIRTSCHAFTSREGION BONN:
Strukturprobleme und Entwicklungschancen
1986, 380 Seiten, ISBN 3-7910-5011-7 79,00 DM

Nr. 12 NF
ZUM FÖRDERUNGSSYSTEM FÜR KLEINE UND MITTLERE UNTERNEHMEN
Analyse des Koordinations- und Harmonisierungsbedarfs der Förderprogramme des Bundes und der Bundesländer
von Martin Hennicke und Diana de Pay
1985. 165 Seiten, ISBN 3-7910-5012-5 49,80 DM

Nr. 13 NF
GEWERBESTEUERREFORM IM SPANNUNGSFELD VON UNTERNEHMENSSTEUERBELASTUNG UND KOMMUNALER FINANZAUTONOMIE
von Reinhard Clemens, Thomas Held und Karl-Heinz Burg
1986, 126 Seiten. ISBN 3-7910-5013-3 46,00- DM

Nr. 14 NF
DER NIEDERRHEINISCHE WIRTSCHAFTSRAUM:
Standortpotential und Perspektiven
von Hermann J. Schanz und Hermann Tengler
1986, 488 Seiten, ISBN 3-7910-5014-1 84,00 DM

Nr. 15 NF
FINANZIERUNG MIT RISIKOKAPITAL
von Horst Albach, Detlef Hunsdiek und Ljuba Kokalj
1986, 320 Seiten, ISBN 3-7910-5015-X 74,00 DM

Nr. 16 NF
UNTERNEHMENSGRÜNDUNG ALS FOLGEINNOVATION
Struktur, Hemmnisse und Erfolgsbedingungen der Gründung industrieller Unternehmen
von Detlef Hunsdiek
1987, 372 Seiten, ISBN 3-7910-5016-8 78,00 DM

Nr. 17 NF
GRÜNDUNGSFINANZIERUNG DURCH DEN STAAT
Fakten, Erfolg und Wirkung
von Detlef Hunsdiek und Eva May-Strobl
1987, 367 Seiten, ISBN 3-7910-5016-6 78,00 DM

Nr. 18 NF
EXISTENZGRÜNDUNGSSTATISTIK -
Nutzung amtlicher Datenquellen zur Erfassung des Gründungsgeschehens
1987, 198 Seiten. ISBN 3-7910-5018-4 62,00 DM

Nr. 19 NF
DIENSTLEISTUNGSMÄRKTE IN DER BUNDESREPUBLIK DEUTSCHLAND
von Hermann Tengler und Martin Hennicke
1987, 198 Seiten, ISBN 3-7910-5019-2 62,00 DM

Nr. 20 NF
INDUSTRIEPOLITIK IN DER MARKTWIRTSCHAFT
Ein internationaler Vergleich
von Ljuba Kokalj und Horst Albach
1987, 356 Seiten, ISBN 3-7910-5020-6 84,00 DM

Nr. 21 NF
DIE AUSWIRKUNGEN NEUER INFORMATIONS- UND KOMMUNIKATIONSTECHNIKEN AUF MITTELSTÄNDISCHE UNTERNEHMEN
von Matthias Wittstock
1987, 171 Seiten, ISBN 3-7910-5021-4 vergriffen

Nr. 22 NF
DAS BILANZIERUNGSVERHALTEN MITTELSTÄNDISCHER UNTERNEHMEN
Eine empirische Untersuchung
von Glenny Holthof
1988, 237 Seiten, ISBN 3-7910-5022-2 68,00 DM

Nr. 23 NF
DIE BEDEUTUNG DES FRANCHISING IN DER BUNDESREPUBLIK DEUTSCHLAND
Eine empirische Untersuchung von Franchisenehmern und -systemen
von Reinhard Clemens
1988, 147 Seiten, ISBN 3-7910-5023-0 46,00 DM

Nr. 24 NF
EXPORT UND WETTBEWERBSFÄHIGKEIT
Eine Analyse unter besonderer Berücksichtigung mittelständischer Untemehmen
von Peter Hüfner
1988, 110 Seiten, ISBN 3-7910-5024-9 46,00 DM

Nr. 25 NF
PRIVATE AKTIENGESELLSCHAFT
Materialien zur Deregulierung des Aktienrechts
von Horst Albach, Christiane Cone und Wolf Richter
1988, 735 Seiten, ISBN 3-7910-5025-7 115,00 DM

Nr. 26 NF
ERSTELLUNG REGIONALER UND BETRIEBSGRÖSSENBEZOGENER ARBEITSMARKTBILANZEN
von Axel Dahremöller
1988. 267 Seiten, ISBN 3-7910-5026-5 68,00 DM

Nr. 27 NF
DAS INNOVATIONSVERHALTEN IN DER MITTELSTÄNDISCHEN INDUSTRIE
Das Risk-Return-Paradoxon
von Manfred Perlitz und Helge Löbler
1988. 115 Seiten. ISBN 3-7910-5027-3 46,00 DM

Nr. 28 NF
DIE SHIFT-ANALYSE ALS INSTRUMENT DER REGIONALFORSCHUNG
von Hermann Tengler
1989, 316 Seiten, ISBN 3-7910-5028-1 74,00 DM

Nr. 29 NF
KREDITGARANTIEGEMEINSCHAFTEN
Ein Finanzierungsinstrument der mittelständischen Wirtschaft
von Friedrich Kaufmann und Ljuba Kokalj
1989, 155 Seiten, ISBN 3-7910-5029-X 49,80 DM

Nr. 30 NF
STRATEGIEN ZUR SICHERUNG DER EXISTENZ KLEINER UND MITTLERER UNTERNEHMEN
von Axel Schmidt und Werner Freund
1989, 143 Seiten, ISBN 3-7910-5030-3 49,80 DM

Nr. 31 NF
BEIRATSTÄTIGKEIT IN MITTELSTÄNDISCHEN UNTERNEHMEN
von Wolf Richter und Werner Freund
1989, 97 Seiten, ISBN 3-7910-5031-1 46,00 DM

Nr. 32 NF
BETRIEBSAUFSPALTUNG UND INSOLVENZRISIKO
von Stephan Hesselmann, Peter Hirfner und Andreas Pinkwan
1990, 215 Seiten, ISBN 3-7910-5032-X 64,00 DM

Nr. 33 NF
MITTELSTAND UND MITTELSTANDSPOLITIK IM EUROPÄISCHEN BINNENMARKT
von Gunter Kayser und Wolf Richter
1990. 109 Seiten, ISBN 3-7910-5033-8 46,00 DM

Nr. 34 NF
EG-BINNENMARKT - DIE GRENZÜBERSCHREITENDE KOOPERATION MITTELSTÄNDISCHER UNTERNEHMEN
Empirische Analyse von Möglichkeiten, Voraussetzungen und Erfahrungen
von Friedrich Kaufmann, Ljuba Kokalj und Eva May-Strobl
1990, 185 Seiten, ISBN 3-7910-5034-6 49,80 DM

Nr. 35 NF
ÖFFENTLICHES AUFTRAGSWESEN IN DER EG
Eine empirische Untersuchung über Zugangsbedingungen und -erfordernisse flir mittelständische Unternehmen
von Christiane Corte, Stephan Hesselmann und Gunter Kayser
1990, 191 Seiten, ISBN 3-7910-5035-4 64,00 DM

Nr. 36 NF
DIE AUSWIRKUNGEN DES EG-BINNENMARKTES AUF MITTELSTÄNDISCHE ZULIEFERUNTERNEHMEN IN DER BUNDESREPUBLIK DEUTSCHLAND
von Axel Schmidt und Wolf Richter
1990, 234 Seiten, ISBN 3-7910-5036-2 64,00 DM

Nr. 37 NF
INFORMATIONSBEDARF DES MITTELSTANDES ÜBER DEN EG-BINNENMARKT 1992
von Werner Freund und Ute Stefan
1991,226 Seiten, ISBN 3-7910-5037-0 74,00 DM

Nr. 38 NF
KLEINE UND MITTLERE BETRIEBE IN BERLIN (WEST)
Statistische Aufbereitung und qualitative Bewertung gegenwärtiger und zukünftiger Entwicklungen
von Uwe Schwarting und Axel Dahremöller
1990, 290 Seiten, ISBN 3-7910-5038-9 74,00 DM

Nr. 39 NF
SANIERUNG ODER ZERSCHLAGUNG INSOLVENTER UNTERNEHMEN
Betriebswirtschaftliche Überlegungen und empirische Ergebnisse
von Stephan Hesselmann und Ute Stefan
1990, 203 Seiten, ISBN 3-7910-5039-7 63,00 DM

Nr. 40 NF
HARMONISIERUNG DER INDIREKTEN STEUERN IM EUROPÄISCHEN BINNENMARKT
von Reinhard Clemens und Monika Paulini
1991, 145 Seiten, ISBN 3-7910-5040-0 vergriffen

Nr. 41 NF
ÜBERNAHME KOMMUNALER AUFGABEN DURCH PRIVATE UNTERNEHMEN UND FREIE BERUFE
von Christiane Corte
1991, 166 Seiten, ISBN 3-7910-5041-9 49.80 DM

Nr. 42 NF
MASSNAHMEN WIRTSCHAFTSNAHER FREIER BERUFE ZUR ANPASSUNG AN DEN EUROPÄISCHEN WETTBEWERB
von Hans-Eduard Hauser und Stephan Wimmers
1991, 159 Seiten, ISBN 3-7910-5042-7 49,80 DM

Nr. 43 NF
GESETZLICHE KRANKENVERSICHERUNG UND MITTELSTÄNDISCHE WIRTSCHAFT
von Michael Thomas Breuer
1991, 191 Seiten, ISBN 3-7910-5043-5 64,00 DM

Nr. 44 NF
SELBSTÄNDIGKEIT UND ABHÄNGIGKEIT IM BEREICH DER MITTELSTÄNDISCHEN WIRTSCHAFT
von Peter Hüfner
1993. 169 Seiten, ISBN 3-7910-5044-3 48,00 DM

Nr. 45 NF
MITTELSTAND UND MITTELSTANDSPOLITIK IN DEN NEUEN BUNDESLÄNDERN: Unternehmensgründungen
von Peter Hüfner, Eva May-Strobl und Monika Paulini
1992, 218 Seiten, ISBN 3-7910-5045-1 68,00 DM

Nr. 46 NF
MITTELSTAND UND MITTELSTANDSPOLITIK IN DEN NEUEN BUNDESLÄNDERN: Privatisierung
von Ljuba Kokali und Wolf Richter
1992, 180 Seiten, ISBN 3-7910-5046-2 58,00 DM

Nr. 47 NF
MITTELSTAND UND MITTELSTANDSPOLITIK IN DEN NEUEN BUNDESLÄNDERN:
Rückgabe enteigneter Unternehmen
von Axel Schmidt und Friedrich Kaufmann
1992. 173 Seiten, ISBN 3-7910-5047-8 48,00 DM

Nr. 48 NF
MANAGEMENT-BUY-OUT UND BUY-IN ALS FORM DER ÜBERNAHME MITTELSTÄNDISCHER UNTERNEHMEN
von Martin Forst
1992, 162 Seiten, ISBN 3-7910-5048-6 48,00 DM

Nr. 49 NF
MITTELSTÄNDISCHE UNTERNEHMEN ALS QUALIFIZIERUNGSPATEN
Betriebspraktika für ostdeutsche Fach- und Führungskräfte
von Annette Icks
1992, 80 Seiten, ISBN 3-7910-5049-4 38,00 DM

Nr. 50 NF
UMWELTSCHUTZ ALS WETTBEWERBSFAKTOR FÜR DEN MITTELSTAND
von Ute Stefan
1995. 180 Seiten, ISBN 3-7910-5050-8 58,00 DM

Nr. 51 NF
BETEILIGUNG AN FORSCHUNGS- UND TECHNOLOGIEPROGRAMMEN DER EG
Chancen und Hemmnisse für kleine und mittlere Unternehmen
von Kerstin Reichardt, Stephan Wimmers u. Mitarb. von Gunter Kayser
1992, 137 Seiten, ISBN 3-7910-5051-6 48,00 DM

Nr. 52 NF
DIE HARMONISIERUNG TECHNISCHER NORMEN IN DER EG UND IHRE AUSWIRKUNGEN AUF DEN INDUSTRIELLEN MITTELSTAND
von Reinhard Clemens und Hans-Eduard Hauser
1992. 112 Seiten, ISBN 3-7910-5052-4 42,00 DM

Nr. 53 NF
DAS ÖFFENTLICHE AUFTRAGSWESEN IN DEN NEUEN BUNDESLÄNDERN
von Michael Thomas Breuer u. Mitarb. von Gunter Kayser
1993, 114 Seiten, ISBN 3-7910-5053-2 42,00 DM

Nr. 54 NF
MANAGEMENT-BUY-OUT/BUY-IN ALS ÜBERNAHMESTRATEGIE OSTDEUTSCHER UNTERNEHMEN
von Ljuba Kokalj und Peter Hüfner
1994, 216 Seiten, ISBN 3-7910-5054-0 58,00 DM

Nr. 55 NF
MITTELSTAND UND MITTELSTANDSPOLITIK IN DEN MITGLIEDSSTAATEN DER EUROPÄISCHEN GEMEINSCHAFTEN Dänemark, Niederlande, Spanien
von Wolf Richter, Stephan Wimmers, Friedrich Kaufmann
1993, 210 Seiten. ISBN 3-7910-5055-9 58,00 DM

Nr. 56 NF
MITTELSTAND UND MITTELSTANDSPOLITIK IN DEN MITGLIEDSSTAATEN DER EUROPÄISCHEN UNION - Griechenland, Italien, Portugal
von Friedrich Kaufmann und Claudia Simons
1994, 148 Seiten, ISBN 3-7910-5056-7 46,00 DM

Nr. 57 NF
MITTELSTAND UND MITTELSTANDSPOLITIK IN DEN MITGLIEDSSTAATEN DER EUROPÄISCHEN UNION -
Belgien, Frankreich, Großbritannien, Irland
von Dennis De und Stephan Wimmers
1994, 179 Seiren, ISBN 3-7910-5057-5 58,00 DM

Nr. 58 NF
DIE ERFASSUNG VON GRÜNDUNGEN UND LIQUIDATIONEN IN DER BUNDESREPUBLIK DEUTSCHLAND - Statistische Grundlagen und empirische Ergebnisse aus Nordrhein-Wesffalen und Sachsen
von Reinhard Clemens und Werner Freund
1994, 138 Seiten, ISBN 3-7910-5058-3 46,00 DM

Nr. 59 NF
KOMMUNALE WIRTSCHAFTSPOLITIK IN DEN NEUEN BUNDESLÄNDERN UNTER BESONDERER BERÜCKSICHTIGUNG DES GEWERBEFLÄCHENMARKTES
von Annette Icks unter Mitarbeit von Gunter Kayser
1994, 153 Seiten, ISBN 3-7910-5059-1 48,00 DM

Nr. 60 NF
STRUKTURWANDEL IM MITTELSTÄNDISCHEN GROSSHANDEL DER BUNDESREPUBLIK DEUTSCHLAND
von Axel Schmidt und Werner Freund
1995. 278 Seiten. ISBN 3-7910-5060-5 78,00 DM

Nr. 61 NF
NATIONALE UND EUROPÄISCHE PRODUKTHAFTUNG - Eine Hürde für den Mittelstand?
von Reinhard Clemens, Rainer Hüttemann und Hans-Jürgen Wolter
1994, 160 Seiten, ISBN 3-7910-5061-3 58,00 DM

Nr. 62 NF
DIE ENTWICKLUNG JUNGER UNTERNEHMEN IN DEN NEUEN BUNDESLÄNDERN
von Eva May-Strobl und Monika Paulini
1994. 111 Seiten. ISBN 3-7910-5062-1 48,00 DM

Nr. 63 NF
DIE BEDEUTUNG VON AUSLANDSMESSEN FÜR MITTELSTÄNDISCHE UNTERNEHMEN
von Andreas Menke
1994, 110 Seiten, ISBN 3-7910-5063-X 46,00 DM

Nr. 64 NF
DIE MITTELSTANDSPOLITIK DER EUROPÄISCHEN UNION
von Andreas Niemann
1995, 188 Seiren, ISBN 3-7910-5064-8 58,00 DM

Nr. 65 NF
NATIONALE UND EUROPÄISCHE UMWELTHAFTUNG Eine Hürde für den Mittelstand?
von Ute Stefan, Rainer Hüttemann, Hans-Jürgen Wolter unter Mitarb. von Axel Schrinner
1995, 139 Seiten, ISBN 3-7910-5065-6 48,00 DM

Nr 66 NF
BÜROKRATIE - EIN KOSTENFAKTOR - Eine Belastungsuntersuchung bei mittelständischen Unternehmen von Reinhard Clemens, Ljuba Kokalj unter Mitarbeit von Hans Eduard Hauser
1995. 123 Seiten, ISBN 3-7910-5066-4 48,00 DM

Nr. 67 NF
DER BEITRAG DES ÖFFENTLICHEN AUFTRAGSWESENS ZUR WIRTSCHAFTLICHEN ENTWICKLUNG DES MITTELSTANDS IN DEN NEUEN BUNDESLÄNDERN
von Michael Thomas Breuer und Frank Wallau
1996, 130 Seiten, ISBN 3-7910-5067-2 58,00 DM

Nr. 68 NF
RISIKOKAPITALMÄRKTE FÜR MITTELSTÄNDISCHE UNTERNEHMEN
von Friedrich Kaufmann und Ljuba Kokalj
1996, 130 Seiten, ISBN 3-7910-5068-0 58,00 DM

Nr. 69 NF
WETTBEWERBSBEDINGUNGEN AUF NEUEN MÄRKTEN FÜR MITTELSTÄNDISCHE UNTERNEHMEN
Eine empirische Untersuchung der Märkte für ambulante Pflegeleistungen, Altautorecycling, Bio- und Gentechnologie, Software
von Andreas Menke, Frank Wallau, Stephan Wimmers und Hans-Jürgen Wolter
1996, 260 Seiten, ISBN 3-7910-5069-9 68,00 DM

Nr. 70 NF
GEMEINSCHAFTSAUFGABE „VERBESSERUNG DER REGIONALEN WIRTSCHAFTSSTRUKTUR" UND M1TTELSTAND
Erfolg und Reformbedarf
von Reinhard Clemens und Annette Icks
1996, 130 Seiten, ISBN 3-7910-5070-2 58,00 DM

Nr. 71 NF
FLEXIBLE ARBEITSZEITGESTALTUNG IN MITTELSTÄNDISCHEN UNTERNEHMEN
von Pia Dörsam unter Mitarbeit von Ute Stefan
1997, 222 Seiten, ISBN 3-7910-5071-0 68,00 DM

Nr. 72 NF
MÖGLICHKEITEN DER BERÜCKSICHTIGUNG MITTELSTÄNDISCHER UNTERNEHMEN IM RAHMEN DER TARIFPOLITIK
Eine empinsche Untersuchung
1997, 178 Seiten, ISBN 3-7910-5072-9 58,00 DM

Nr. 73 NF
GLOBALISIERUNG DER MÄRKTE
Herausforderung und Optionen für kleine und mittlere Untemehmen, insbesondere für Zulieferer
von Robert Fieten, Wemer Friedrich und Bemhard Lageman
1997, 474 Seiten, ISBN 3-7910-5073-7 89,00 DM

Nr. 74 NF
STANDORTVERLAGERUNGEN MITTELSTÄNDISCHER UNTERNEHMEN NACH MITTEL- UND OSTEUROPA
Eine empirische Untersuchung am Beispiel der vier Visegrád-Staaten
von Friedrich Kaufmann und Andreas Menke
1997, 195 Seiten, ISBN 3-7910-5074-5 58,00 DM

Nr. 75 NF
VOM EINZELUNTERNEHMEN ZUM REGIONALEN NETZWERK:
Eine Option für mittelständische Untemehmen
von Pia Dörsam und Annette Icks
1997, 188 Seiten, ISBN 3-7910-5075-3 58,00 DM

Nr. 76 NF
MITTELSTAND IN DEN NEUEN BUNDESLÄNDERN
Die Entwicklung von Gründungen, privatisierten Untemehmen und MBO
von Ljuba Kokalj, Eva May-Strobl, Monika Paulini unter Mitarbeit von Margit Enke
1997, 318 Seiten, ISBN 3-7910-5076-1 78,00 DM

Nr. 77 NF
SITUATION UND PERSPEKTIVEN DES INDUSTRIELLEN MITTELSTANDS IN DER BUNDESREPUBLIK DEUTSCHLAND
von Stephan Wimmers. Hans-Jürgen Wolter unter Mitwirkung von Robert Fieten
1997, 197 Seiten, ISBN 3-7910-5077-X 58,00 DM

Bitte bestellen Sie Band 1 - 77 direkt beim:

Institut für Mittelstandsforschung Bonn
Maximilianstr. 20
53111 Bonn
Telefon (02 28) 7 29 97-0
Telefax: (02 28) 7 29 97-34
E-Mail: post@ifm-bonn.org

Nr. 78 NF
EURO UND MITTELSTAND - Neue Dimensionen auf internationalen Märkten -
von Reinhard Clemens, Annette Icks und Andreas Menke
1998 XIV, 170 Seiten, ISBN 3-8244-6788-7 84,00 DM

GPSR Compliance

The European Union's (EU) General Product Safety Regulation (GPSR) is a set of rules that requires consumer products to be safe and our obligations to ensure this.

If you have any concerns about our products, you can contact us on ProductSafety@springernature.com

In case Publisher is established outside the EU, the EU authorized representative is:

Springer Nature Customer Service Center GmbH
Europaplatz 3
69115 Heidelberg, Germany

Batch number: 10815964

Printed by Printforce, the Netherlands